公路工程标准规范解读系列丛书

《公路工程水泥及水泥混凝土试验规程》释义手册

李立辉 田 波 何 哲 主编

人民交通出版社股份有限公司

北 京

内 容 提 要

本手册为《公路工程水泥及水泥混凝土试验规程》(JTG 3420—2020)的配套图书,由规程主要起草人编写。本手册介绍了规程修订的背景情况,条文规定的原因或理由,执行条文时需要注意的事项,以及调研收集的资料和为方便使用规程而补充的有关技术资料。

本手册可供公路混凝土工程施工技术人员、管理人员、监理人员等使用。

图书在版编目(CIP)数据

《公路工程水泥及水泥混凝土试验规程》释义手册／李立辉,田波,何哲主编. — 北京：人民交通出版社股份有限公司,2021.7
  ISBN 978-7-114-08263-4

Ⅰ.①公… Ⅱ.①李… ②田… ③何… Ⅲ.①道路工程—混凝土—材料试验—试验规程—中国—手册 Ⅳ.①U414.1-65

中国版本图书馆 CIP 数据核字(2021)第 019344 号

公路工程标准规范解读系列丛书
Gonglu Gongcheng Shuini ji Shuini Hunningtu Shiyan Guicheng Shiyi Shouce

书　　名：	《公路工程水泥及水泥混凝土试验规程》释义手册
著 作 者：	李立辉　田　波　何　哲
责任编辑：	丁　遥　周佳楠　李　沛
责任校对：	刘　芹
责任印制：	张　凯
出版发行：	人民交通出版社股份有限公司
地　　址：	(100011)北京市朝阳区安定门外外馆斜街 3 号
网　　址：	http://www.ccpcl.com.cn
销售电话：	(010)59757973
总 经 销：	人民交通出版社股份有限公司发行部
经　　销：	各地新华书店
印　　刷：	北京市密东印刷有限公司
开　　本：	720×960　1/16
印　　张：	26.75
字　　数：	358 千
版　　次：	2021 年 7 月　第 1 版
印　　次：	2021 年 7 月　第 1 次印刷
书　　号：	ISBN 978-7-114-08263-4
定　　价：	120.00 元

(有印刷、装订质量问题的图书,由本公司负责调换)

前 言 QIANYAN

根据交通运输部办公厅《关于下达2013年度公路工程行业标准制修订项目计划的通知》(厅公路字〔2013〕169号)的要求，由交通运输部公路科学研究院作为主编单位，承担对《公路工程水泥及水泥混凝土试验规程》(JTG E30—2005)(以下简称"原规程")的修订工作。参加修订工作的单位还有山西交通科学研究院集团有限公司、内蒙古路桥集团有限责任公司、吉林省交通科学研究所和西藏自治区交通勘察设计研究院。

新修订的《公路工程水泥及水泥混凝土试验规程》(JTG 3420—2020)(以下简称"本规程")已经交通运输部批准颁布，自2021年3月1日起施行。随着我国水泥混凝土材料及工艺技术的迅猛发展，水泥及水泥混凝土材料的相关检测技术也有了长足的进步。本规程在试验检测技术方面吸纳了近年来水泥及水泥混凝土试验检测的先进研究成果。为帮助广大技术人员更好地理解本规程条文及编制背景，正确运用规程解决工程实际问题，本规程编制组编写了《〈公路工程水泥及水泥混凝土试验规程〉释义手册》。

本手册内容仅供参考，如有与《公路工程水泥及水泥混凝土试验规程》(JTG 3420—2020)不一致之处，请以规程的规定为准。

为了方便读者阅读，本手册中规程条文采用楷体，条文释义采用宋体。

本手册由李立辉、田波、何哲、张盼盼、权磊、李思李、王子龙、王稷良等人共同完成。

书中不妥之处，敬请广大读者批评指正。

作 者
2021年1月

目 录 MULU

- 1 总则 ·· 1
- 2 术语和符号 ·· 3
  - 2.1 术语 ·· 3
  - 2.2 符号 ·· 11
- 3 水泥试验 ·· 12
  - 3.1 水泥物理、化学性能试验 ·· 12
    - T 0501—2005 水泥取样方法 ·· 12
    - T 0502—2005 水泥细度试验方法(筛析法) ····················· 16
    - T 0503—2005 水泥密度试验方法 ···································· 24
    - T 0504—2005 水泥比表面积试验方法(勃氏法) ············· 29
    - T 0505—2020 水泥标准稠度用水量、凝结时间、安定性试验方法 ··· 38
    - T 0513—2020 水泥水化热试验方法 ································ 50
    - T 0514—2020 水泥氯离子含量试验方法 ························ 67
    - T 0515—2020 水泥三氧化硫含量试验方法(硫酸钡质量法) ··· 74
    - T 0516—2020 水泥碱含量试验方法(火焰光度法) ········· 78
  - 3.2 水泥胶砂性能试验 ·· 82
    - T 0506—2005 水泥胶砂强度试验方法(ISO 法) ············· 82
    - T 0507—2005 水泥胶砂流动度试验方法 ························ 91
    - T 0510—2005 水泥胶砂耐磨性试验方法 ························ 96
    - T 0511—2005 水泥胶砂干缩试验方法 ·························· 104
    - T 0512—2005 水泥胶砂强度快速试验方法(1.5h 压蒸促凝法) ··· 111
  - 3.3 水泥浆体性能试验 ·· 119
    - T 0517—2020 水泥浆体钢丝间泌水试验方法 ················ 119
    - T 0508—2005 水泥浆体流动度试验方法(倒锥法) ······· 124
    - T 0518—2020 水泥浆体自由泌水率和自由膨胀率试验方法 ··· 127

1

T 0519—2020　水泥浆体充盈度试验方法 …………………………… 130
　　T 0520—2020　水泥浆体压力泌水试验方法 …………………………… 132

4　水泥混凝土拌合物性能试验 …………………………………………… 136
　　T 0521—2005　水泥混凝土拌合物的拌和与现场取样方法 …………… 136
　4.1　水泥混凝土拌合物的工作性能试验 ………………………………… 139
　　T 0522—2005　水泥混凝土拌合物稠度试验方法(坍落度仪法)……… 139
　　T 0523—2005　水泥混凝土拌合物稠度试验方法(维勃仪法)………… 144
　　T 0524—2005　碾压混凝土拌合物稠度试验方法(改进VC法) ……… 148
　　T 0528—2005　水泥混凝土拌合物泌水试验方法 ……………………… 151
　　T 0531—2020　水泥混凝土拌合物压力泌水率试验方法 ……………… 155
　　T 0532—2020　水泥混凝土拌合物坍落扩展度及扩展时间试验方法 …… 159
　　T 0533—2020　水泥混凝土拌合物J环试验方法 ……………………… 163
　　T 0534—2020　水泥混凝土拌合物V形漏斗试验方法………………… 168
　　T 0535—2020　水泥混凝土拌合物振动出浆量及松铺系数试验方法 …… 173
　　T 0536—2020　水泥混凝土拌合物侧向膨胀量试验方法 ……………… 179
　　T 0537—2020　水泥混凝土拌合物水下抗分散性试验方法 …………… 183
　4.2　水泥混凝土拌合物物理、化学性能试验 …………………………… 187
　　T 0525—2020　水泥混凝土拌合物体积密度试验方法 ………………… 187
　　T 0526—2005　水泥混凝土拌合物含气量试验方法(混合式气压法)…… 191
　　T 0527—2005　水泥混凝土拌合物凝结时间试验方法 ………………… 197
　　T 0529—2005　水泥混凝土拌合物配合比分析试验方法 ……………… 203
　　T 0538—2020　水泥混凝土拌合物水溶性氯离子含量快速试验方法 …… 209
　　T 0539—2020　水泥混凝土拌合物绝热温升试验方法 ………………… 213

5　硬化水泥混凝土性能试验 …………………………………………… 218
　5.1　试件制作 ……………………………………………………………… 218
　　T 0551—2020　水泥混凝土试件制作与硬化水泥混凝土现场
　　　　　　　　　取样方法 ………………………………………………… 218
　　T 0552—2005　碾压混凝土抗弯拉试件的制作方法 …………………… 228
　5.2　力学性能试验 ………………………………………………………… 231
　　T 0553—2005　水泥混凝土抗压强度试验方法 ………………………… 231

T 0554—2005	水泥混凝土圆柱体轴心抗压强度试验方法	236
T 0555—2005	水泥混凝土棱柱体轴心抗压强度试验方法	240
T 0556—2005	水泥混凝土棱柱体抗压弹性模量试验方法	242
T 0557—2005	水泥混凝土圆柱体抗压弹性模量试验方法	247
T 0558—2005	水泥混凝土抗弯拉强度试验方法	251
T 0559—2005	水泥混凝土抗弯拉弹性模量试验方法	255
T 0560—2005	水泥混凝土立方体劈裂抗拉强度试验方法	260
T 0561—2005	水泥混凝土圆柱体劈裂抗拉强度试验方法	262
T 0562—2005	水泥混凝土抗弯拉试件断块抗压强度试验方法	265
T 0563—2005	水泥混凝土强度快速试验方法(1h促凝压蒸法)	268
T 0564—2005	水泥混凝土动弹性模量试验方法(共振仪法)	278
T 0566—2020	水泥混凝土与钢筋握裹力试验方法	282

5.3 体积稳定性 …… 287

T 0573—2020	水泥混凝土早期开裂敏感性试验方法(平板法)	287
T 0574—2020	水泥混凝土收缩试验方法(接触法)	293
T 0575—2020	水泥混凝土收缩试验方法(非接触法)	297
T 0576—2020	水泥混凝土限制膨胀率试验方法	302
T 0577—2020	水泥混凝土线膨胀系数试验方法(光杠杆法)	305
T 0578—2020	水泥混凝土徐变试验方法	309

5.4 耐久性 …… 318

T 0565—2005	水泥混凝土抗冻性试验方法(快冻法)	318
T 0567—2005	水泥混凝土耐磨性试验方法	325
T 0568—2005	水泥混凝土抗渗性试验方法	329
T 0569—2005	水泥混凝土渗水高度试验方法	332
T 0579—2020	水泥混凝土抗氯离子渗透试验方法(RCM法)	335
T 0580—2020	水泥混凝土抗氯离子渗透试验方法(电通量法)	344
T 0581—2020	水泥混凝土碳化试验方法	353
T 0582—2020	水泥混凝土抗硫酸盐侵蚀试验方法	357
T 0583—2020	水泥混凝土抗盐冻试验方法(单面法)	363
T 0584—2020	水泥混凝土气泡间距系数试验方法(导线法)	371

- 5.5 其他 ··· 377
  - T 0586—2020 水泥混凝土透水系数试验方法 ··· 377
- **6 水泥砂浆性能试验** ·· 383
  - 6.1 水泥砂浆拌合物性能试验 ·· 383
    - T 0587—2020 水泥砂浆拌和及稠度试验方法 ··· 383
    - T 0588—2020 水泥砂浆分层度试验方法 ·· 387
    - T 0589—2020 水泥砂浆泌水率试验方法 ·· 389
    - T 0590—2020 水泥砂浆体积密度及含气量试验方法 ······································ 392
    - T 0591—2020 水泥砂浆保水性试验方法 ·· 394
    - T 0592—2020 水泥砂浆凝结时间试验方法 ··· 397
  - 6.2 水泥砂浆硬化性能试验 ·· 400
    - T 0570—2005 水泥砂浆立方体抗压强度试验方法 ··· 400
    - T 0593—2020 水泥砂浆劈裂抗拉强度试验方法 ·· 403
    - T 0594—2020 水泥砂浆拉伸黏结强度试验方法 ·· 405
    - T 0595—2020 水泥砂浆不透水性系数试验方法 ·· 411
    - T 0596—2020 水泥砂浆抗冻性试验方法 ·· 413

1 总　　则

本规程的总则主要规定了修订的目的、适用范围、试验设备要求和执行相关标准的要求等。原规程总则有6条，本次修订通过对条文内容进行归纳和梳理，修改为5条，修改如下：

(1) 新增水泥、水泥砂浆及水泥混凝土的试验检测方法41项，删除原规程试验方法1项。

(2) 在适用范围明确水泥砂浆体系，独立成为一章节，方便查阅。

(3) 修订了原规程第1.0.3条关于仪器设备的规定，删除"计量部门或检测机构"，增加校准合格。

(4) 删除原规程第1.0.4条关于计量单位的规定和第1.0.5条强调所使用的筛孔是方孔筛的规定。

(5) 增加第1.0.5条本规程所规定的相关试验尚应符合国家和行业现行有关标准的规定。

1.0.1　为规范公路工程用水泥、水泥砂浆及水泥混凝土各种性能的试验方法，制定本规程。

本条对原规程"为规范公路工程中所使用水泥及水泥混凝土各种性能及特征值的测定，特制定本规程"进行修订，明确了"水泥砂浆"的各种性能试验方法。

1.0.2　本规程适用于公路工程用水泥、水泥砂浆及水泥混凝土性能试验。

本条修改了原规程的适用范围，将"水泥砂浆"体系单独划分章节，便于查阅。

1.0.3 本规程使用的仪器设备,均应经检定或校准合格。

本条对原规程"本规程使用的仪器设备,均应经相应的计量部门或检测机构检定合格"进行修订,删除了"相应的计量部门或检测机构"的规定。试验仪器设备的计量准确性关系到试验结果正确性,如采用新型或特殊仪器设备无法取得相应计量部门检定,应在使用前核实仪器设备是否经检定或核准合格。

1.0.4 现行有关标准的内容通过在本规程中引用而构成本规程的条文。本规程发布时,所引用版本均为有效。当引用版本更新时,应探讨使用最新版本的可能性。

本条仅对原规程第1.0.6条的内容表达形式有所调整,本规程中所引用的标准均有随时修订的情况,请使用标准的最新版本,及时更新相关内容及技术指标。

1.0.5 水泥、水泥砂浆及水泥混凝土试验除应符合本规程的规定外,尚应符合国家和行业现行有关标准的规定。

本条为新增条文,也是国家标准和行业标准中总则内容的常规写法。国家和行业现行标准是指现行的工程建设国家标准和行业标准,但不包括地方标准。当执行本规程的规定时,本规程没有明确规定的内容还应该符合国家和行业现行有关标准的规定。

2 术语和符号

原规程术语22条,符号32个。本规程术语32条,新增15条,删除5条;符号42个。

本次修订新增术语15条,分别为碱含量、压力泌水、自密实混凝土、扩展时间(T_{500})、J环扩展度、V形漏斗试验、振动出浆量、侧向膨胀量、体积密度、干燥收缩、自收缩、混凝土线膨胀系数、快速氯离子迁移系数法、电通量法和透水系数,删除术语水泥胶砂、水泥混凝土拌合物表观密度、干缩性、渗水高度和集料的公称最大粒径。

2.1 术　　语

2.1.1 细度　fineness

用规定筛网上所得筛余物的质量占试样原始质量的百分数或比表面积表示的粉体的粗细程度。

本条删除了原规程对细度定义中的"描述水泥粗细程度的参数"。修订后的定义表述更简洁,适用范围扩大,不再局限于水泥,还包括粉煤灰、矿粉及其他品种的矿物掺合料。

2.1.2 凝结时间　setting time

从加水开始,到水泥浆失去可塑性所需时间。

本条未修订。本规程与《水泥标准稠度用水量、凝结时间、安定性检验方法》(GB/T 1346—2011)中水泥的凝结时间定义"试针沉入水泥标准稠度净浆至一定深度所需的时间"文字上表述有一定差异,但所表达意思一致,本规程凝结时间定义突出凝结时刻的物理现象,表述更通俗,更容易理解。值得注意是:水泥凝结时间测试是在确定水泥标准稠度用水量后,用一次加水重新搅拌制备新鲜的水泥标准稠度净浆进行测试。

2.1.3 标准稠度用水量 normal consistency

为了使水泥凝结时间、安定性等的测量具有准确的可比性,水泥浆体达到统一稠度的用水量。

本条修订了标准稠度用水量的定义。与原规程的定义"简称稠度,是指水泥净浆达到规定稠度时的加水量,以水泥质量百分率表示,用于测定水泥浆凝结时间和安定性的用水量"有所差异。本规程对标准稠度用水量的定义表述更准确,不强调规定稠度,提出采用统一稠度作为测试标准稠度用水量的判定依据。

2.1.4 安定性 soundness

表征水泥硬化后体积变化均匀性的物理指标,最常用测定方法有雷氏法和试饼法。雷氏法是观察由两个试针相对位移所指示的水泥标准稠度净浆体积膨胀程度。试饼法是观察水泥标准稠度净浆试饼体积膨胀程度。

本规程修订了原规程对安定性的定义,增加"最常用测定方法有雷氏法和试饼法",表述更加严谨,逻辑性更强。

2.1.5 ISO 标准砂 ISO sand

用于检验水泥胶砂强度的基准物质,由粒径范围 0.08~0.5mm、0.5~1.0mm、1.0~2.0mm 三级配石英砂组成。

本条修订了原规程的表述方式,删除"特指符合《水泥胶砂强度检验方法(ISO 法)》(GB/T 17671—1999)要求的试验用砂",增加"用于检验水泥胶砂强度的基准物质"。ISO 标准砂的粒径范围未变化,由多级配表述为三级配石英砂。

2.1.6 碱含量 alkali content

水泥中可溶性碱物质的含量,用 Na_2O 合计当量表达,即 $Na_2O + 0.658K_2O$。

本条为新增定义。水泥中高碱含量会引起碱集料反应导致混凝土结构破坏,还会导致水泥与减水剂的适应性差。因此,在使用水泥时,应重点关注水泥中的碱含量指标。

2.1.7 泌水 bleeding

水泥混凝土拌合物在静置状态下表面的渗出水现象。

本条修订了原规程的表达形式,删除"新拌"二字。混凝土泌水会影响混凝土的质量,如出现泌水现象,应从水泥混凝土原材料的品质、配合比的合理性、外加剂的适应性和施工过程等方面分析原因并采取相应的解决办法。

2.1.8 压力泌水 pressure bleeding

水泥混凝土拌合物在一定压力状态下的渗出水现象。

本条为新增,压力泌水可以间接反映在泵送压力条件下混凝土的状态。

2.1.9 碾压混凝土 roller-compacted concrete

采用碾压成型的干硬性水泥混凝土。

本条修订了原规程的表达形式,删除"振动",表达更简洁。

2.1.10 坍落度 slump

锥台形状的水泥混凝土拌合物在自重作用下的下沉量。

本条修订了坍落度的定义。原规程定义为"一定形状的新拌水泥混凝土拌合物在自重作用下的下沉量";本规程将"一定形状"修改为"锥台形状",删除"新拌",表达更准确。坍落度是评价混凝土和易性较为常见的技术指标。

2.1.11 坍落扩展度 slump-flow

水泥混凝土拌合物坍落后扩展的直径。

本条修订了坍落扩展度的定义,与《普通混凝土拌合物性能试验方法标准》(GB/T 50080—2016)中的定义一致。原规程定义为"当新拌水泥混凝土拌合物的坍落度大于220mm时,拌合物最终扩展后的直径",修订后的定义表述更准确。

2.1.12 自密实混凝土 self-compacting concrete

具有高流动度、不离析、均匀性和稳定性,浇筑时依靠其自重流动,无须振捣而达到密实的水泥混凝土。

本条为新增条文,定义的编写参考了《自密实混凝土应用技术规程》(JGJ/T 283—2012)中的定义并做了适当修改,增加了"不离析"的内容。

2.1.13　扩展时间(T_{500})　slump-flow time(T_{500})

用坍落度筒测量水泥混凝土拌合物坍落度时,自坍落度筒提起开始计时至坍落扩展度达到500mm的时间(s)。

本条为新增条文,定义引用《自密实混凝土应用技术规程》(JGJ/T 283—2012)中的规定,对扩展时间的单位(秒)做了明确规定。

2.1.14　J环扩展度　J ring flow

J环扩展度试验中,混凝土拌合物穿过钢筋停止流动后,扩展面的最大直径和与最大直径呈垂直方向的直径的平均值。

本条为新增条文,定义根据我国《自密实混凝土应用技术规程》(JGJ/T 283—2012)和美国ASTM标准 Standard Test Method for Passing Ability of Self-Consolidating Concrete by J-Ring(ASTM C1621/C1621M—2009b)对J环扩展度的定义确定。J环扩展度用于评价自密实混凝土拌合物间隙通过性。《普通混凝土拌合物性能试验方法标准》(GB/T 50080—2016)也将J环扩展度纳入术语,但定义表述有差异。

2.1.15　V形漏斗试验　V funnel test

采用V形漏斗,检验自密实混凝土抗离析性能的一种试验方法。将混凝土拌合物装满V形漏斗,从开启出料口底盖开始计时,记录拌合物全部流出出料口所用的时间(s)。

本条为新增条文,定义引用《自密实混凝土应用技术规程》(CECS 203:2006)第2.0.7条。V形漏斗试验用于评价自密实混凝土抗离析性能。抗离析性能是保证混凝土拌合物均匀性和质量的基本性能,尤其对于公路工程中的板式结构,如果混凝土拌合物离析会导致表面开裂等质量问题。

2.1.16　振动出浆量　slurry output by vibration

水泥混凝土路面滑模施工时，一定质量水泥混凝土经高频振筛析出的砂浆质量。

本条为新增条文，本规程首次提出术语"振动出浆量"。用水泥混凝土振动析出水泥砂浆质量来评价滑模施工的水泥混凝土的工作性，相比传统的坍落度值更精确，也更加实用。

2.1.17　侧向膨胀量　lateral expansion

表征水泥混凝土拌合物经挤压振捣后，拆除两侧模板约束时，混凝土拌合物原始尺寸的膨胀变化总量。

本条为新增条文，本规程首次提出术语"侧向膨胀量"，该指标用于评价路面滑模施工中水泥混凝土对模板侧向压力的影响。侧向膨胀量能反映水泥混凝土在凝结硬化过程中的体积稳定性。

2.1.18　含气量　air content

按规定试验方法测得的水泥混凝土拌合物单位体积所含气体的百分率。

本条未修订，为原规程第2.0.9条。混凝土含气量对公路工程水泥混凝土的和易性、力学性能和耐久性均产生一定的影响，因此，在实际工程中应控制合适的混凝土含气量。

2.1.19　体积密度　volume density

材料在包含实体积、开口和密闭孔隙状态下单位体积的质量。

本条为新增条文，删除了原规程第2.1.11条"水泥混凝土拌合物表观密度"的定义。表观密度是闭口孔隙条件下单位体积的质量；体积密度是指材料在自然状态下的体积，包括材料实体积、开口与封闭孔隙条件下的单位体积的质量。从本规程 T 0525—2020 所规定的测试方法的原理来讲，仅可测试混凝土的体积密度，所以用体积密度表征更准确。

2.1.20　抗压强度　compressive strength

立方体试件单位面积上所能承受的最大压力。

本条对原规程第2.1.12条抗压强度定义进行修订，删除"标准圆柱

7

体试件"。国内关于混凝土抗压强度试件多数采用立方体试件,立方体试件在成型和受压破坏过程中更方便使用。

2.1.21 抗弯拉强度 flexural strength

水泥混凝土棱柱体试件在两点加载条件下,断裂时的极限应力。

本条对原规程定义"按规定试验方法测得水泥混凝土小梁试件所能承受的最大弯拉应力"进行修订,本条规定的混凝土棱柱体标准尺寸为150mm×150mm×550mm,当使用非标准尺寸时,计算应乘以尺寸系数。

2.1.22 轴心抗压强度 axial compressive strength

高度方向是截面方向边长或直径2倍的棱柱体试件或圆柱体试件,轴向单位面积所能承受的最大压力。

本条对原规程定义"棱柱体试件或圆柱体试件轴向单位面积所承受的最大压力"进行修订,明确了棱柱体试件或圆柱体试件的高度方向长度与截面方向长度之比为2,表述更具体准确。棱柱体试件标准尺寸为150mm×150mm×300mm,当采用非标准尺寸试件测得轴心抗压强度时,应乘以相应尺寸的换算系数。圆柱体试件常用直径为150mm,高度为300mm,圆柱体试件尺寸直径选择根据混凝土拌合物粗集料最大粒径确定,但试件始终保持高度方向与截面直径之比为2。

2.1.23 抗压弹性模量 compressive modulus of elasticity

高度方向是截面方向边长或直径2倍的棱柱体试件或圆柱体试件,轴向承受一定压力时产生单位变形所需的应力。

本条对原规程的定义"棱柱体试件或圆柱体试件轴向承受一定压力时产生单位变形所需应力"进行修订。与本规程第2.1.22条修改方式一致,明确试件的高度方向长度与截面方向长度之比为2。

2.1.24 抗弯拉弹性模量 flexural modulus

水泥混凝土棱柱体试件承受一定弯拉应力时,产生单位变形所需的应力。

2.1.25 抗冻性 resistance to freezing and thawing

水泥混凝土抵抗冻融循环的能力。

本条未修订,与原规程的定义一致。

2.1.26 干燥收缩 drying shrinkage

水泥混凝土因毛细孔和胶凝孔中水分蒸发与散失而引起的体积减小。

本条为新增条文,删除原规程中干缩性的定义"一定环境下水泥混凝土失水后尺寸的收缩性能"。本规程增加术语"干燥收缩"更准确,定义根据干燥收缩原理编写而成。在公路工程设计和施工过程中,如果没有考虑干燥收缩的影响,可能会导致结构构件的开裂或者弯曲,例如路面和板式结构中心需要设置收缩缝。

2.1.27 自收缩 auto-shrinkage

与外界无水分交换条件下,水泥混凝土因胶凝材料的水化反应而引起的尺寸收缩。

本条为新增条文。水泥混凝土在无外界水分交换条件下,混凝土内部水分也会因水化的消耗而减少,密封的混凝土内部相对湿度随胶凝材料水化反应而降低,毛细孔中的水分不饱和产生压力差导致体积收缩。随着高强混凝土和高性能混凝土的技术发展,低水胶比混凝土的自收缩大于普通混凝土,自收缩同样影响混凝土的耐久性。

2.1.28 混凝土线膨胀系数 concrete linear expansion coefficient

表征混凝土膨胀或者收缩的程度,即单位长度的材料每1℃的变化量。

本条为新增条文。混凝土线膨胀系数是混凝土体积稳定性的重要表征参数之一,是一个变幅较大的物理量,一般混凝土的线膨胀系数范围为$(6\sim13)\times10^{-6}/℃$。混凝土线膨胀系数的大小直接影响混凝土的温度变形,在完全相同的温度和约束限制作用下,线膨胀系数值小则混凝土的温度应力就小,反之则相反。集料约占混凝土总体积的3/4,集料类型对混凝土线膨胀系数影响最大。

2.1.29 抗渗性 resistance to hydraulic pressure

水泥混凝土抵抗一定水压力的能力。

本条未修订,与原规程的定义一致。

2.1.30 快速氯离子迁移系数法 test method for rapid chloride ions migration coefficient

通过测定混凝土中氯离子渗透深度,计算得到氯离子迁移系数来反映混凝土抗氯离子渗透性能的试验方法。

本条为新增条文,定义引用《普通混凝土长期性能和耐久性能试验方法标准》(GB/T 50082—2009)中第2.0.5条的内容。快速氯离子迁移系数法(或称RCM法)是目前评价水泥混凝土耐久性的非常成熟的试验方法,《混凝土结构耐久性设计标准》(GB/T 50476—2019)表6.3.6中规定了根据不同设计使用年限和环境作用等级来选择28d龄期氯离子扩散系数的上限值。

2.1.31 电通量法 test method for coulomb electric flux

用通过混凝土试件的电通量来反映混凝土抗氯离子渗透性能的试验方法。

本条为新增条文,定义与《普通混凝土长期性能和耐久性能试验方法标准》(GB/T 50082—2009)相同。与美国ASTM C1202和AASHTO T277标准规定方法原理相同。

2.1.32 透水系数 permeability coefficient

表征水泥混凝土等多孔材料渗水能力的指标。

本条为新增条文,定义参考多孔透水混凝土的评价指标。随着海绵城市建设发展,透水混凝土及透水材料已经广泛应用于公路工程,本规程修订时将透水水泥混凝土的评价指标及其试验方法纳入非常必要。透水系数的计算公式与《透水水泥混凝土路面技术规程》(CJJ/T 135—2009)中附录A中的计算公式原理相同。

2.2 符　号

原规程符号32个，本规程符号42个，新增21个，删除11个。符号内容根据本规程内容进行修订。

符号	意　义	符号	意　义
B_a	单位面积混凝土拌合物的泌水量	f_{PR}	水泥混凝土单位面积贯入阻力
B_m	水泥砂浆泌水率	f_{ts}	水泥混凝土立方体劈裂抗拉强度
B_V	水泥混凝土拌合物的压力泌水率	G_c	水泥混凝土单位面积的磨损量
D_{RCM}	水泥混凝土非稳态氯离子迁移系数	I	水泥砂浆不透水性系数
$\bar{d}_t$	水泥混凝土 t 龄期的碳化深度	K_f	水泥混凝土抗压强度耐蚀系数
E_c	水泥混凝土抗压弹性模量	K_n	经 n 次冻融循环后的试件相对耐久性指数
E_d	水泥混凝土动弹性模量	K_s	水泥混凝土抗硫酸盐等级
E_f	水泥混凝土抗弯拉弹性模量	$\bar{L}$	水泥混凝土气泡间距系数
F	水泥试样的筛余百分数	M_{sj}	水泥浆体钢丝间泌水率
F_n	标准水泥给定的筛余百分数	M_v	水泥混凝土拌合物振动出浆量
F_t	水泥在试验筛上的筛余百分数	M_{yl}	水泥浆体压力泌水率
f'	水泥混凝土断块抗压强度	Q_S	水泥混凝土电通量
f_{1h}	促凝压蒸1h快硬湿筛砂浆抗压强度	q_x	某一龄期水泥的水化热
$f_{1.5h}$	促凝压蒸1.5h快硬水泥胶砂抗压强度	R_c	水泥胶砂抗压强度
f_{at}	水泥砂浆拉伸黏结强度	R_f	水泥胶砂抗折强度
f_{cc}	水泥混凝土圆柱体轴心抗压强度	S_k	水泥混凝土相对渗透系数
f_{cp}	水泥混凝土轴心抗压强度	U	水泥混凝土拌合物松铺系数
f_{ct}	水泥混凝土圆柱体劈裂抗拉强度	W_n	经 n 次冻融循环后的试件质量变化率
f_{cu}	水泥混凝土立方体抗压强度	α	水泥混凝土线膨胀系数
$f_{m,cu}$	水泥砂浆立方体抗压强度	$\varepsilon_{f,i}$	水泥浆体 i 小时的自由膨胀率
f_p	水泥砂浆贯入阻力	θ_n	n 天龄期水泥混凝土绝热温升值

3 水泥试验

原规程第 3 章试验方法 12 项,本规程第 3 章试验方法 19 项,新增 8 项,删除 1 项。

3.1 水泥物理、化学性能试验

T 0501—2005 水泥取样方法

1 目的、适用范围和引用标准

本方法规定了水泥取样的试验方法。

本方法适用于通用硅酸盐水泥、道路硅酸盐水泥及指定采用本方法的其他品种水泥及矿物掺合料。

引用标准:

《通用硅酸盐水泥》(GB 175)

《道路硅酸盐水泥》(GB/T 13693)

本规程对原规程水泥取样方法的适用范围进行了修订,增加了"矿物掺合料",引用标准删除了《矿渣硅酸盐水泥、火山灰质硅酸盐水泥及粉煤灰硅酸盐水泥》(GB 1344—1999)、《复合硅酸盐水泥》(GB 12958—1999)"等 2 个已废止标准。目前公路工程用混凝土常常掺入矿物掺合料来改善混凝土的各项性能,矿物掺合料的取样也可按照本规程方法进行。

2 仪具与材料

手工取样器,适用于袋装和散装水泥取样,可自行设计制作。常见手工取样器参见图 T 0501-1 和图 T 0501-2。

3 水泥试验

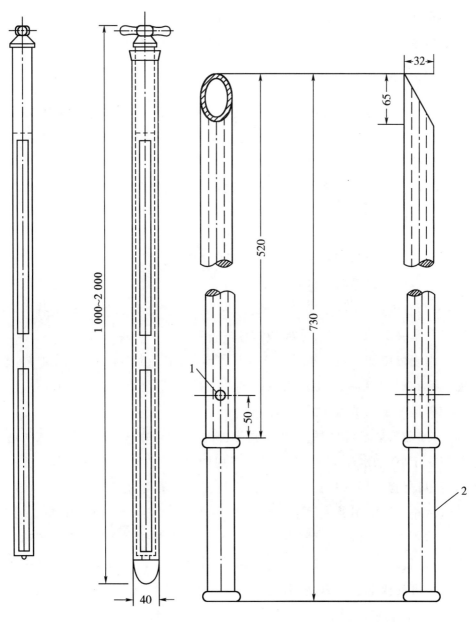

图 T 0501-1 散装水泥取样器示意图(尺寸单位:mm)

图 T 0501-2 袋装水泥取样器示意图(尺寸单位:mm)
1-气孔;2-手柄

本规程列举常见袋装和散装水泥手工取样器未修订，手工取样器也可根据企业情况自行设计，以方便、安全和有效为原则。

3 取样部位

取样应在具有代表性的部位进行，且不应在污染严重的环境中取样。一般宜在以下部位取样：①水泥输送管路中；②袋装水泥堆场；③散装水泥卸料处或水泥运输机具上。

本规程增加了取样部位，规定了取样有代表性和不得受到污染。

4 取样步骤

4.1 散装水泥取样：当所取水泥深度不超过 2m 时，每一个批次采用散装水泥取样器随机取样，通过转动取样器内管控制开关，在适当位置（如距顶 0.5m、1.0m、1.5m）插入水泥一定深度，关闭后小心抽出，将所取样品放入要求的容器中，每次抽取的样品量应尽量一致。

本规程增加了散装水泥取样的具体步骤，本条内容参照《水泥取样方法》(GB/T 12573—2008)，对取样的适当位置进行了举例。选取不同取样位置是为了测试水泥的均质性。

4.2 袋装水泥取样：应采用图 T 0501-2 规定的取样器取样。随机选择不少于 10 袋水泥，每袋 3 个以上不同的部位，将取样器插入水泥适当深度，用大拇指按住气孔，小心抽出取样器。将所取样品过 0.9mm 筛后，放入洁净、干燥、不易受污染的容器中。

本条为新增修订内容，本条内容与《水泥取样方法》(GB/T 12573—2008)中袋装水泥选择数量有差异，需要读者注意。后者中规定"每一编号内随机抽取不少于 20 袋水泥"。

5 取样数量

5.1 水泥应按同品种、同厂家、同强度等级进行取样，并应符合下列规定：

（1）袋装水泥：每一批次至少取样12kg，每200t作为1批次，不足200t按1个批次计量。

（2）散装水泥：每一批次至少取样12kg，每500t作为1批次，不足500t按1个批次计量。

本条为新增条文，原规程没有对取样数量的规定。本规程明确规定了袋装和散装水泥每一批次取样质量至少12kg，其中批次取样数量应均分为2等份，1份试验检验，1份封存留样。同时，本规程规定了袋装和散装水泥的每批次的吨数，代表批次参照《混凝土结构工程施工质量验收规范》(GB 50204—2015)的规定编写，且水泥的检验批次划分与《公路桥涵施工技术规范》(JTG/T 3650—2020)相统一。

6 包装与储存

6.1 样品取得后应储存在密闭的容器中，封存样应加封条。容器应清洁、干燥、防潮、密闭、不易破损并且不影响水泥性能。

本条修订了原规程的内容，将原规程第5.1条中"不与水泥发生反应"修订为"不影响水泥性能"。

6.2 存放封存样的容器应至少在一处加盖清晰、不易擦掉的标有编号、取样时间、取样地点和取样人的密封印；如只有一处，密封印应加盖在容器外壁上。

本条为原规程第5.4条内容，未修订。

6.3 封存样应密封储存，储存期应符合相应水泥标准的规定。

本条为新增条文，参照《水泥取样方法》(GB/T 12573—2008)第9.3条内容制定。储存期的规定详见相应水泥标准，本规程不纳入详细内容。删除原规程第5.2条、第5.3条的内容。

6.4 封存样应储存在干燥、通风的环境中。

本条为原规程内容，未修订。

7 取样单

样品取得后，负责取样操作人员应填写如表T 0501-1所示的取样单。

表 T 0501-1　×××取样单

取样编号	水泥品种及编号	取样人签字	取样日期	备　注

条文说明

本方法参照《通用硅酸盐水泥》(GB 175—2007)、《道路硅酸盐水泥》(GB/T 13693—2017)、《水泥取样方法》(GB/T 12573—2008)编制。考虑到工程建设前期需要考察水泥厂家是否具备稳定供应产品的能力及公路工程施工存在采用散装水泥的工程实际,增加了散装水泥的取样方法、取样仪器、取样数量等相关规定。为了确保封存样品的质量不下降,需将水泥样品用食品塑料薄膜袋装好,并扎紧袋口,放入密闭容器内并签封。

T 0502—2005　水泥细度试验方法(筛析法)

1　目的、适用范围和引用标准

本方法规定了水泥及水泥混凝土用矿物掺合料细度的试验方法。

本方法适用于通用硅酸盐水泥、道路硅酸盐水泥及指定采用本方法的其他品种水泥与矿物掺合料。

引用标准:

《试验筛　技术要求和检验　第1部分:金属丝编织网试验筛》(GB/T 6003.1)

《水泥标准筛和筛析仪》(JC/T 728)

本规程对原规程水泥细度检验方法的适用范围进行修订,增加"水泥混凝土用矿物掺合料"。

2 仪具与材料

2.1 试验筛

(1)试验筛由圆形筛框和筛网组成,分负压筛和水筛两种,其结构尺寸见图 T 0502-1 和图 T 0502-2。负压筛为 45μm 方孔筛,并附有透明筛盖,筛盖与筛上口应有良好的密封性。

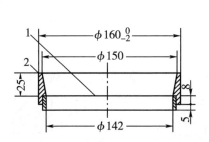

图 T 0502-1　负压筛(尺寸单位:mm)
1-筛网;2-筛框

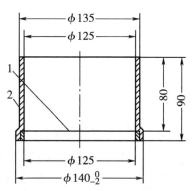

图 T 0502-2　水筛(尺寸单位:mm)
1-筛网;2-筛框

本规程规定了 45μm 方孔筛试验方法,取消原规程 80μm 方孔筛。2019 年《通用硅酸盐水泥》(GB 175—2007)修订调研发现:随着水泥粉磨装备和技术的发展,我国水泥的粉磨电耗大幅度降低,但是水泥颗粒分布越来越窄。近几年,统计数据表明我国大部分厂家生产的水泥 45μm 筛余趋近于零。这种发展趋势导致水泥需水性增加,水泥早期强度发展过快而后期强度发展不足,影响水泥混凝土结构的稳定性和耐久性。欧洲国家也注重水泥的颗粒分布,即使水泥的比表面积有的超出 $400m^2/kg$,但仍具有较高的 45μm 筛余。为进一步提升我国水泥性能,修订中的《通用硅酸盐水泥》重视水泥颗粒的分布,规定"普通硅酸盐水泥、矿渣硅酸盐水泥、粉煤灰硅酸盐水泥、火山灰质硅酸盐水泥、复合硅酸盐水泥的细度以 45μm 方孔筛筛余表示,不小于 5%",取消了 80μm 筛余的规定。

本规程明确规定了试验筛的技术要求和检验应符合《试验筛 技术要求和检验 第 1 部分:金属丝编织网试验筛》(GB/T 6003.1—2012)中 R20/3 45μm 的技术要求。需要注意的是《水泥细度检验方法 筛析法》(GB/T 1345—2005)中规定,试验筛应符合《试验筛 金属丝编织网、穿孔板和电成型薄板 筛孔的基本尺寸》(GB/T 6005—2008)中 R20/3 45μm 的技术要求,规定内容一致,两者不冲突。

(2)筛网应紧绷在筛框上,筛网和筛框接触处应用防水胶密封,防止水泥嵌入。

本条未修订,与原规程内容一致。需要补充说明:试验筛使用一段时间或者次数后,应按照要求进行检验。筛孔尺寸的检验方法符合现行《试验筛 技术要求和检验 第 1 部分:金属丝编织网试验筛》(GB/T 6003.1)的要求。由于物料会对筛网产生磨损,试验筛每使用 100 次后需要重新标定,标定方法按附录 T 0502 A 进行。

2.2　负压筛析仪

(1)负压筛析仪由负压源、收尘系统、筛座、控制指示仪和负压筛盖组成。其中筛座由转速为 30r/min ± 2r/min 的喷气嘴、负压表、控制板、微电机及壳体等部分构成,见图 T 0502-3。

(2)筛析仪负压可调范围为 4 000 ~ 6 000Pa。

(3)喷气嘴上口平面与筛网之间距离为 2 ~ 8mm。

(4)喷气嘴的上开口尺寸见图 T 0502-4。

(5)负压源和收尘系统由功率不小于 600W 的工业吸尘器和小型旋风收尘筒或由其他具有相当功能的设备组成。

本条未修订,与原规程内容一致。

2.3　水筛架和喷头:应符合现行《水泥标准筛和筛析仪》(JC/T 728)的规定,但其中水筛架上筛座内径为 140_{-3}^{+0} mm。

本条未修订,与原规程内容一致。

2.4　天平:量程应不小于 100g,感量不大于 0.01g。

本条对原规程"感量不大于0.05g"进行修订,天平的灵敏度提高。

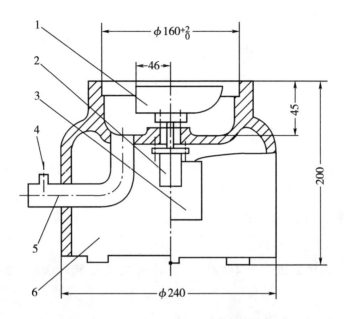

图 T 0502-3 筛座(尺寸单位:mm)

1-喷气嘴;2-微电机;3-控制板开口;4-负压表接口;5-负压源及收尘系统接口;6-壳体

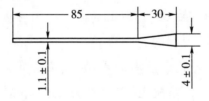

图 T 0502-4 喷气嘴上开口(尺寸单位:mm)

3 试验准备

水泥样品应充分拌匀,通过0.9mm方孔筛,记录筛余物情况,要防止过筛时混进其他粉体。

本条未修订,与原规程内容一致。

4 试验步骤

4.1 负压筛法

(1)筛析试验前,应把负压筛放在筛座上,盖上筛盖,接通电源,检查控制系统,调节负压至4 000~6 000Pa范围内。

本条未修订,与原规程内容一致。

(2)称取试样10g,精确至0.01g。

(3)试样置于洁净的负压筛中,盖上筛盖,放在筛座上,开动筛析仪连续筛析120s。在此期间如有试样附着在筛盖上,可轻轻地敲击筛盖使试样落下。筛毕,用天平称量筛余物质量,精确至0.01g。

本条将原规程"2min"修订为"120s",增加称量精度"精确至0.01g",其他内容与原规程一致。

(4)当工作负压小于4 000Pa时,应清理吸尘器内水泥,使负压恢复正常。

本条未修订,与原规程内容一致。

4.2 水筛法

(1)筛析试验前,调整好水压及水筛架的位置,使其能正常运转。喷头底面和筛网之间距离为35~75mm。

本条未修订,与原规程内容一致。

(2)称取试样50g,置于洁净的水筛中,立即用淡水冲洗至大部分细粉通过后,将水筛放在水筛架上,用水压为0.05MPa±0.02MPa的喷头连续冲洗180s。筛毕,用少量水把筛余物冲至蒸发皿中,等水泥颗粒全部沉淀后,小心倒出清水,烘干并用天平称量筛余物质量,精确至0.01g。

本条将原规程"称取试样25g"修订为"称取试样50g","3min"修订为"180s",其他内容与原规程一致。

4.3 试验筛的清洗

试验筛必须保持洁净,筛孔通畅,使用10次以后要进行清洗。金属框筛、铜丝网筛清洗时应用专门的清洗剂,不可用弱酸浸泡。

本条未修订,与原规程内容一致。

5 结果计算

水泥试样的筛余百分数,按式(T 0502-1)计算:

$$F = \frac{R_s}{m} \times 100 \quad\quad\quad (T\ 0502\text{-}1)$$

式中:F——水泥试样的筛余百分数(%);

R_s——水泥筛余物的质量(g);

m——水泥试样的质量(g)。

结果计算精确至0.1%。

本条未修订,与原规程内容一致。

6 结果处理

6.1 修正系数的测定,应按附录 T 0502 A 进行。以两次平行试验结果(经修正系数修正)的算术平均值为测定值,结果精确至0.1%;当两次筛余结果相差大于0.3%时,试验数据无效,需重新试验。

本条对原规程第5.2条进行修订,将"两次筛余结果绝对误差大于0.5%(筛余量大于5.0%时可放至1.0%)"修订为"两次筛余结果相差大于0.3%"。本规程对筛余试验结果误差要求更严格。

6.2 负压筛法与水筛法测定的结果发生争议时,以负压筛法为准。

本条未修订,与原规程内容一致。

7 试验报告

试验报告应包括下列内容:

(1)要求检测的项目名称;

(2)试样编号;

(3)原材料的品种、规格和产地;

(4)试验日期及时间;
(5)仪器设备的名称、型号及编号;
(6)环境温度和湿度;
(7)试验采用方法;
(8)执行标准;
(9)水泥试样的筛余百分数;
(10)要说明的其他内容。

附录 T 0502 A 水泥试验筛的标定方法

A.1 用一种已知 45μm 标准筛筛余百分数的粉状试样(该试样不受环境影响,筛余百分数不发生变化)作为标准样;按本方法第 4 条的试验步骤,测定标准样在试验筛上的筛余百分数。

粉状试样在本方法中特指水泥标准样。水泥试样(该试样不受环境影响,筛余百分数不发生变化)作为标准样或符合现行《水泥细度和比表面积标准样品》(GSB 14-1511)的要求,有争议时以现行《水泥细度和比表面积标准样品》(GSB 14-1511)为准。

被标定试验筛在标定前,应先经过清洗、去污、干燥(水筛除外)并和标定试验温度一致后,按本方法第 4 条的试验步骤进行标定。每个试验筛的标定应称取两个水泥试样连续进行,中间不得插做其他试样试验。需要注意的是应以两个样品结果的算术平均值作为最终值,但当两个样品筛余结果相差大于 0.3% 时,应称第三个样品进行试验,并取接近的两个结果进行平均作为最终结果。

A.2 试验筛修正系数,按式(T 0502 A-1)计算:

$$C = \frac{F_n}{F_t} \qquad (T\ 0502\ A\text{-}1)$$

式中:C——试验筛修正系数;
F_n——标准样给定的筛余百分数(%);

F_t——标准样在试验筛上的筛余百分数(%)。

结果计算精确至0.01。

注:当 C 值超出 0.80~1.20 范围时,试验筛应予以淘汰,不得使用。

A.3 水泥试样筛余百分数结果修正,按式(T 0502 A-2)计算:

$$F_c = C \cdot F \qquad (\text{T 0502 A-2})$$

式中:F_c——水泥试样修正后的筛余百分数(%);

C——试验筛修正系数;

F——水泥试样修正前的筛余百分数(%)。

结果计算精确至0.1%。

本规程的水泥试验筛标定方法内容进行适当修订,标定方法的原理和计算公式与原规程一致。

条文说明

本方法参照《水泥细度检验方法 筛析法》(GB/T 1345—2005)编制,规定了 45μm(325目)试验筛筛析方法。其原理是采用 45μm(325目)筛对水泥试样进行筛析试验,用筛网上所得筛余物的质量占试样原始质量的百分数来表示水泥样品的细度。增加了试验筛清洗的次数要求。

水筛法在实际操作时,水压稳定至关重要:当水压较高时,样品会溅在筛框上,导致筛余结果偏低;反之,水压偏低,则会引起筛余偏高。可通过一定稳压措施得到稳定水流。

对于负压法而言,负压筛需保持水平,避免外界振动和冲击。当筛网有堵塞现象时,可将筛网反置,反吹空筛一段时间,再用刷子清刷;也可用吸尘器在筛网吸附。

一般而言,水泥石强度并不一定随水泥细度的增加、组分水化活性的提高而提高。但颗粒越细,水化活性越高。水泥细度通常用筛余或比表面积来衡量。除了进行上述指标的控制,对于细度而言粒度分布也是重要因素。粒度分布是指组成水泥的所有颗粒中,不同粒径的颗粒所占的百分含量。粒度分布的测定不仅是控制水泥颗粒细度的一种有效的方法,更重要的是它将为粉磨、分级等环节的优化提供准确的依据。有研究表明,3~30μm 的颗粒是担负水泥强度增长的主要粒级,其他粒度区段的颗粒对水泥强度的增长作用较小,大于 60μm 的颗粒甚至仅起填料作用。

修订中的《通用硅酸盐水泥》规定"普通硅酸盐水泥、矿渣硅酸盐水泥、粉煤灰硅酸盐水泥、火山灰质硅酸盐水泥、复合硅酸盐水泥的细度以 45μm 方孔筛筛余表示,不小于 5%",取消了 80μm 筛余的规定,因此,本规程也取消了 80μm 筛余的规定。

T 0503—2005 水泥密度试验方法

1 目的、适用范围和引用标准

本方法规定了液体排代法测定水泥密度的试验方法。

本方法适用于通用硅酸盐水泥、道路硅酸盐水泥及指定采用本方法的其他品种水泥和粉状物料密度的测定。

引用标准:

《煤油》(GB 253)

2 仪具与材料

2.1 李氏瓶:由优质玻璃制成,透明无条纹,具有抗化学侵蚀性且热滞后性小,要有足够的厚度以确保良好的耐裂性。李氏瓶横截面形状为圆形,外形尺寸如图 T 0503-1 所示。容积为 220~250mL,带有长 180~200mm 且直径约为 10mm 的细颈,细颈刻度由 0~1mL 和 18~24mL 两段组成,且两段均以 0.1mL 为分度值,任何标明的容量误差都不得大于 0.05mL。

本条对原规程条文进行修订,增加对李氏瓶质量的规定:"由优质玻璃制成,透明无条纹,具有抗化学侵蚀性且热滞后性小,要有足够的厚度以确保良好的耐裂性"。应选择质量较好的玻璃仪器,质量差异也会影响试验数据的准确性。李氏瓶的尺寸与原规程一致。

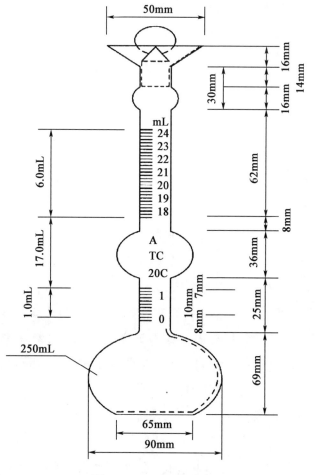

图 T 0503-1 李氏瓶

2.2 天平:量程不小于100g,感量不大于0.01g。

2.3 温度计:量程包含0~50℃,分度值不大于0.1℃。

本条修订原规程条文,增加温度计量程规定:"量程包含0~50℃"。

2.4 恒温水槽:应有足够大的容积,使水温可以稳定控制在20℃±1℃。

本条修订原规程条文,增加对水槽温度的规定:"使水温可以稳定控制在20℃±1℃"。温度变化对测试水泥密度的影响较大,因此,应严格控制水槽规定的恒温条件。

2.5 无水煤油:应符合现行《煤油》(GB 253)的规定。

2.6 药匙:长度不小于200mm。

本条为新增条文,增加药匙及尺寸规定。

3 试验步骤

3.1 水泥试样应预先通过0.90mm方孔筛,在110℃±5℃温度下干燥1h,并且在干燥器内冷却至室温(室温应控制在20℃±0.5℃)。

本条内容与原规程一致,水泥试样应先过筛和烘干,防止结块影响测试密度的准确性。

3.2 称取水泥60g(m),精确至0.01g。在测试其他粉料密度时,可按实际情况增减称量材料质量,以便读取刻度值。

本条未修订,与原规程内容一致。

3.3 将无水煤油注入李氏瓶中,液面至0~1mL刻度线内(以弯月液面的下部为准)。盖上瓶塞并放入恒温水槽内,使刻度部分浸入水中(水温应控制在20℃±0.5℃),恒温至少30min,记下无水不煤油的初始(第一次)读数(V_1),精确至0.1mL。

本条对原规程条文进行修订,增加"水温应控制在20℃±0.5℃"和"读数(V_1)",将原规程"恒温30min"修订为"恒温至少30min"。试验时,李氏瓶读数必须在恒温条件下进行,温度波动会导致无水煤油热胀冷缩引起体积变化,进而影响初始读数的取值。

3.4 从恒温水槽中取出李氏瓶,先将瓶外表面水分擦净,再用滤纸将李氏瓶内零点以上无煤油的部分仔细擦净。

本文对原规程条文进行修订,增加"先将瓶外表面水分擦净",保证瓶外壁没有水分附着。

3.5 用药匙将水泥样品一点点地装入李氏瓶中,反复摇动李氏瓶,直至没有气泡排除或用超声波振动将气泡排完为止,再次将李氏瓶静置于恒温水槽,使刻度部分浸入水中,在相同温度下恒温至少30min,记下第二次读数(V_2),精确至0.1mL。

本条对原规程条文进行修订,增加"或用超声波振动"方法排气泡,利用超声波震荡,尽可能将气泡排除干净。水泥样品装入李氏瓶过程中,操作要仔细,防止粉体散落到李氏瓶外影响试验结果。

3.6 第一次读数和第二次读数时,恒温水槽的温度差不得大于0.5℃。

本条对原规程条文进行修订,将"温度差不得大于0.2℃"修订为"温度差不得大于0.5℃",与恒温水槽控温精度±0.5℃一致。

4 结果计算

水泥密度,按式(T 0503-1)计算:

$$\rho = 1\,000 \times \frac{m}{V_2 - V_1} \quad (\text{T 0503-1})$$

式中:ρ——水泥的密度(kg/m^3);

m——装入密度瓶的水泥质量(g);

V_1——李氏瓶第一次读数(mL);

V_2——李氏瓶第二次读数(mL)。

结果计算精确至$10kg/m^3$。

以两次平行试验结果的算术平均值为测定值。两次试验结果的允许偏差不得大于$20kg/m^3$,否则试验数据无效,需重新试验。

本条对原规程式(T 0503-1)进行修订,将"V"修订为"$V_2 - V_1$",表述更清楚。

5 试验报告

试验报告应包括下列内容:

(1)原材料的品种、规格和产地;

(2)试验日期及时间;

(3)仪器设备的名称、型号及编号;
(4)环境温度和湿度;
(5)执行标准;
(6)水泥密度;
(7)要说明的其他内容。

条文说明

本方法参照《水泥密度测定方法》(GB/T 208—2014)编制。液体排代法的工作原理为将水泥装入盛有一定量液体介质的李氏瓶内,并使液体介质充分地浸透水泥颗粒。根据阿基米德定律,水泥的体积等于它所排开的液体体积,从而算出单位体积水泥的质量即为密度。为使测定的水泥不产生水化,液体介质采用无水煤油。操作过程中,要保证水泥样品的烘干温度及烘干时间,并在干燥器内冷却至室温;水泥在装入李氏瓶前的温度尽可能与瓶内液体温度相一致。水泥装入李氏瓶时,需仔细防止水泥黏附在无液体部分的瓶壁上或溅出瓶外;排气泡时尽可能将气泡排除干净;恒温水槽的温度一般控制在20℃,因李氏瓶的容积刻度是以此温度为基准。否则,难以达到试验结果差值不超过20kg/m³的要求。

水泥的密度主要取决于熟料矿物组成、水泥储存条件、煅烧时间等。水泥熟料主要矿物的密度为:C_3S 3 240~3 260kg/m³,C_2S 3 270~3 290kg/m³,C_3A 3 010~3 040kg/m³,C_4AF 3 700~3 770kg/m³,f-CaO 3 330~3 350kg/m³。不同储存条件和时间会不同程度降低水泥的密度,这是由于水泥中的f-CaO吸收了空气中的H_2O和CO_2生成了密度较小的$Ca(OH)_2$和$CaCO_3$,同时熟料水化产物的密度也较熟料矿物低。一般生烧或欠烧的熟料密度小,过烧熟料密度大,正常熟料介于两者之间,但变化并不显著。

常用的粉煤灰、矿渣等水泥掺合料的密度均小于熟料密度,因此掺有大量复合材料的水泥,其密度均低于硅酸盐水泥。道路硅酸盐水泥的密度一般为3 150~3 250kg/m³,硅酸盐水泥为3 100~3 200kg/m³,普通硅酸盐水泥在3 100kg/m³左右,矿渣水泥为2 600~3 000kg/m³,火山灰质、粉煤灰硅酸盐水泥为2 700~3 100kg/m³,高铝水泥为3 100~3 300kg/m³,少熟料或无熟料水泥为2 200~2 800kg/m³。

T 0504—2005　水泥比表面积试验方法(勃氏法)

1　目的、适用范围和引用标准

本方法规定了勃氏法测定水泥比表面积的试验方法。

水泥比表面积是指单位质量的水泥粉末所具有的总面积,常以m^2/kg表示。其原理是根据一定量的空气通过一定空隙率和固定厚度的水泥层时,所受阻力不同而引起流速的变化来测定水泥的比表面积。在一定空隙率的水泥层中,空隙的大小和数量是颗粒尺寸的函数,同时也决定了通过料层的气流速度。

根据原理可知,测定水泥比表面积应注意以下几个方面:

(1)勃氏透气仪的校准与气密性。

(2)试样捣实。由于试料层内空隙分布均匀程度对比表面积结果有影响,捣实试样应按规定统一操作。

(3)空隙率大小。测定需要相互比较的试料时,空隙率不建议改变太多。

本方法适用于通用硅酸盐水泥及指定采用本方法的其他粉状物料,其比表面积为2 000cm²/g(200m²/kg)~6 000cm²/g(600m²/kg);不适用于测定多孔材料及超细粉状物料。

引用标准:

《勃氏透气仪》(JC/T 956)

《水泥细度和比表面积标准样品》(GSB 14-1511)

水泥密度试验方法(T 0503)

本条对原规程进行修订,增加引用标准3项。

2 仪具与材料

2.1 勃氏(Blaine)透气仪分为手动和自动型两种,均应符合现行《勃氏透气仪》(JC/T 956)的规定。勃氏透气仪由透气圆筒、穿孔板、捣器、压力计、抽气装置等组成,如图 T 0504-1 和图 T 0504-2 所示。

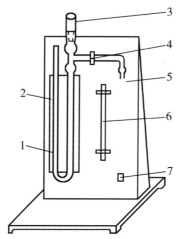

图 T 0504-1　勃氏(Blaine)透气仪示意图

1-U 形压力计;2-平面镜;3-透气圆筒;4-活塞;5-背面接小型电磁泵;6-温度计;7-开关

本条对原规程进行修订,增加"自动型"勃氏(Blaine)透气仪。

(1)透气圆筒:内径为 12.70mm ± 0.05mm,由不锈钢制成。圆筒内表面的光洁度▽6,圆筒的上口边应与圆筒主轴垂直,圆筒下部锥度与压力计上玻璃磨口锥度一致,二者严密连接。在圆筒内壁,距离圆筒上口边 55mm ± 10mm 处有一突出的宽度为 0.5～1.0mm 的边缘,以放置金属穿孔板。

(2)穿孔板:由不锈钢或其他不受腐蚀的金属制成,厚度为 $1.0^{0}_{-0.1}$ mm。在其面上,等距离地打有 35 个直径为 1mm 的小孔,穿孔板应与圆筒内壁密合。穿孔板两平面应平行。

(3)捣器:用不锈钢制成,插入圆筒时,其间隙不大于 0.1mm。捣器

3 水泥试验

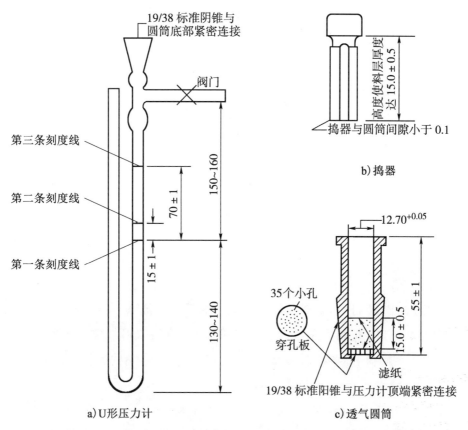

图 T 0504-2 U 形压力计、捣器和透气圆筒的结构及部分尺寸示意图
（尺寸单位：mm）

的底面应与主轴垂直，侧面有一个扁平槽，宽度为 3.0mm±0.3mm。捣器的顶部有一个支持环，当捣器放入圆筒时，支持环与圆筒上口边接触，这时捣器底面与穿孔圆板之间的距离为 15.0mm±0.5mm。

（4）压力计：U 形压力计尺寸如图 T 0504-2a）所示，由外径为 9mm 的具有标准厚度的玻璃管制成。压力计一个臂的顶端有一锥形磨口与透气圆筒紧密连接，在连接透气圆筒的压力计臂上刻有环形线。从压力计底部往上 280～300mm 处有一个出口管，管上装有一个阀门，连接抽气装置。

(5)抽气装置:用小型电磁泵,也可用抽气球。

2.2 滤纸:用中速定量滤纸。

2.3 天平:感量为0.001g。

2.4 秒表:分度值为0.5s。

2.5 压力计液体:采用带有颜色的蒸馏水。

2.6 基准材料:应采用符合现行《水泥细度和比表面积标准样品》(GSB 14-1511)或相同等级的标准物质,有争议时以现行《水泥细度和比表面积标准样品》(GSB 14-1511)为准。

本条对原规程"基准材料采用中国水泥质量监督检验中心制备的标准试样"进行修订,试验所用基准材料应符合现行国家标准物的技术指标。

3 仪器校准

3.1 仪器的校准采用符合现行《水泥细度和比表面积标准样品》(GSB 14-1511)或相同等级的其他标准物质,有争议时以前者为准。

3.2 圆筒内试料层体积的标定方法,应按《勃氏透气仪》(JC/T 956—2014)中附录A的规定进行。

本条为新增内容,将原规程第4.2条试料层体积测定删除,具体操作按照《勃氏透气仪》(JC/T 956—2014)附录A进行,体现本规程与其他标准的协同性,使得试验方法与主要仪器设备的发展紧密相连。

3.3 至少每年进行一次仪器设备的校准。月平均使用次数不少于30次时,应每半年进行一次。仪器设备维修后,应重新标定。

仪器校准是测试水泥表面积的重要环节,不可忽视,否则会影响数据的准确性。本规程根据仪器使用频率,明确规定了仪器的校准频次。

4 试验步骤

4.1 试样准备

按T 0503的规定,测定水泥的密度,并留样备用。

4.2 漏气检查

将透气圆筒上口用橡皮塞塞紧,接到压力计上。用抽气装置从压力计一臂中抽出部分气体,然后关闭阀门,观察是否漏气。如发现漏气,宜用活塞油脂加以密封。

气密性关系试验结果准确性,漏气检查是试验重要准备工作。

4.3 空隙率 ε 的确定

空隙率是指试料层中空隙的体积与试料层总体积之比,P·Ⅰ、P·Ⅱ型水泥的空隙率采用 0.500%±0.005%,其他水泥和粉料的空隙率选用 0.53%±0.005%。当上述空隙率不能将试样压至本方法 4.5 规定的位置时,则允许改变空隙率。空隙率调整以 2 000g 砝码(5 等砝码)将试样压实至本方法 4.5 规定的位置为准。

本条为新增条文,空隙率 ε 按照《水泥比表面积测定方法 勃氏法》(GB/T 8074—2008)第 7.3 条的规定取值,P·Ⅰ、P·Ⅱ型水泥的空隙率采用 0.500±0.005,其他水泥和粉料的空隙率选用 0.530±0.005。值得注意的是,根据《水泥比表面积测定方法 勃氏法》(GB/T 8074—2008)水泥比表面积计算原理可知,本规程中空隙率单位有误,正确表达应无百分号。

4.4 确定试样量

校正试验用的标准试样量和被测定水泥的质量,应达到在制备的试料层中的空隙率为 0.500%±0.005%,按式(T 0504-1)计算:

$$W = \rho V(1 - \varepsilon) \qquad (T\ 0504\text{-}1)$$

式中:W——需要的试样质量(g);
ρ——试样表观密度(g/cm^3);
V——按 JC/T 956 测定的试料层体积(cm^3);
ε——试料层空隙率。

结果计算精确至 0.001g。

4.5 试料层制备

将穿孔板放入透气圆筒的顶端上,用一根直径比圆筒略小的细棒把一片滤纸送到穿孔板上,边缘压紧。按本方法4.4确定的试样量,精确至0.001g,倒入圆筒。轻敲圆筒的边,使水泥层表面平坦。再放入一片滤纸,用捣器均匀捣实试料直至捣器的支持环紧紧接触圆筒顶边并旋转两周,慢慢取出捣器。

穿孔板上的滤纸,应是与圆筒内径相同、边缘光滑的圆片(直径为12.7mm)。穿孔板上滤纸片比圆筒内径小时,会有部分试样粘于圆筒内壁高出圆板上部;滤纸直径大于圆筒内径时,会引起滤纸片褶皱使结果不准。每次测定需用新的滤纸片。

4.6 透气试验

(1)把装有试料层的透气圆筒下锥面涂一薄层油脂,然后连接到压力计顶端锥形口上,旋转1~2周(不应振动所制备的试料层),以保证紧密连接不致漏气。

(2)打开小型电磁泵,慢慢从压力计一臂中抽出空气,直到压力计内液面上升到扩大部下端时关闭阀门。当压力计内液体的弯月液面下降到第一条刻线时开始计时,当液体的弯月液面下降到第二条刻线时停止计时,记录液面从第一条刻度线下降到第二条刻度线所需的时间,以秒(s)记录,并记下试验时的温度(℃)。

5 结果计算

5.1 当被测物料的密度、试料层中空隙率与标准试样相同,试验时温差不大于±3℃时,可按式(T 0504-2)计算:

$$S_c = \frac{S_S \sqrt{T}}{\sqrt{T_S}} \qquad (\text{T } 0504\text{-}2)$$

试验时温差大于±3℃时,可按式(T 0504-3)计算:

$$S_c = \frac{S_S \sqrt{T}}{\sqrt{T_S}} \frac{\sqrt{\eta_S}}{\sqrt{\eta}} \qquad (\text{T } 0504\text{-}3)$$

式中：S_c——被测试样的比表面积(cm^2/g)；

S_S——标准试样的比表面积(cm^2/g)；

T——被测试样试验时,压力计中液面降落测得的时间(s)；

T_S——标准试样试验时,压力计中液面降落测得的时间(s)；

η——被测试样试验温度下的空气黏度($\mu Pa \cdot s$)；

η_S——标准试样试验温度下的空气黏度($\mu Pa \cdot s$)。

注：$\sqrt{T}$保留小数点后两位。

本条规定"试验时温差"是指"试验时温度与校准温度之差",下同。

5.2 当被测试样的试料层中空隙率与标准试样试料层中空隙率不同,试验时温差不大于±3℃时,可按式(T 0504-4)计算：

$$S_c = \frac{S_S \sqrt{T}(1-\varepsilon_S)\sqrt{\varepsilon^3}}{\sqrt{T_S}(1-\varepsilon)\sqrt{\varepsilon_S^3}} \qquad (T\ 0504\text{-}4)$$

试验时温差大于±3℃时,可按式(T 0504-5)计算：

$$S_c = \frac{S_S \sqrt{T}(1-\varepsilon_S)\sqrt{\varepsilon^3}\sqrt{\eta_S}}{\sqrt{T_S}(1-\varepsilon)\sqrt{\varepsilon_S^3}\sqrt{\eta}} \qquad (T\ 0504\text{-}5)$$

式中：ε——被测试样试料层中的空隙率；

ε_S——标准试样试料层中的空隙率。

注：$\sqrt{T}$保留小数点后两位,$\sqrt{\varepsilon^3}$保留小数点后三位。

5.3 当被测试样的密度和空隙率均与标准试样不同,试验时温差不大于±3℃时,可按式(T 0504-6)计算：

$$S_c = \frac{S_S \sqrt{T}(1-\varepsilon_S)\sqrt{\varepsilon^3}\rho_S}{\sqrt{T_S}(1-\varepsilon)\sqrt{\varepsilon_S^3}\rho} \qquad (T\ 0504\text{-}6)$$

试验时温差大于±3℃时,可按式(T 0504-7)计算：

$$S_c = \frac{S_S \sqrt{T}(1-\varepsilon_S)\sqrt{\varepsilon^3}\rho_S\sqrt{\eta_S}}{\sqrt{T_S}(1-\varepsilon)\sqrt{\varepsilon_S^3}\rho\sqrt{\eta}} \qquad (T\ 0504\text{-}7)$$

式中：ρ——被测试样的密度(g/cm^3)；

ρ_S——标准试样的密度(g/cm^3)。

注：$\sqrt{T}$保留小数点后两位，$\sqrt{\varepsilon^3}$保留小数点后三位。

5.4 水泥比表面积应由两次平行试验结果的算术平均值确定，结果计算精确至10cm^2/g。两次试验结果相差超过平均值的2%时，应重新试验。

5.5 当同一水泥用手动勃氏透气仪测定的结果与用自动勃氏透气仪测定的结果有争议时，以手动勃氏透气仪测定结果为准。

6 试验报告

试验报告应包括下列内容：

(1)原材料的品种、规格和产地；

(2)试验日期及时间；

(3)仪器设备的名称、型号及编号；

(4)环境温度和湿度；

(5)试验方法；

(6)执行标准；

(7)水泥试样的比表面积；

(8)要说明的其他内容。

条文说明

本方法按《水泥比表面积测定方法 勃氏法》(GB/T 8074—2008)编制。水泥比表面积是指单位质量的水泥粉末所具有的总面积，以m^2/kg表示。其原理是根据一定量的空气通过一定空隙率和固定厚度的水泥层时，所受阻力不同而引起流速的变化来测定水泥的比表面积。在一定空隙率的水泥层中，空隙的大小和数量是颗粒尺寸的函数，同时也决定了通过料层的气流速度。与原规程方法相比，增加了自动比表面积测定仪的测试方法,通常水泥比表面积大于300m²/kg。规定试料层P·Ⅰ、P·Ⅱ型水泥的空隙率采用0.500%±0.005%,其他水泥和粉料选用0.53%±0.005%。当有些粉料算出的试样量在圆筒的有效体积中容纳不下或经捣实后未能充满圆筒的有效体积时,则允许适当地改变空隙率。并规定了改变时用2 000g砝码压实捣器。

测定比表面积需注意以下几个方面:

(1)试样捣实:由于试料层内空隙分布均匀程度对比表面积结果有影响,因此捣实试样需按规定统一操作。

(2)空隙率大小:试料层空隙率,P·Ⅰ、P·Ⅱ型水泥采用0.500%±0.005%,其他水泥和粉料选用0.53%±0.005%。但在测定需要相互比较的试料时,空隙率不建议改变太多。

圆筒内试料层体积的标定方法:用水银排代法标定圆筒的试料层体积。将穿孔板平放入圆筒内,再放入两片滤纸;用水银注满圆筒,用玻璃片挤压圆筒上口多余的水银,使水银面与圆筒上口平齐,倒出水银称量(P_1);取出一片滤纸,在圆筒内加入约3.3g的水泥试样,再盖上一片滤纸后用捣器压实至试料层规定高度;取出捣器用水银注满圆筒,同样用玻璃片挤压平后,将水银倒出称量(P_2)。圆筒试料层体积按式(T 0504-8)计算:

$$V = \frac{P_1 - P_2}{\rho_{水银}} \qquad (\text{T 0504-8})$$

式中:V——试料层体积(cm^3);

P_1——未装水泥时,充满圆筒的水银质量(g);

P_2——装水泥后,充满圆筒的水银质量(g);

$\rho_{水银}$——试验温度下水银的密度(g/cm^3),见表T 0504-1。

注:需制备坚实的水泥层,如太松或水泥不能压到要求的体积,需调整水泥的试验用量。试料层体积要重复测定两遍,取平均值,计算结果精确至0.001cm^3。

表 T 0504-1　不同温度下的水银密度、空气黏度 η 和 $\sqrt{\eta}$

室温(℃)	水银密度(g/cm³)	空气黏度 η(μPa·s)	$\sqrt{\eta}$
8	13.58	17.49	4.18
10	13.57	17.59	4.19
12	13.57	17.68	4.20
14	13.56	17.78	4.22
16	13.56	17.88	4.23
18	13.55	17.98	4.24
20	13.55	18.08	4.25
22	13.54	18.18	4.26
24	13.54	18.28	4.28
26	13.53	18.37	4.29
28	13.53	18.47	4.30
30	13.52	18.57	4.31
32	13.52	18.67	4.32
34	13.51	18.76	4.33

T 0505—2020　水泥标准稠度用水量、凝结时间、安定性试验方法

1　目的、适用范围和引用标准

本方法规定了水泥标准稠度用水量、凝结时间和安定性试验方法。

本方法适用于通用硅酸盐水泥、道路硅酸盐水泥及指定采用本方法的其他品种水泥。

引用标准：

《水泥净浆搅拌机》(JC/T 729)

《水泥净浆标准稠度与凝结时间测定仪》(JC/T 727)

《水泥安定性试验用沸煮箱》(JC/T 955)

3 水泥试验

2 仪具与材料

2.1 水泥净浆搅拌机:应符合现行《水泥净浆搅拌机》(JC/T 729)的规定。

2.2 标准法维卡仪:应符合现行《水泥净浆标准稠度与凝结时间测定仪》(JC/T 727)的规定,标准稠度测定用试杆[图 T 0505-1c)]有效长度为 50mm±1mm,由直径为 10mm±0.05mm 的圆柱形耐腐蚀金属制成。测定凝结时间用试针[图 T 0505-1d)、e)]由钢制成,其有效长度初凝针为 50mm±1mm,终凝针为 30mm±1mm,圆柱体直径为 1.13mm±0.05mm。滑动部分的总质量为 300g±1g。与试杆、试针连接的滑动杆表面应光滑,能靠重力自由下落,不得有紧涩和旷动现象。

盛装水泥净浆的试模[图 T 0505-1a)]应由耐腐蚀的、有足够硬度的金属制成。试模深 40mm±0.2mm,圆锥台顶内径为 65mm±0.5mm、底内径为 75mm±0.5mm,每只试模应配备一个边长或直径约为 100mm、厚度为 4~5mm 的平板玻璃底板或金属底板。

2.3 代用法维卡仪:应符合现行《水泥净浆标准稠度与凝结时间测定仪》(JC/T 727)的规定。

2.4 沸煮箱:应符合现行《水泥安定性试验用沸煮箱》(JC/T 955)的规定。

本条对原规程进行修订,删除原规程对沸煮箱的具体规定。

2.5 雷氏夹:由铜质材料制成,其结构如图 T 0505-2 所示。当一根指针的根部先悬挂在一根金属丝或尼龙丝上,另一根指针的根部挂上 300g 质量的砝码时,两根指针的针尖距离应在 17.5mm±2.5mm 范围以内,去掉砝码后针尖的距离能恢复至挂砝码前的状态。雷氏夹受力示意如图 T 0505-3 所示。

本条值得注意的是雷氏夹中当一根指针的根部先悬挂在一根金属丝或尼龙丝上,另一根指针的根部挂上 300g 质量的砝码时,两根指针的针尖距离增加应在 17.5mm±2.5mm 范围以内,去掉砝码后针尖的距离能恢复至挂砝码前的状态。

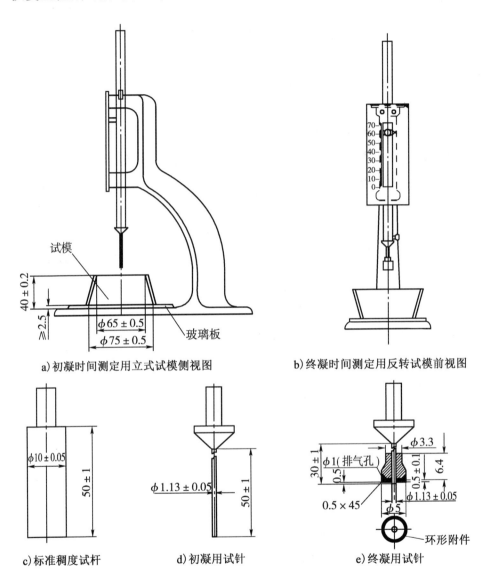

图 T 0505-1 测定水泥标准稠度和凝结时间用的维卡仪（尺寸单位：mm）

2.6 量水器：分度值为 0.5mL。

本条对原规程进行修订，将"分度值为 0.1mL"修订为"分度值为

0.5mL",更能满足工程试验的可操作性。

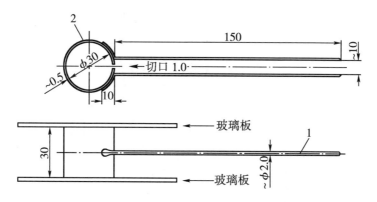

图 T 0505-2　雷氏夹示意图(尺寸单位:mm)

1-指针;2-环模

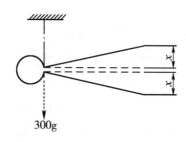

图 T 0505-3　雷氏夹受力示意图

2.7　天平:量程不小于1 000g,感量不大于1g。

本条对原规程"量程1 000g,感量1g"进行修订。

2.8　水泥标准养护箱:温度控制在20℃±1℃,相对湿度大于90%。

2.9　雷氏夹膨胀值测定仪:如图 T 0505-4 所示,标尺最小刻度为0.5mm。

2.10　秒表:分度值为1s。

3　试验准备

3.1　水泥试样应充分拌匀,通过0.9mm方孔筛,并记录筛余物情况，但要防止过筛时混进其他粉料。

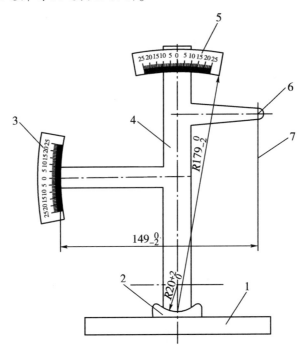

图 T 0505-4 雷氏夹膨胀值测定仪(尺寸单位:mm)
1-底座;2-模子座;3-测弹性标尺;4-立柱;5-测膨胀值标尺;6-悬臂;7-悬丝

3.2 试验用水宜为洁净的饮用水，有争议时可用蒸馏水。

4 试验环境

4.1 试验环境温度为20℃±2℃，相对湿度大于50%。

4.2 水泥试样、拌和水、仪器和用具的温度应与试验室内室温一致。

5 标准稠度用水量的测定(标准法)

5.1 试验前必须做到：

(1)维卡仪的金属棒能够自由滑动。试模和玻璃底板用湿布擦拭(但不允许有明水)，将试模放在底板上。

本条对原规程进行修订，增加"试模和玻璃底板用湿布擦拭(但不允许有明水),将试模放在底板上"。

(2)调整至试杆接触玻璃板时指针对准零点。

本条规定了指针零点的调整方法,试验过程要求玻璃板与操作台保持水平、平稳,同时玻璃板位置不宜挪动。

(3)水泥净浆搅拌机运行正常。

5.2 水泥净浆的拌制:用水泥净浆搅拌机搅拌,搅拌锅和搅拌叶片先用湿布擦过,将拌和水倒入搅拌锅中,然后5～10s内小心将称好的500g水泥加入水中,防止水和水泥溅出;拌和时,先将锅放在搅拌机的锅座上,升至搅拌位置,启动搅拌机,低速搅拌120s,停15s,同时将叶片和锅壁上的水泥浆刮入锅中间,接着高速搅拌120s后停机。

5.3 标准稠度用水量的测定步骤:

(1)拌和结束后,立即取适量水泥净浆一次性将其装入已置于玻璃底板上的试模中,浆体超过试模上端,用宽约25mm的直边刀轻轻拍打超出试模部分的浆体5次以消除浆体中的孔隙,然后在试模上表面约1/3处,略倾斜于试模分别向外轻轻锯掉多余净浆,再从试模边沿轻抹顶部一次,使净浆表面光滑。在锯掉多余的净浆和抹平的操作过程中,注意不要压实净浆。

本条对原规程进行修订,其内容参照《水泥标准稠度用水量、凝结时间、安定性检验方法》(GB/T 1346—2011)第7.3条的规定。

(2)抹平后迅速将试模和底板移到维卡仪上,并将其中心定在试杆下,降低试杆直到与水泥净浆表面接触,拧紧螺钉1～2s后,突然放松,使试杆垂直自由地沉入水泥净浆中。在试杆停止沉入或释放试杆30s时记录试杆与底板之间的距离,升起试杆后,立即擦净。

本条规定了试杆停止的判别方法——"试杆停止沉入或释放试杆30s时"。大量验证试验发现,试杆一般30s内下沉停止或趋于静止,试验过程中停止时刻难以判断时,可采用沉入30s为停止时刻。

(3)整个操作应在搅拌后90s内完成。以试杆沉入净浆并距底板

6mm±1mm 的水泥净浆为标准稠度净浆。其拌和水量为该水泥的标准稠度用水量(P),按水泥质量的百分比计,结果精确至1%。

《水泥标准稠度用水量、凝结时间、安定性检验方法》(GB 1346—2011)中水泥标准稠度用水量的结果精度未作规定,而本规程中关于标准稠度用水量结果精度规定则存在争议。市场上大多数水泥标准稠度用水量在25%~29%之间,而结果精确至1%,不能准确表达各水泥标准稠度用水量之间的差异,为此,认为水泥的标准稠度用水量结果精确至0.1%更合理。

(4)当试杆距玻璃板小于5mm时,应适当减水,重复水泥净浆的拌制和上述过程;若距离大于7mm,则应适当加水,并重复水泥浆的拌制和上述过程。

6 标准稠度用水量的测定(代用法)

6.1 标准稠度用水量的测定可用调整水量法和不变水量法两种方法中的任一种,发生争议时,以调整水量法为准。采用调整水量法测定标准稠度用水量时,拌和水量应按经验找水;采用不变水量法测定时,拌和水量为142.5mL,水量精确到0.5mL。

6.2 试验前须检查项目:仪器金属棒应能自由滑动;试锥降至模顶面位置时,指针应对准标尺零点;搅拌机运转应正常等。

6.3 水泥净浆的拌制:用符合要求的水泥净浆搅拌机搅拌,搅拌锅和搅拌叶片先用湿棉布擦净,将称好的500g水泥试样倒入搅拌锅内。拌和时,先将锅放到搅拌机锅座上,升至搅拌位置,启动机器,同时徐徐加入水拌和,慢速搅拌120s,停拌15s,接着快速搅拌120s后停机。

6.4 标准稠度用水量的测定:

(1)拌和结束后,立即将拌好的净浆装入锥模内,用宽约25mm的直边刀轻轻插捣5次,再轻轻振动5次,刮去多余净浆;抹平后迅速放到试锥下面固定位置上。将试锥降至净浆表面,拧紧螺钉1~2s后,突然放松,让试锥自由沉入净浆中,到试锥停止下沉时记录试锥下沉深度。整个操作应在搅拌后 90s 内完成。

本条对原规程进行修订,将"小刀"修改为"宽约 25mm 的直边刀",增加"轻轻插捣 5 次,再轻轻振动 5 次",明确了试验工具尺寸、插捣和振动次数,试验操作更规范化。

(2)用调整水量法测定时,以试锥下沉深度 30mm±1mm 时的净浆为标准稠度净浆。其拌和水量为该水泥的标准稠度用水量(P),按水泥质量的百分比计。如下沉深度超出范围,须另称试样,调整水量,重新试验,直至达到 30mm±1mm 为止。

本条对原规程进行修订,将"试锥下沉深度 28mm±2mm"修订为"试锥下沉深度 30mm±1mm",修订后的深度值与《水泥标准稠度用水量、凝结时间、安定性检验方法》(GB/T 1346—2011)一致。

(3)用不变水量法测定时,标准稠度用水量按式(T 0505-1)计算:

$$P = 33.4 - 0.185S \qquad (T\ 0505\text{-}1)$$

式中:P——水泥标准稠度用水量(%);

S——试锥下沉深度(mm)。

结果计算精确至 1%。

当试锥下沉深度小于 13mm 时,应改用调整水量法测定。

7 凝结时间的测定

7.1 测定前准备工作:调整凝结时间测定仪的试针接触玻璃板时,指针对准零点。

7.2 试件的制备:以标准稠度用水量按 5.2 制成标准稠度净浆(记录水泥全部加入水中的时间作为凝结时间的起始时间),一次装满试模,振动数次刮平,立即放入养护箱中。

关于标准稠度用水量测定后水泥浆体是否可以继续用于测量水泥凝结时间,宜根据所确定的水泥标准稠度用水量重新制备水泥浆体。这是考虑到调整水量法中水的添加时间不一致,而水泥凝结时间测试要求水一次加入时记为初始时间。

7.3　初凝时间的测定

(1)记录水泥全部加入水中至初凝状态的时间作为初凝时间,用"min"计。

(2)试件在湿汽养护箱中养护至加水后30min时进行第一次测定。测定时,从湿汽养护箱中取出试模放到试针下,降低试针与水泥净浆表面接触。拧紧螺钉1~2s后,突然放松,使试针垂直自由地沉入水泥净浆中。观察试针停止沉入或释放试针30s时指针的读数。

(3)临近初凝时每隔5min(或更短时间)测定一次,当试针沉至距底板4mm±1mm时,为水泥达到初凝状态。

(4)当达到初凝时应立即重复测一次,当两次结论相同时才能确定到达初凝状态。

本条为新增内容,规定了水泥初凝时间的判断标准。

7.4　终凝时间的测定

(1)由水泥全部加入水中至终凝状态的时间为水泥的终凝时间,用"min"计。

(2)为了准确观察试件沉入的状况,在终凝针上安装了一个环形附件[图T 0505-1e)]。在完成初凝时间测定后,立即将试模连同浆体以平移的方式从玻璃板取下,翻转180°,直径大端向上,小端向下放在玻璃板上,再放入湿汽养护箱中继续养护。

(3)临近终凝时间时每隔15min(或更短时间)测定一次,当试针沉入试件0.5mm时,即环形附件开始不能在试件上留下痕迹时,为水泥达到终凝状态。

(4)到达终凝时需要在试件另外两个不同点测试,结论相同时才能确定达到终凝状态。

本条为新增内容,规定了水泥终凝时间的判断标准。

7.5　测定时应注意,在最初测定的操作时应轻轻扶持金属柱,使其徐徐下降,以防止试针撞弯,但结果以自由下落为准;在整个测试过程中试针沉入的位置至少要距试模内壁10mm。每次测定不能让试针落入原针孔,每次测试完毕须将试针擦净并将试模放回湿汽养护箱内,整个测试过程要防止试模振动。

8 安定性的测定(标准法)

水泥体积安定性不良,一般是由于熟料中所含的游离氧化钙(f-CaO)过多,也可能是由于水泥中掺入的石膏过多所致。

8.1 测定前的准备工作

每个试样需要两个试件,每个雷氏夹需配备两个边长或直径约80mm、厚度为4~5mm的玻璃板。凡与水泥净浆接触的玻璃板和雷氏夹表面都要稍稍涂上一层油。

本条对原规程进行修订,将"质量约75g~80g的玻璃板两块"修订为"两个边长或直径约80mm、厚度4~5mm的玻璃板",明确了玻璃板的具体尺寸。

8.2 雷氏夹试件的制备方法

将预先准备好的雷氏夹放在已稍擦油的玻璃板上,并立刻将已制好的标准稠度净浆装满试模。装模时一只手轻轻扶持试模,另一只手用宽约25mm的直边小刀在浆体表面轻轻插捣3次,然后抹平,盖上稍涂油的玻璃板,接着立刻将试模移至湿汽养护箱内养护24h±2h。

8.3 沸煮

(1)调整好沸煮箱内的水位,使之在整个沸煮过程中都能没过试件,无须中途添补试验用水,同时保证水在30min±5min内能沸腾。

(2)脱去玻璃板取下试件,先检查试饼是否完整(如已开裂、翘曲,要查明原因,确定无外因时,该试饼已属不合格品,不必沸煮)。在试饼无缺陷的情况下,用雷氏法测定时,先测量雷氏夹指针间的距离(A),精确到0.5mm,接着将试件放入沸煮箱中的试件架上,指针朝上,试件之间互不交叉,然后在30min±5min内加热至沸腾,并恒沸180min±5min。

8.4 结果判别

沸煮结束后,立即放掉沸煮箱中的热水,打开箱盖,待箱体冷却至室温,取出试件进行判别。

测量试件指针尖端间的距离(C),精确至0.5mm。当两个试件煮后增加距离($C-A$)的平均值不大于5.0mm时,即认为该水泥安定性合格;当两个试件煮后增加距离($C-A$)的平均值大于5.0mm时,应用同一样品重做一次试验,以复检结果为准。

本条对原规程进行修订,将"当两个试件的($C-A$)值差值超过4.0mm时"修订为"当两个试件煮后增加距离($C-A$)的平均值大于5.0mm时",修订后与《水泥标准稠度用水量、凝结时间、安定性检验方法》(GB 1346—2011)的规定一致。

9 安定性的测定(代用法)

9.1 试验前准备工作

每个样品需准备两块约100mm×100mm的玻璃板。凡与水泥净浆接触的玻璃板都要稍稍涂上一层油。

本条提及的油,可以是脱模用机油、润滑油或者食用油等。

9.2 试饼的成型方法

将制好的标准稠度净浆取出一部分分成两等份,使之成球形,放在预先准备好的玻璃板上,轻轻振动玻璃板并用湿布擦净的小刀由边缘向中央抹动,做成直径为70~80mm、中心厚约10mm、边缘渐薄、表面光滑的试饼,接着将试饼放入湿汽养护箱内养护24h±2h。

9.3 沸煮

(1)调整好沸煮箱内的水位,使之在整个沸煮过程中都能没过试件,无须中途添补试验用水,同时保证水在30min±5min内能沸腾。

(2)脱去玻璃板取下试件,先检查试饼是否完整(如已开裂、翘曲,要检查原因,确定无外因时,该试饼已属不合格品,不必沸煮)。在试饼无缺陷的情况下将试饼放在沸煮箱的水中箅板上,然后在30min±5min内加热至水沸腾,并恒沸180min±5min。

9.4 结果判别

沸煮结束后,立即放掉沸煮箱中的热水,打开箱盖,待箱体冷却至室温,取出试件进行判别。目测试饼未发现裂缝,用直尺检查也没有弯曲(使钢直尺和试饼底部紧靠,以两者间不透光为不弯曲)的试饼为安定性合格,反之为不合格。当两个试饼判别结果有矛盾时,该水泥的安定性为不合格。

10 试验报告

试验报告应包括下列内容:
(1)要求检测的项目名称;
(2)试样编号;
(3)试验日期及时间;
(4)仪器设备的名称、型号及编号;
(5)环境温度和湿度;
(6)执行标准;
(7)使用检测方法;
(8)水泥试样的标准稠度用水量、凝结时间、安定性;
(9)要说明的其他内容。

条文说明

本方法参照《水泥标准稠度用水量、凝结时间、安定性检验方法》(GB/T 1346—2011)编制,相对于原方法,增加了试验用玻璃底板的具体尺寸要求。明确了标准稠度用水量测定步骤中净浆装模的具体操作步骤。改变了原方法中标准稠度用水量代用法终凝时间的判定标准,改为距离玻璃底板30mm±1mm。改变了原方法安定性试样的成型方法,改为另一只手用宽约25mm的直边小刀在浆体表面轻轻插捣3次,然后抹平。

在水泥净浆加水搅拌后,可能发生异常凝结现象。这种早期凝结又分为假凝和瞬凝。假凝的主要特征是加水凝固后,净浆没有明显温度升高,净浆重新搅拌后可恢复塑性。产生假凝的原因在于,当水泥加入水中时,半水石膏和无水石膏比铝酸三钙(C_3A)能更快溶解,形成硫酸钙过饱和溶液,同时转化为二水石膏结晶析出,带来假凝。同时还与水泥中存在的碱有关。

瞬凝的主要特征是当水泥加入水中时,大量放热,净浆很快失去流动性。产生的原因主要在于 C_3A 含量过高,而水泥中为掺入石膏或掺入的石膏中三氧化硫(SO_3)含量过低引起的。

T 0513—2020 水泥水化热试验方法

本方法为新增。水化热是水泥的重要性能之一,水泥水化热的大小及波动变化均会直接影响水泥砂浆或水泥混凝土的性能。水泥水化热的影响因素较多,如水泥品种、水泥细度、水泥矿物熟料组成、混合材掺量、养护温度和水灰比等。当遇到大体积混凝土工程或高温度开裂风险的工程时,要测试所用水泥的水化热,必要时采取降低水化热的措施。

1 目的、适用范围和引用标准

本方法规定了溶解热法和直接法测定水泥水化热的试验方法。

目前水泥水化热的试验方法主要有直接法和间接法,《水泥水化热测定方法》(GB/T 12959—2008)规定有溶解热法和直接法。

直接法包括国内标准试验方法和国外应用较多的 TAM AIR 热导式等温量热仪测试法。TAM AIR 测试法较适合测试 14d 内的水泥水化热。TAM AIR 测试法是测试水化样与参比样(恒温20℃)之间的热流瞬时值。水化放热速率的快慢是影响 TAM AIR 测试法测试结果准确性的重要因素。水化初期,水化放热速率较快,单位时间释放的水化热较多,TAM AIR 测试法可较准确地描述初期水化过程;而当水化放热速率较慢(一般14d 后)时,单位时间释放的水化热很少,即热流瞬时值较小,使得 TAM AIR 测试法仪器本身允许的热流漂移值偏大,不能满足试验精度要求。

间接法主要是溶解热法。溶解热法是依据热化学的盖斯定律,即化学反应的热效应只与体系的初态和终态有关,而与反应途径无关提出的。它是在量热计周围温度一定的条件下,用未水化的水泥与水化一定龄期的水泥分别在一定浓度的标准酸中溶解,测得溶解热之差,即为该水泥在规定龄期内所放出的水化热。直接法是依据热量计在恒定的温度环境中,直接测定热量计内水泥胶砂(水泥水化产生)的温度变化,通过计算热量计内积蓄的和散失的热量总和,求得水泥水化7d内的水化热。

本方法适用于通用硅酸盐水泥、道路硅酸盐水泥及指定采用本方法的其他品种水泥。

引用标准:

《分析实验室用水规格和试验方法》(GB/T 6682)

《水泥胶砂强度检验方法(ISO法)》(GB/T 17671)

《水泥标准稠度用水量、凝结时间、安定性检验方法》(GB/T 1346)

《行星式水泥胶砂搅拌机》(JC/T 681)

2 溶解热法(基准法)

2.1 仪具与材料

(1)水泥:应通过0.9mm的方孔筛,并充分混合均匀。

(2)氧化锌(ZnO):用于标定热量计热容量,使用前应预先将氧化锌放入坩埚内,在900~950℃下灼烧1h取出,置于干燥器中冷却后,用玛瑙研钵研磨至全部通过0.15mm筛,储存于干燥器中备用。在标定试验前还应将上述制取的氧化锌约50g在900~950℃下灼烧5min,然后在干燥器中冷却至室温。

(3)氢氟酸(HF):浓度为40%(质量分数)或密度1.150~1.180g/cm^3。

(4)硝酸(HNO_3):浓度为2.00mol/L±0.02mol/L,配制方法为量取浓度为65%~68%(质量分数)的浓硝酸138mL,并用蒸馏水稀释至1L。

(5)硝酸溶液的标定:用移液管吸取25mL已配制好的硝酸溶液,移入250mL的容量瓶中,用蒸馏水稀释至标线,摇匀。接着用已知浓度(约

0.2mol/L)的氢氧化钠标准溶液标定容量瓶中硝酸溶液的浓度,该浓度乘以10即为已配制好的硝酸溶液的浓度。所用试剂应用分析纯。用于标定的试剂应为基准试剂。所用水应符合现行《分析实验室用水规格和试验方法》(GB/T 6682)中规定的蒸馏水要求。

本条规定所用水应符合《分析实验室用水规格和试验方法》(GB/T 6682—2008)中规定的三级水要求。

(6)溶解热测定仪:由恒温水槽、内筒、广口保温瓶、贝克曼差示温度计或量热温度计、搅拌装置组成,另配一个曲颈玻璃加料漏斗和一个直颈加酸漏斗。该仪器有单筒和双筒两种,图T 0513-1为双筒溶解热测定仪。

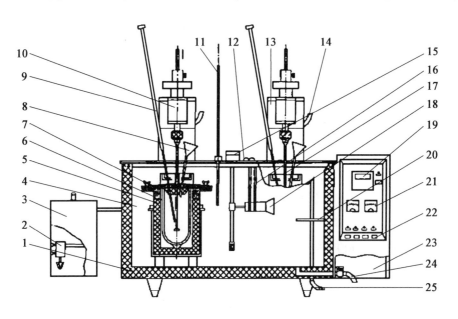

图 T 0513-1 双筒溶解热测定仪

1-水槽壳体;2-电机冷却水泵;3-电机冷却水箱;4-恒温水槽;5-试验内筒;6-广口保温瓶;7-筒盖;8-加料漏斗;9-贝氏温度计或量热温度计;10-轴承;11-标准温度计;12-电机冷却水管;13-电机横梁;14-锁紧手柄;15-循环水泵;16-支架;17-酸液搅拌棒;18-加热管;19-控温仪;20-温度传感器;21-控制箱面板;22-自锁按钮开关;23-电气控制箱;24-水槽进排水管;25-水槽溢流管

(7) 恒温水槽:水槽内外壳之间装有隔热层,内壳横断面为椭圆形的金属筒,横断面长轴750mm,短轴450mm,深310mm,容积约75L,并装有控制水位的溢流管。溢流管高度距底部约270mm,水槽上装有两个用于搅拌保温瓶中酸液的搅拌器,水槽内装有两个放置试验内筒的筒座,及进排水管、加热管与循环水泵等部件。

(8) 内筒:筒口带法兰的不锈钢圆筒,内径150mm,深210mm,筒内衬有软木层或泡沫塑料,筒口上镶嵌有橡胶圈以防漏水,盖上有三个孔,中孔安装酸液搅拌棒,两侧的孔分别安装加料斗和贝克曼差示温度计或量热温度计。

(9) 广口保温瓶:配有耐酸塑料筒,容积约为600mL,当盛满比室温高约5℃的水、静置30min时,其冷却速率不得大于0.001℃/min。

(10) 贝克曼差示温度计(简称贝氏温度计):分度值为0.01℃,最大差示温度为5.2℃,插入酸液部分须涂以石蜡或其他耐氢氟酸的材料。试验前应用量热温度计将贝氏温度计零点调整到约14.500℃。

(11) 量热温度计:分度值为0.01℃,量程为14~20℃,插入酸液部分须涂以石蜡或其他耐氢氟酸的材料。

(12) 搅拌装置:酸液搅拌棒直径为6.0~6.5mm,总长约为280mm,下端装有两片略带转向推进作用的叶片,插入部分必须用耐氢氟酸的材料制成,水槽搅拌装置使用循环水泵。

(13) 曲颈玻璃加料漏斗:漏斗口与漏斗管的中轴线夹角约为30°,口径约为70mm,深100mm,漏斗管外径7.5mm,长95mm,供装试样用。

(14) 直颈加酸漏斗:由耐酸塑料制成,上口直径约70mm,管长120mm,外径7.5mm。

(15) 天平:量程不小于200g,分度值为0.001g和量程不小于600g,分度值为0.1g的天平各一台。

(16) 高温炉:使用温度900~950℃,并带有恒温控制装置。

(17) 其他设备:试验筛、铂坩埚或瓷坩埚、研钵、低温箱、水泥水化试样瓶。

2.2 试验环境

试验室温度在20℃±2℃,相对湿度大于50%。恒温水槽内的水温应保持在20℃±0.1℃,恒温水槽内为纯净的饮用水。

2.3 试验步骤

(1) 热量计热容量的标定

1) 贝氏温度计或量热温度计、保温瓶及塑料内衬、搅拌棒等应编号配套使用。使用贝氏温度计试验前应用量热温度计检查贝氏温度计零点。如果使用量热温度计,无须调整零点,可直接测定。

2) 标定热量计热容量时,应提前24h将保温瓶放入内筒中,酸液搅拌棒放入保温瓶内,盖紧内筒盖,再将内筒放入恒温水槽内。调整酸液搅拌棒悬臂梁使夹头对准内筒中心孔,并将酸液搅拌棒夹紧。在恒温水槽内加水使水面高出试验内筒盖,打开循环水泵等,使恒温水槽内的水温保持在20℃±0.1℃,然后关闭循环水泵备用。

3) 试验前打开循环水泵,观察恒温水槽温度使其保持在20℃±0.1℃,从安放贝氏温度计孔插入直颈加酸漏斗,用500mL耐酸的塑料杯称取13.5℃±0.5℃的2.00mol/L±0.02mol/L硝酸溶液约410g,量取8mL 40%氢氟酸加入耐酸塑料量杯内,再加入少量剩余的硝酸溶液,使两种混合溶液总质量达到425g±0.1g,用直颈加酸漏斗加入保温瓶内,然后取出加酸漏斗,插入贝氏温度计或量热温度计,中途不应拔出,避免热量散失。

4) 开启保温瓶中的酸液搅拌棒,连续搅拌20min后,在贝氏温度计或量热温度计上读出酸液温度θ_a,此后每隔5min读一次酸液温度,直至连续15min,每5min上升的温度差值相等时(或三次温度差值在0.002℃内)为止。记录最后一次酸液温度θ_b,此温度值即为初测读数,初测期结束。

5) 初测期结束后,立即将事先称量好的7g±0.001g氧化锌通过加料漏斗徐徐地加入保温瓶酸液中,加料过程须在2min内完成,漏斗和毛刷上均不得残留试样,加料完毕盖上胶塞,避免试验中热量散失。

6) 从读出初测读数 θ_0 起分别测读 20min、40min、60min、80min、90min、120min 时贝氏温度计的读数,这一过程为溶解期。

7) 热量计在各时间区间内的热容量,按式(T 0513-1)计算:

$$C = \frac{G_0[1\,072.0 + 0.4(30 - t_a) + 0.5(t - t_a)]}{R_0} \quad (T\ 0513\text{-}1)$$

式中: C——热量计热容量(J/℃);

1 072.0——氧化锌在 30℃ 时的溶解热(J/g);

G_0——氧化锌质量(g);

t——氧化锌加入热量计时的室温(℃);

0.4——溶解热负温比热容[J/(g·℃)];

0.5——氧化锌比热容[J/(g·℃)];

t_a——溶解期第一次测读数 θ_a 加贝氏温度计 0℃ 时相应的摄氏温度(℃);

R_0——经校正的温度上升值(℃)。

结果计算精确至 0.1J/℃。

R_0 值按式(T 0513-2)计算:

$$R_0 = (\theta_a - \theta_0) - \frac{a}{b-a}(\theta_b - \theta_a) \quad (T\ 0513\text{-}2)$$

式中: θ_0——初测期结束时(即开始加氧化锌时)的贝氏温度计的读数(℃);

θ_a——溶解期第一次测读的贝氏温度计的读数或量热温度计的读数(℃);

θ_b——溶解期结束时测读的贝氏温度计的读数或量热温度计的读数(℃);

a、b——分别为测读 θ_a 或 θ_b 时距离测初读数 θ_0 时所经过的时间(min)。

结果计算精确至 0.001℃。

8) 为了保证试验结果的精度,热量计热容量对应 θ_a、θ_b 的测读时间 a、b 应分别与不同品种水泥所需要的溶解期测读时间对应,不同品种水泥的具体溶解期测读时间按表 T 0513-1 规定。

表 T 0513-1　各种水泥具体溶解期测读时间(min)

水泥品种	距初测期温度 θ_0 的相隔时间	
	a	b
硅酸盐水泥	20	40
中热硅酸盐水泥		
低热硅酸盐水泥		
普通硅酸盐水泥		
矿渣硅酸盐水泥	40	60
低热矿渣硅酸盐水泥		
火山灰质硅酸盐水泥	60	90
粉煤灰硅酸盐水泥	80	120

注:普通水泥、矿渣水泥、低热矿渣水泥中掺有大于10%(质量分数)火山灰质或粉煤灰时,可按火山灰质水泥或粉煤灰水泥规定的测读期。

9) 热量计热容量应平行标定两次,以两次标定值的平均值作为标定结果。两次标定值相差大于 5.0J/℃ 时,应重新标定。

10) 在下列情况下,热容量应重新标定:

①新调整贝氏温度计时;

②温度计、保温瓶、搅拌器重新更换或重新涂覆耐酸涂料时;

③新配制的酸液与标定量热计热容量的酸液浓度变化超过 0.02mol/L 时;

④试验结果有疑问时。

(2) 未水化水泥溶解热的测定

1) 按本方法 2.3 中(1)的 1) 至 4) 步骤,进行准备工作和初测期试验,并记录初测结束温度 θ'_0。

3 水泥试验

2）读出初测结束温度 θ'_0 后，立即将预先称好的四份 $3g\pm0.001g$ 未水化水泥试样中的一份在 2min 内通过加料漏斗徐徐加入酸液中，漏斗、称量瓶及毛刷上均不得残留试样，加料完毕盖上胶塞。然后按表 T 0513-1 规定的各种水泥测读温度的时间，准时读取贝氏温度计读数 θ'_a、θ'_b。第二份试样重复第一份的操作。

3）余下两份试样置于 900～950℃下灼烧 90min，灼烧后立即将盛有试样的坩埚置于干燥器内冷却至室温，并快速称量。灼烧质量 G_1 以两份试样灼烧后的质量平均值确定，如两份试样的灼烧质量相差大于 0.003g，应重新补做。

4）未水化水泥的溶解热，按式（T 0513-3）计算：

$$q_1 = \frac{R_1 C}{G_1} - 0.8(T' - t'_a) \qquad (\text{T 0513-3})$$

式中：q_1——未水化水泥的溶解热（J/g）；

C——热量计的热容量（J/℃）；

G_1——未水化水泥试样灼烧后的质量（g）；

T'——未水化水泥试样装入热量计时的室温（℃）；

t'_a——未水化水泥试样溶解期第一次贝氏温度计读数换算成普通温度计的读数（℃）；

R_1——经校正的温度上升值（℃）；

0.8——未水化水泥的比热容[J/(g·℃)]。

结果计算精确至 0.1J/g。

R_1 值按式（T 0513-4）计算：

$$R_1 = (\theta'_a - \theta'_0) - \frac{a'}{b' - a'}(\theta'_b - \theta'_a) \qquad (\text{T 0513-4})$$

式中：θ'_0、θ'_a、θ'_b——分别为未水化水泥初测期结束时的贝氏温度计或量热温度计的读数、溶解期第一次和第二次测读时的贝氏温度计或量热温度计的读数（℃）；

a'、b'——分别为未水化试样溶解期第一次测读时 θ'_a 与第二次

测读时 θ'_b 距初读数 θ'_0 的时间(min)。

结果计算精确至 0.001℃。

5)未水化水泥试样的溶解热以两次测定值的平均值作为试样测定结果。两次测定值相差大于 10.0J/g 时,应进行第三次试验,其结果与前两次试验中任一次结果相差小于 10.0J/g 时,取其平均值作为测定结果,否则应重做试验。

(3)部分水化水泥溶解热的测定

1)在测定未水化水泥试样溶解热的同时,制备部分水化水泥试样。测定两个龄期水化热时,用 100g 水泥加 40mL 蒸馏水,充分搅拌 3min 后分成三等份,分别装入三个容积约 15mL 的试样瓶中,置于 20℃±1℃ 的水中养护至规定的龄期。

2)按本方法 2.3 中(1)的 1)至 4)步骤,进行准备工作和初测期试验并记录初测温度 θ''_0。

3)从养护水中取出达到试验龄期的试样瓶,取出试样,迅速用研钵将水泥试样捣碎,并全部通过 0.60mm 方孔筛,然后混合均匀,放入磨口称量瓶中,并称出 4.20g±0.05g(精确至 0.001g)试样四份,然后存放在湿度大于 50% 的密闭容器中,称好的样品应在 20min 内进行试验。两份放在称量瓶内供做溶解热测定,另两份进行灼烧。从开始捣碎至放入称量瓶中的全部时间不得超过 10min。

4)读出初测期结束时贝氏温度计读数 θ''_0,并立即将称量好的一份试样在 2min 内由加料漏斗徐徐加入热量计内,漏斗、称量瓶、毛刷上均不得残留试样,加料完毕盖上胶塞。第二份试样重复第一份的操作。

5)余下两份试样进行灼烧,灼烧质量 G_2。

6)经水化某一龄期后水泥试样的溶解热,按式(T 0513-5)计算:

$$q_2 = \frac{R_2 \cdot C}{G_2} - 1.7(T'' - t''_a) + 1.3(t''_a - t'_a) \quad \text{(T 0513-5)}$$

式中:q_2——经水化某一龄期后水泥试样的溶解热(J/g);

C——热量计的热容量$(J/℃)$；

G_2——某一龄期水化水泥试样换算成灼烧后的质量(g)；

T''——水化水泥试样装入热量计时的室温$(℃)$；

t''_a——水化水泥试样溶解期的第一次贝氏温度计读数换算成普通温度计的读数$(℃)$；

t'_a——未水化水泥试样溶解期的第一次贝氏温度计读数换算成普通温度计的读数$(℃)$；

R_2——经校正的温度上升值$(℃)$；

1.7——水化水泥的比热容$[J/(g·℃)]$；

1.3——温度校正比热容$[J/(g·℃)]$。

结果计算精确至$0.1J/g$。

R_2值按式(T 0513-6)计算：

$$R_2 = (\theta''_a - \theta''_0) - \frac{a''}{b'' - a''}(\theta''_b - \theta''_a) \quad (T\ 0513\text{-}6)$$

式中，θ''_0、θ''_a、θ''_b、a''、b''与式(T 0513-4)表述相同，但在这里是代表水化水泥试样。

结果计算精确至$0.001℃$。

7）每次试验结束后，将保温瓶中耐酸塑料筒取出，倒出瓶内废液，用清水将保温瓶内筒、贝式温度计或量热温度计、搅拌棒冲洗干净，并用干净纱布擦干，供下次试验用。涂蜡部分如有损伤，如松裂、脱落现象，应重新处理。

8）部分水化水泥试样溶解热测定应在规定龄期±2h 内进行，以试样浸入酸液时间为准。

2.4 结果计算

水泥在某一水化龄期前放出的水化热，按式(T 0513-7)计算：

$$q = q_1 - q_2 + 0.4(20 - t'_a) \quad (T\ 0513\text{-}7)$$

式中：q——水泥试样在某一水化龄期放出的水化热(J/g)；

q_1——未水化水泥试样的溶解热(J/g);

q_2——水化水泥试样在某一水化龄期的溶解热(J/g);

t'_a——未水化水泥试样溶解期第一次测读数 θ'_0 加贝氏温度计相应的摄氏温度(℃);

0.4——溶解热的负温比热容[J/(g·℃)]。

结果计算精确至1J/g。

3 直接法(代用法)

3.1 仪具与材料

(1)广口保温瓶:容积约1.5L,散热常数测定值不大于167.00J/(h·℃)。

(2)带盖截锥形圆筒:容积约530mL,用聚乙烯塑料制成。

(3)长尾温度计:量程0~50℃,分度值为0.1℃。示值误差小于或等于±0.2℃。

(4)软木塞:由天然软木制成。使用前中心打一个与温度计直径紧密配合的小孔,然后插入长尾温度计,深度距软木塞底面约120mm,然后用热蜡密封。

(5)铜套管:由铜质材料制成。

(6)衬筒:由聚酯塑料制成,密封不漏水。

(7)恒温水槽:水槽容积根据安放热量计的数量及易于控制温度的原则而定,水槽内的温度应控制在20℃±2℃,水槽装有下列附件:①水循环系统;②温度自动控制装置;③指示温度计,分度值为0.1℃;④固定热量计的支架和夹具。

(8)天平:量程不小于1 500g,分度值为0.1g。

(9)水泥:试样应通过0.9mm的方孔筛,并充分混合均匀。

(10)砂:采用符合现行《水泥胶砂强度检验方法(ISO法)》(GB/T 17671)规定的标准砂,粒度范围在0.5~1.0mm的中砂。

(11)水:洁净的自来水。有争议时采用蒸馏水。

3 水 泥 试 验

3.2 试验条件

(1)成型试验室温度应保持在20℃±2℃,相对湿度不小于50%。

(2)试验期间水槽内的水温应保持在20℃±0.1℃。

(3)恒温用水为纯净的自来水。

3.3 试验步骤

(1)试验前应将广口保温瓶、软木塞、铜套管、截锥形圆筒和盖、衬筒、软木塞封蜡质量分别称量记录。热量计各部件除衬筒外,应编号成套使用。

(2)热量计热容量的计算。

热量计的热容量,按式(T 0513-8)计算:

$$C = \frac{0.84g}{2} + \frac{1.88g_1}{2} + 0.40g_2 + 1.78g_3 + 2.04g_4 +$$
$$1.02g_5 + 3.30g_6 + 1.92V \qquad (\text{T 0513-8})$$

式中:C——不装水泥胶砂时热量计的热容量(J/℃);

g——保温瓶质量(g);

g_1——软木塞质量(g);

g_2——铜套管质量(g);

g_3——塑料截锥形筒质量(g);

g_4——塑料截锥形筒盖质量(g);

g_5——衬筒质量(g);

g_6——软木塞底面的封蜡质量(g);

V——温度计伸入热量计的体积(cm^3);

1.92——玻璃的容积比热容[J/(cm^3·℃)]。

结果计算精确至0.01J/℃。

(3)热量计散热常数的测定。

1)测定前24h开启恒温水槽,使水温恒定在20℃±0.1℃范围内。

2)试验前热量计各部件和试验用品在试验室中20℃±2℃温度下恒

温24h,首先在截锥形圆筒内放入塑料衬筒和铜套管,然后盖上中心有孔的盖子,移入保温瓶中。

3)用漏斗向圆筒内注入温度为 $45_0^{+0.2}$℃ 的 500g±10g 温水,准确记录用水质量 W 和加水时间(精确到1min),然后用配套的插有温度计的软木塞盖紧。

4)在保温瓶与软木塞之间用胶泥或蜡密封防止渗水,然后将热量计垂直固定于恒温水槽内进行试验。

5)恒温水槽内的水温应始终保持 20℃±0.1℃,从加水开始到 6h 读取第一次温度 T_1(一般为34℃左右),到44h 读取第二次温度 T_2(一般为21.5℃以上)。

6)试验结束后立即拆开热量计,再称量热量计内所有水的质量,应略少于加入水质量,如果等于或多于加入水质量,说明试验漏水,应重新测定。

(4)热量计散热常数的计算。

热量计散热常数 K,按式(T 0513-9)计算:

$$K = (C + 4.1816 \times W) \frac{\lg(T_1 - 20) - \lg(T_2 - 20)}{0.434 \Delta t}$$

(T 0513-9)

式中:K——散热常数[J/(h·℃)];

W——加水质量(g);

C——热量计的热容量(J/℃);

T_1——试验开始后 6h 读取的热量计温度(℃);

T_2——试验开始后 44h 读取的热量计温度(℃);

Δt——读数 T_1 至 T_2 所经历的时间,38h。

结果计算精确至 0.01J/(h·℃)。

(5)热量计散热常数的规定。

1)热量计散热常数应测定两次,两次差值小于 4.18J/(h·℃)时,取其平均值。

2) 热量计散热常数 K 小于 167.00J/(h·℃)时,允许使用。

3) 热量计散热常数每年应重新测定。

4) 已经标定好的热量计,如更换任意部件,则应重新测定。

(6) 水泥水化热测定操作。

1) 按本方法 3.3 的(3)进行准备工作。

2) 试验前热量计各部件和试验材料预先在 20℃±2℃温度下恒温 24h,截锥形圆筒内放入塑料衬筒。

3) 按现行《水泥标准稠度用水量、凝结时间、安定性检验方法》(GB/T 1346)规定的方法测出每个样品的标准稠度用水量,并记录。

4) 试验胶砂配比,每个样品称标准砂 1 350g,水泥 450g,加水量按式 (T 0513-10) 计算:

$$M = (P + 5\%) \times 450 \quad (T\ 0513\text{-}10)$$

式中:M——试验用水量(mL);

P——标准稠度用水量(%);

5%——加水系数。

结果计算精确至 1mL。

(7) 首先用湿布擦拭搅拌锅和搅拌叶片,然后依次把称号的标准砂和水泥加入搅拌锅中,把锅固定在机座上,启动搅拌机慢速搅拌 30s 后徐徐加入已称量好的水,并开始计时,慢速搅拌 60s,整个慢速搅拌时间为 90s,然后再快速搅拌 60s,改变搅拌速度时不停机。加水在 20s 内完成。

(8) 搅拌完毕后迅速取下搅拌锅,并用勺子搅拌几次,然后用天平称取两份质量为 800g±1g 的胶砂,分别装入已准备好的两个截锥形圆筒内,盖上盖子,在圆筒内胶砂中心部位用捣棒插一个洞,分别移入对应保温瓶中,放入套管,盖好带有温度计的软木塞,用蜡密封,以防漏水。

(9)从加水时间算起第7min读第一次温度,即初始温度T_0。

(10)读完温度后移入恒温水槽中固定,根据温度变化情况确定读取温度时间,一般在温度上升阶段每隔1h读一次,下降阶段每隔2h、4h、8h、12h读一次。

(11)从开始记录第一次温度时算起,到168h时记录最后一次温度,末温T_{168},试验测定结束。

(12)全部试验过程热量计应整体浸在水中,养护水面至少高于热量计上表面10mm,每次记录温度时都要监测恒温水槽水温是否在20℃±0.1℃范围内。

(13)拆开密封蜡,取下软木塞,取出截锥形圆筒,打开盖子,取出套管,观察套管中、保温瓶中是否有水,如有水则此次试验作废。

3.4 结果计算

1)曲线面积的计算

根据所记录时间与水泥胶砂的对应温度,以时间为横坐标(1cm→1℃)在坐标图纸上作图,并画出20℃水槽温度恒温线。恒温线与胶砂温度曲线间的面积(恒温线以上的面积为正面积,恒温线以下的面积为负面积)记为$\sum F_{0 \sim X}$。

2)试验用水泥质量G,按式(T 0513-11)计算

$$G = \frac{800}{4 + (P + 5\%)} \quad \text{(T 0513-11)}$$

式中:G——试验用水泥质量(g);

P——标准稠度用水量(%);

800——试验用水泥胶砂总质量(g);

5%——加水系数。

结果计算精确至1g。

3)试验中用水量M_1,按式(T 0513-12)计算

$$M_1 = G \times (P + 5\%) \quad \text{(T 0513-12)}$$

式中:M_1——试验中用水量(g);

P——标准稠度用水量(%)。

结果计算精确至1g。

4) 总热容量 C_P 的计算

根据水量及热量计的热容量 C,按式(T 0513-13)计算:

$$C_P = [0.84 \times (800 - M_1) + 4.1816 \times M_1 + C]$$

(T 0513-13)

式中:C_P——装入水泥胶砂后热量计的总热容量(J/℃);

M_1——试验中用水量(mL);

C——热量计的热容量(J/℃)。

结果计算精确至0.1J/℃。

5) 总热量 Q_X 的计算

在某一水化龄期时,水泥水化放出的总热量为热量计中蓄积和散失到环境中热量的总和 Q_X,按式(T 0513-14)计算:

$$Q_X = C_P(t_x - t_0) + K\sum F_{0 \sim X}$$

(T 0513-14)

式中:Q_X——某一水化龄期时水泥水化放出的总热量(J);

C_P——装入水泥胶砂后热量计的总热容量(J/℃);

t_x——龄期为 x 小时的水泥胶砂温度(℃);

t_0——水泥胶砂初始温度(℃);

K——热量计的散热常数[J/(h·℃)]。

结果计算精确至0.1J。

6) 水泥水化热 q_x 的计算

水化 x 小时水泥的水化热 q_x,按式(T 0513-15)计算:

$$q_x = \frac{Q_X}{G}$$

(T 0513-15)

式中:q_x——水化 x 小时,单位质量水泥的水化热(J/g);

Q_x——水化 x 小时,水泥水化放出的总热量(J);

G——试验用水泥质量(g)。

结果计算精确至1J/g。

试验结果以两次平行试验的算数平均值表示,结果精确至1J/g。当两次试验结果大于12J/g时,应重新试验。

4 试验报告

试验报告应包括下列内容:

(1)要求检测的项目名称;

(2)原材料的品种、规格和产地;

(3)试验日期及时间;

(4)仪器设备的名称、型号及编号;

(5)环境温度和湿度;

(6)执行标准;

(7)试验方法;

(8)水化热;

(9)要说明的其他内容。

条文说明

本方法参照《水泥水化热测定方法》(GB/T 12959—2008)编制。《水泥水化热测定方法》(GB/T 12959—2008)参照美国《水硬性水泥水化热测定方法》(ASTM C186—1998)、日本《水泥水化热测定方法 溶解热法》(JIS R5203—1987)及欧洲《水化热测定方法 溶解热法》(EN 196-8:2003)、《定量测定水化热 半绝热法》(EN 196-9:2003)等试验方法标准。溶解热法是依据热化学盖斯定律,化学反应的热效应只与体系的初态和终态有关,而与反应的途径无关提出的。它是在热量计周围温度一定的条件下,用未水化的水泥与水化一定龄期的水泥分别在一定浓度的标准酸溶液中溶解,测得溶解热之差,作为该水泥在该龄期内所放出的水化热。直接法(代用法)是依据热量计在恒定的温度环境中,直接测定热量计内水泥胶砂(因水泥水化产生)的温度变化,通过计算热量计内积蓄和散失的热量总和,求得水泥水化 7d 内的水化热。

T 0514—2020 水泥氯离子含量试验方法

本方法为新增。水泥中的氯离子是混凝土中钢筋锈蚀的主要原因。混凝土中的钢筋受氯盐侵蚀可形成很深的锈蚀坑,会严重削弱钢筋的承载力和延性,从而降低混凝土的整体性能。很多国家将水泥氯离子含量限制作为强制指标,我国《通用硅酸盐水泥》(GB 175—2005)规定氯离子(质量分数)≤0.06%。本规程的水泥氯离子含量试验方法参照《水泥原料中氯离子的化学分析方法》(JC/T 420—2006)的规定。

1 目的、适用范围和引用标准

本方法规定了磷酸蒸馏-汞盐滴定法测定水泥中氯离子含量的试验方法。

《水泥化学分析方法》(GB/T 176—2017)规定水泥中氯离子含量的测定方法有:硫氰酸铵容量法(由于汞盐的毒害性,删除了"磷酸蒸馏-汞盐滴定法")、电位滴定法、离子色谱法。本方法修订过程中考虑《公路水运工程试验检测等级管理要求》(JT/T 1181—2018)中 GLQ 04007 给出"硫氰酸铵容量法"和"磷酸蒸馏-汞盐滴定法"两种选项,保留磷酸蒸馏-汞盐滴定法测定水泥中氯离子含量的试验方法。

硫氰酸铵容量法:试样用硝酸进行分解,加入已知量的硝酸银标准溶液,使氯离子以氯化银的形式沉淀。煮沸、过滤后,将滤液和洗液冷却,以铁(Ⅲ)盐作指示剂,用硫氰酸铵标准滴定溶液滴定过量的硝酸银,沉淀过滤前,要在弱光线或暗处冷却至 25℃以下,低温使得氯化银沉淀完全,暗处防止氯化银分解,同时硫氰酸银也有毒。

目前,我国某些通用水泥中掺加了大量的混合材,硫氰酸铵容量法称样量较大,其中就含有大量的酸不溶残渣,严重影响了过滤的速度,使试验时间变长。该方法比较适合于硅酸盐水泥氯离子含量测定。磷酸蒸馏-汞盐滴定法称样量小,分析速度快,比较适合于混合材掺加量较大的通用硅酸盐水泥中氯离子含量的测定,但是该方法的影响因素也较多,当氯离子含量很低时,方法的灵敏度下降,终点难以判断。而且硝酸汞又属于剧毒药品,所以使用时要非常小心。但是,考虑到标准协调与方法延续,本规程参照《水泥原料中氯离子的化学分析方法》(JC/T 420—2006),规定了磷酸蒸馏-汞盐滴定法测定水泥中氯离子含量的试验方法。

本方法适用于通用硅酸盐水泥、道路硅酸盐水泥及指定采用本方法的其他品种水泥。

引用标准:

《分析实验室用水规格和试验方法》(GB/T 6682)

《水泥取样方法》(GB/T 12573)

2 仪具与材料

除另有说明外,所用试剂应不低于分析纯;用于标定与配制标准溶液的试剂应为基准试剂;所用水应符合现行《分析实验室用水规格和试验方法》(GB/T 6682)中规定的蒸馏水要求;本方法所列浓液体试剂的密度指20℃时的密度(g/cm^3)。

所用水应不低于《分析实验室用水规格和试验方法》(GB/T 6682—2008)中规定的三级水的要求。

2.1 硝酸(HNO_3):密度$1.39 \sim 1.41 g/cm^3$,或质量分数65%~68%。

2.2 磷酸(H_3PO_4):密度$1.68 g/cm^3$,或质量分数>85%。

2.3 乙醇(C_2H_5OH):体积分数95%,或无水乙醇。

2.4 过氧化氢(H_2O_2):质量分数30%。

2.5 氢氧化钠(NaOH)溶液[C(NaOH) = 0.5 mol/L]:将2g氢氧化

钠溶于100mL水中。

2.6 硝酸溶液[$C(HNO_3)=0.5mol/L$]:取3mL硝酸(2.1),用水稀释至100mL。

2.7 氯离子标准溶液:准确称取0.329 7g已在130~150℃烘2h的氯化钠,溶于少量水中,然后移入1L容量瓶中,用水稀释至标线,摇匀。此溶液1mL含0.2mg氯离子。吸取上述溶液50.00mL,注入250mL容量瓶中,用水稀释至标线,摇匀。此溶液1mL含0.04mg氯离子。

本条将《水泥原料中氯离子的化学分析方法》(JC/T 420—2006)第5.7条氯离子标准溶液"在105~110℃烘2h的氯化钠"修订为"在130~150℃烘2h的氯化钠"。修订理由:与《混凝土外加剂匀质性试验方法》(GB/T 8077—2012)和《水泥中氯离子的化学分析方法》(JC/T 1073—2008)的氯化钠标准溶液处理方法一致。

2.8 硝酸汞标准滴定溶液[$C(Hg(NO_3)_2)=0.001mol/L$]

(1)硝酸汞标准滴定溶液[$C(Hg(NO_3)_2)=0.001mol/L$]的配制

称取0.34g硝酸汞[$Hg(NO_3)_2·1/2H_2O$],溶于10mL硝酸(2.6)中,移入1L容量瓶内,用水稀释至标线,摇匀。

(2)硝酸汞标准滴定溶液[$C(Hg(NO_3)_2)=0.001mol/L$]的标定

用微量滴定管准确加入5.00mL浓度为0.04mg/mL的氯离子标准溶液(2.7)于50mL锥形瓶中,加入20mL乙醇(2.3)及1~2滴溴酚蓝指示剂(2.11),用氢氧化钠溶液(2.5)调至溶液呈蓝色,然后用硝酸(2.6)调至溶液刚好变黄,再过量1滴(pH约为3.5),加入10滴二苯偶氮碳酰肼指示剂(2.12),用硝酸汞标准滴定溶液滴定至樱桃红色出现。

同时,进行空白试验。使用相同量的试剂,不加入氯离子标准溶液,按相同的测定步骤进行试验。

硝酸汞标准滴定溶液对氯离子的滴定度,按式(T 0514-1)计算:

$$T_{cl}=\frac{0.04\times 5.00}{V_2-V_1}=\frac{0.2}{V_2-V_1} \quad (T\ 0514\text{-}1)$$

式中：T_{cl}——硝酸汞标准滴定溶液对氯离子的滴定度(mg/mL)；

V_2——标定时消耗硝酸汞标准滴定溶液的体积(mL)；

V_1——空白试验消耗硝酸汞标准滴定溶液的体积(mL)；

0.04——氯离子标准溶液的浓度(mg/mL)；

5.00——加入氯离子标准溶液的体积(mL)。

2.9 硝酸汞标准滴定溶液[$C(Hg(NO_3)_2)=0.005mol/L$]

(1) 硝酸汞标准滴定溶液[$C(Hg(NO_3)_2)=0.005mol/L$]的配制

称取1.67g硝酸汞[$Hg(NO_3)_2 \cdot 1/2H_2O$]，溶于10mL硝酸(2.6)中，移入1L容量瓶内，用水稀释至标线，摇匀。

(2) 硝酸汞标准滴定溶液[$C(Hg(NO_3)_2)=0.005mol/L$]的标定

用微量滴定管准确加入7.00mL浓度为0.2mg/mL的氯离子标准溶液(2.7)于50mL锥形瓶中，以下操作按2.8中的(2)步骤进行。

硝酸汞标准滴定溶液对氯离子的滴定度，按式(T 0514-2)计算：

$$T_{cl} = \frac{0.2 \times 7.00}{V_4 - V_3} = \frac{1.4}{V_4 - V_3} \quad (T\ 0514\text{-}2)$$

式中：T_{cl}——硝酸汞标准滴定溶液对氯离子的滴定度(mg/mL)；

V_4——标定时消耗硝酸汞标准滴定溶液的体积(mL)；

V_3——空白试验消耗硝酸汞标准滴定溶液的体积(mL)；

0.2——氯离子标准溶液的浓度(mg/mL)；

7.00——加入氯离子标准溶液的体积(mL)。

2.10 硝酸银溶液(5g/L)：将5g硝酸银($AgNO_3$)溶于1L水中。

2.11 溴酚蓝指示剂溶液(1g/L)：将0.1g溴酚蓝溶于100mL乙醇(2.3)中。

2.12 二苯偶氮碳酰肼溶液(10g/L)：将1g二苯偶氮碳酰肼溶于100mL乙醇(2.3)中。

2.13 天平：感量为0.0001g。

2.14 玻璃容量器皿：滴定管(分度值0.05mL)、锥形瓶、容量瓶、移液管、称量瓶。

2.15 测氯蒸馏装置:测氯蒸馏装置如图 T 0514-1 所示。

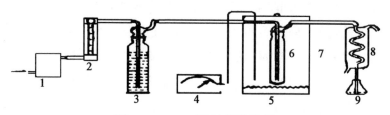

图 T 0514-1 测氯蒸馏装置

1-吹气泵;2-转子流量计;3-洗气瓶,内装硝酸银溶液(2.10);4-温控仪;5-电炉;6-石英蒸馏管;7-炉膛保温罩;8-蛇形冷凝管;9-50mL 锥形瓶

3 试验准备

试样必须具有代表性和均匀性。由试验室试样缩分后的试样应不少于200g,以四分法或缩分器将试样缩减至不少于50g,然后研磨至全部通过孔径为0.08mm的方孔筛,将试样充分混匀,装入试样瓶中,密封保存,供测定用,其余作为原样密封保存备用。

4 试验步骤

4.1 向50mL锥形瓶中加入约3mL水及5滴硝酸溶液(2.6),放在冷凝管下端用以承接蒸馏液,冷凝管下面的硅胶管插于锥形瓶的溶液中。

4.2 称取约0.3g(m)试样,精确至0.0001g,置于已烘干的石英蒸馏管中,勿使试料黏附于管壁。

4.3 向蒸馏管中加入5滴过氧化氢(2.4)溶液,摇动后加入5mL磷酸(2.2),套上磨口塞,摇动待试料分解产生的二氧化碳气体大部分逸出后,将固定架套在石英蒸馏管上,并将其置于温度为250~260℃的测氯蒸馏装置(2.15)炉膛内,迅速以硅橡胶管连接好蒸馏管的进出口部分(先连出气管,后连进气管),盖上炉盖。

本条规定向蒸馏管加入5滴过氧化氢,摇动使试样分散后,再加入

5mL 磷酸,以防止试样结块。

4.4 开动气泵,调节气流速度在 100~200mL/min,蒸馏 10~15min 后关闭气泵,拆下连接管,取出蒸馏管置于试管架内。

本条试验过程要注意:蒸馏时间应该充分,蒸馏时间偏短,蒸馏不完全,会导致结果偏小。同时,蒸馏结束时石英蒸馏管出口应该是干燥的。

4.5 用乙醇(2.3)吹洗冷凝管及其下面于锥形瓶内(乙醇用量约为15mL)。由冷凝管下部取出承接蒸馏液的锥形瓶,向其中加入 1~2 滴溴酚蓝指示剂(2.11),用氢氧化钠溶液(2.5)调至溶液呈蓝色,然后用硝酸(2.6)调至溶液刚好变黄,再过量 1 滴,加入 10 滴二苯偶氮碳酰肼指示剂(2.12),用硝酸汞标准滴定溶液(2.8 或 2.9)滴定至樱桃红色出现。

4.6 氯离子含量为 0.2%~1% 时,蒸馏时间应为 15~20min;用硝酸汞标准滴定溶液 $[C(Hg(NO_3)_2)=0.005mol/L]$ 进行滴定。

4.7 进行试样分析时,应同时进行空白试验,并对测定结果加以校正。

5 结果计算

5.1 氯离子含量,按式(T 0514-3)计算:

$$X_{cl^-} = \frac{T_{cl^-}(V_6 - V_5)}{m \times 1\,000} \times 100 \qquad (T\ 0514\text{-}3)$$

式中:X_{cl^-}——氯离子的质量分数(%);

T_{cl^-}——每毫升硝酸汞标准滴定溶液相当于氯离子的毫克数(mg/mL),修约后保留三位有效数字;

V_6——空白试验消耗硝酸汞标准滴定溶液的体积(mL);

V_5——滴定时消耗硝酸汞标准滴定溶液的体积(mL);

m——试样的质量(g)。

结果计算精确至 0.001%。

根据氯离子含量计算原理可知,本规程中"式中"解释的 V_5 和 V_6 标注有误,两者应互换。

5.2 试验结果以两次平行试验的算数平均值表示,结果精确至0.001%。氯离子测定结果的允许差见表 T 0514-1。

表 T 0514-1 氯离子测定结果的允许差

氯离子含量范围(%)	允许差(%)
0.00~0.10	0.002
0.10~0.30	0.010
0.30~1.00	0.020

本条所列氯离子测定允许偏差为同一试验室。同一试验室的允许差是指:同一分析试验室的同一分析人员(或两个分析人员),采用本试验方法分析同一试样时,两次分析结果之差应符合的允许差规定。如果超出允许范围,需在短时间内进行第三次测定,测定结果与前两次或任一次分析结果之差值符合允许差规定时,取其平均值;否则,需查找原因,重新进行试验。

不同试验室的允许差是指:两个试验室采用本试验方法对同一试样各自进行分析时,所得分析结果的平均值之差应符合的允许差规定。有争议时,将样品送省级及省级以上国家认可的质量监督检验机构进行仲裁分析,以仲裁单位报告的结果为准。

同一试验室和不同试验室的氯离子测定结果的允许差见表3-1。

表 3-1 氯离子测定结果的允许差

氯离子含量范围(%)	同一试验室的允许差(%)	不同试验室的允许差(%)
0.00~0.10	0.002	0.003
0.10~0.30	0.010	0.015
0.30~1.00	0.020	0.030

6 试验报告

试验报告应包括下列内容:

(1)试样编号;

(2)要求检测的项目名称；

(3)原材料的品种、规格和产地；

(4)试验日期及时间；

(5)仪器设备的名称、型号及编号；

(6)环境温度和湿度；

(7)氯离子含量；

(8)要说明的其他内容。

条文说明

本方法参照《水泥原料中氯离子的化学分析方法》(JC/T 420—2006)编制,测定水泥中氯离子含量,其原理是用规定的蒸馏装置在250~260℃温度条件下,以过氧化氢和磷酸分解试样,以净化空气作载体,进行蒸馏分离氯离子,用稀硝酸作吸收液,蒸馏10~15min后,用乙醇吹洗冷凝管及其下端于锥形瓶内,乙醇的加入量占75%(体积分数)以上。在pH为3.5左右时,以二苯偶氮碳酰肼为指示剂,用硝酸汞标准滴定溶液进行滴定。

空白试验是指不加入试样,按照相同的测定步骤进行试验并使用相同量的试剂,对得到的测定结果进行校正。

T 0515—2020 水泥三氧化硫含量试验方法
（硫酸钡质量法）

本方法为新增,引用《水泥化学分析方法》(GB/T 176—2017)中硫酸钡重量法(基准法)。其他代用方法有碘量法、离子交换法和硫酸钡-铬酸钡分光光度法。硫酸钡质量法是用 HCl 溶液(1+1)充分溶解试样,过滤,得到滤液。在酸性溶液中,用 $BaCl_2$ 溶液沉淀硫酸盐,经过滤灼烧后,以 $BaSO_4$ 的形式称量,测定结果以 SO_3 计。不但适用于掺加天然石膏的水泥,还适用于含有氟、磷、氯的水泥中三氧化硫的测定。但是因费时较长,故在生产控制过程中采用不太适宜。

碘量法是将水泥样品先经过 H_3PO_4 处理,使硫化物分解逸出后,再加入 $SnCl_2$-H_3PO_4 溶液,将硫酸盐硫还原成硫化氢,收集于 Zn-NH_3 溶液中,然后用碘量法测定。该方法变色灵敏、准确可靠,但是所用试剂种类多、溶液配制麻烦、反应瓶价格及分析成本较高。

离子交换法是在水介质中,用强酸性阳离子交换树脂对水泥中的硫酸钙进行两次静态交换,生成等物质的量的 H^+ 离子,以酚酞为指示剂,用 NaOH 标准滴定溶液滴定,通过消耗的 NaOH 标准溶液的体积,计算试样中 SO_3 的含量。该方法操作简单,分析速度快,但是由于受树脂处理、搅拌、过滤等多方面因素的影响,往往测定结果的误差较大,容易导致检测失控。

硫酸钡-铬酸钡分光光度法是样品经盐酸溶解后,将体系调整至弱酸性,加入过量的弱酸性 $BaCrO_4$ 溶液,反应生成 $BaSO_4$,并置换出等物质的量的 CrO_4^{2-} 离子。然后将体系的 pH 值调至 pH>8.0,这时溶液中过量的 Ba^{2+} 离子和 CrO_4^{2-} 离子立即生成难溶的 $BaCrO_4$ 沉淀,被 SO_4^{2-} 离子置换出的那部分 CrO_4^{2-} 离子则存在于溶液中,由于 CrO_4^{2-} 离子本身呈黄色,其浓度与吸光度在很大范围内呈线性关系,因而可用分光光度法测定 CrO_4^{2-} 离子的量,从而求得样品中的 SO_3 含量。但是,显色剂的选择性差、线性范围窄,测定结果的再现性难以保证。

1 目的、适用范围和引用标准

本方法规定了硫酸钡质量法测定水泥中三氧化硫含量的试验方法。

本方法适用于通用硅酸盐水泥、道路硅酸盐水泥及指定采用本方法的其他品种水泥。

引用标准:

《分析实验室用水规格和试验方法》(GB/T 6682)

2 仪具与材料

除另有说明外,所用试剂应不低于分析纯;用于标定与配制标准溶液的试剂应为基准试剂;所用水应符合现行《分析实验室用水规格和试验方法》(GB/T 6682)中规定的蒸馏水要求;本方法所列浓液体试剂的密度指20℃时的密度(g/cm^3)。

所用水应不低于《分析实验室用水规格和试验方法》(GB/T 6682—2008)中规定的三级水的要求。

2.1 天平:感量为0.0001g。

2.2 滴定管:分度值为0.05mL。

2.3 干燥器:内装有变色硅胶的玻璃容器。

2.4 高温炉:隔焰加热炉,在炉膛外围进行电阻加热,使用温度控制器准确控制炉温,可控制温度700℃±25℃、800℃±25℃、900℃±25℃。

2.5 盐酸(1+1):盐酸(体积密度为1.18~1.19g/cm^3,质量分数36%~38%的盐酸溶液)与水等体积组成的溶液。

2.6 氯化钡溶液(100g/L):将100g氯化钡($BaCl_2 \cdot 2H_2O$)溶于水中,加水稀释至1L。

2.7 硝酸银溶液(5g/L):将0.5g硝酸银($AgNO_3$)溶于水中,加入1mL硝酸,加水稀释至100mL,储存在棕色瓶中。

3 试验步骤

试验方法的操作要点:

(1)$BaSO_4$是晶形沉淀,为了获得较纯净的$BaSO_4$沉淀,滴加$BaCl_2$溶液时应缓慢地加入,且应不断搅拌,以防止"局部过浓"现象。另外,沉淀过程应当在热溶液中进行,即将溶液煮沸,最好$BaCl_2$溶液也加热后使用。

(2)沉淀后不应立即过滤,应在温热处陈化4h或过夜。在陈化过程中,小颗粒的沉淀逐步溶解,大颗粒的沉淀进一步增大,不仅易于过滤洗涤,而且可减小沉淀的溶解度,使沉淀更完全、更纯净。

（3）用温水洗涤沉淀时，应坚持"少量多次"的原则，既不能洗涤次数不够，又不能过量洗涤。一般洗涤7～8次即可，每次洗涤量以10mL左右为宜。

3.1 称取约0.5g试样（m_1），精确至0.0001g，置于200mL烧杯中，加入约40mL水，搅拌使试样完全分散，在搅拌下加入10mL盐酸（1+1），用平头玻璃棒压碎块状物，加热煮沸并保持微沸5～10min。用中速滤纸过滤，用热水洗涤10～12次，滤液及洗液收集于400mL烧杯中。

本条提出加热煮沸并保持微沸5～10min，适当延长煮沸时间有利于试样充分溶解。

3.2 加水稀释至约250mL，玻璃棒底部压一小片定量滤纸，盖上表面皿，加热煮沸，在微沸下从杯口缓慢逐滴加入10mL热的氯化钡溶液（2.6），继续微沸3min以上使沉淀良好地形成，然后在常温下静置12～24h或温热处静置至少4h以上（有争议时，以常温下静置12～24h结果为准），溶液的体积应保持在约200mL。用慢速定量滤纸过滤，用温水洗涤，将滤液收集在试管中，加几滴硝酸银溶液，观察试管中溶液是否浑浊。如果浑浊，继续洗涤并检验，直至硝酸银检验不再浑浊，即检验无氯离子为止。

3.3 将沉淀及滤纸一并移入已灼烧恒量的瓷坩埚中，灰化完全后，放入800～950℃的高温炉内灼烧30min，取出坩埚，宜于干燥器中冷却至室温，称量（m_2）。反复灼烧，直至恒量。

4 结果计算

4.1 三氧化硫的质量分数，按式（T 0515-1）计算：

$$w_{SO_3} = \frac{m_2 \times 0.343}{m_1} \times 100 \quad\quad\quad (T\ 0515\text{-}1)$$

式中：w_{SO_3}——三氧化硫的质量分数（%）；

m_2——灼烧后沉淀的质量（g）；

m_1——试样的质量（g）；

0.343——硫酸钡对三氧化硫的换算系数。

结果计算精确至0.01%。

4.2 试验结果以两次平行试验的算数平均值表示,结果精确至0.01%。试验应同时进行空白试验,并扣除空白试验值。

5 试验报告

试验报告应包括下列内容:

(1)试样编号;

(2)要求检测的项目名称;

(3)原材料的品种、规格和产地;

(4)试验日期及时间;

(5)仪器设备的名称、型号及编号;

(6)环境温度和湿度;

(7)试验结果;

(8)要说明的其他内容。

条文说明

本方法与《水泥化学分析方法》(GB/T 176—2017)中硫酸钡法测定水泥三氧化硫含量方法等同。

空白试验是指不加入试样,按照相同的测定步骤进行试验并使用相同量的试剂,对得到的测定结果进行校正。

T 0516—2020 水泥碱含量试验方法(火焰光度法)

本方法为新增。水泥中碱含量是用 $Na_2O + 0.658K_2O$ 计算值表示,采用火焰光度法作为基准法来测定水泥中氧化钾和氧化钠含量,水泥含量试验的代用法是原子吸收光谱法。本方法参考《水泥化学分析方法》(GB/T 176—2017)中氧化钾和氧化钠含量的测定(火焰光度法),修订了具体条文内容,方便读者查阅。火焰光度法是水泥试样经氢氟酸-硫酸蒸发处理除去硅,用热水浸取残渣,以氨水和碳酸铵分离铁、铝、钙、镁。滤液中的钾、钠含量用火焰光度计进行测定。

1 目的、适用范围和引用标准

本方法规定了用火焰光度计测定水泥中氧化钾和氧化钠含量的试验方法。

本方法适用于通用硅酸盐水泥、道路硅酸盐水泥及指定采用本方法的其他品种水泥。

引用标准：

《分析实验室用水规格和试验方法》(GB/T 6682)

2 仪具与材料

2.1 天平:感量为 0.000 1g。

2.2 滴定管:分度值为 0.05mL。

2.3 铂皿:容量为 50～100mL。

本条提出了铂皿的具体容量范围。

2.4 火焰光度计:可稳定测定钾在波长 769nm 处和钠在波长 589nm 处的谱线强度。

2.5 水:应采用符合现行《分析实验室用水规格和试验方法》(GB/T 6682)中规定的蒸馏水。

2.6 氢氟酸:体积密度为 1.15～1.18g/cm^3,质量分数 40%。

2.7 硫酸(1+1):即分析纯硫酸(体积密度为 1.84g/cm^3)与水等体积组成的溶液。

2.8 甲基红指示剂溶液(2g/L):将 0.2g 甲基红溶解在 100mL。

2.9 氨水(1+1):即氨水(质量分数 28%～29%)与水等体积组成的溶液。

2.10 碳酸铵溶液:将 10g 碳酸铵($(NH_4)_2C_2O_4 \cdot H_2O$)溶解于 100mL

水中,用时现配。

2.11　盐酸(1+1):即盐酸(体积密度为 1.18~1.19g/cm³,质量分数 36%~38% 的盐酸溶液)与水等体积组成的溶液。

2.12　氧化钾、氧化钠标准溶液及工作曲线绘制

(1)氧化钾、氧化钠标准溶液的配制

称取 1.582 9g 已于 105~110℃烘过 2h 的氯化钾(KCl,基准试剂或光谱纯)及 1.885 9g 已于 105~110℃烘过 2h 的氯化钠(NaCl,基准试剂或光谱纯),精确至 0.000 1g,置于烧杯中,加水溶解后,移入 1 000mL 容量瓶中,用水稀释至标线,摇匀。储存于塑料瓶中。此标准溶液每毫升含 1mg 氧化钾及 1mg 氧化钠。吸取 50.00mL 上述标准溶液放入 1 000mL 容量瓶中,用水稀释至标线,摇匀。储存于塑料瓶中。此标准溶液每毫升含 0.05mg 氧化钾和 0.05mg 氧化钠。

(2)火焰光度法工作曲线的绘制

吸取每毫升含 1mg 氧化钾及 1mg 氧化钠的标准溶液 0mL、2.50mL、5.00mL、10.00mL、15.00mL、20.00mL 分别放入 500mL 容量瓶中,用水稀释至标线,摇匀。储存于塑料瓶中。将火焰光度计(2.4)调节至最佳工作状态,按仪器使用规程进行测定。用测得的检流计读数作为相对应的氧化钾和氧化钠含量的函数,绘制工作曲线。

2.13　乙醇或无水乙醇[$C_2H_5(OH)$]:乙醇的体积分数为 95%,无水乙醇的体积分数不低于 99.5%。

3　试验步骤

3.1　称取约 0.2g 试样(m_1),精确至 0.000 1g,置于铂皿中,加入少量水润湿,加入 5~7mL 氢氟酸和 15~20 滴硫酸(1+1),放入通风橱内低温电热板上加热,近干时摇动铂皿,以防溅失,待氢氟酸驱尽后逐渐升高温度,继续将三氧化硫白烟驱尽,取下冷却。

3.2　加入 40~50mL 热水,压碎残渣使其溶解,加入 1 滴甲基红指示

剂溶液(2.8),用氨水(1+1)中和至黄色,再加入10mL碳酸铵溶液(2.10),搅拌,然后放入通风橱内电热板上加热至沸,并继续微沸20~30min。

3.3 用快速滤纸过滤,以热水充分洗涤,滤液及洗液收集于100mL容量瓶中,冷却至室温。用盐酸(1+1)中和至溶液呈微红色,用水稀释至标线,摇匀。在火焰光度计(2.4)上,按仪器使用规程,在与2.12相同的仪器条件下进行测定。

3.4 在工作曲线2.12中(2)上分别查出氧化钾和氧化钠的含量m_2和m_3。

4 结果计算

4.1 氧化钾和氧化钠的质量分数w_{K_2O}和w_{Na_2O},分别按式(T 0516-1)和式(T 0516-2)计算:

$$w_{K_2O} = \frac{m_2}{1\,000 \times m_1} \times 100 \quad (\text{T 0516-1})$$

$$w_{Na_2O} = \frac{m_3}{1\,000 \times m_1} \times 100 \quad (\text{T 0516-2})$$

式中:w_{K_2O}——氧化钾的质量分数(%);

w_{Na_2O}——氧化钠的质量分数(%);

m_1——试料的质量(g);

m_2——扣除空白试验值后100mL测定溶液中氧化钾的含量(mg);

m_3——扣除空白试验值后100mL测定溶液中氧化钠的含量(mg)。

结果计算精确至0.01%。

4.2 试验结果以两次平行试验的算数平均值表示,结果精确至0.01%。试验应同时进行空白试验,并扣除空白试验值。

5 试验报告

试验报告应包括下列内容:

(1) 试样编号;

(2) 要求检测的项目名称;

(3) 原材料的品种、规格和产地;

(4) 试验日期及时间;

(5) 仪器设备的名称、型号及编号;

(6) 环境温度和湿度;

(7) 试验结果;

(8) 要说明的其他内容。

条文说明

本试验方法与《水泥化学分析方法》(GB/T 176—2017)中水泥氧化钾、氧化钠含量的火焰光度测定方法(基准法)等同。水泥试样经氢氟酸-硫酸蒸发处理除去硅,用热水浸取残渣,以氨水和碳酸铵分离铁、铝、钙、镁。滤液中的钾、钠用火焰光度计进行测定。

空白试验是指不加入试样,按照相同的测定步骤进行试验并使用相同量的试剂,对得到的测定结果进行校正。

水泥中碱含量按 $w_{Na_2O} + 0.658 w_{K_2O}$ 计算值表示。

3.2 水泥胶砂性能试验

本规程将水泥胶砂性能试验独立为第 3.2 节,便于查阅。水泥胶砂性能试验有 5 项,均为原规程内容。

T 0506—2005 水泥胶砂强度试验方法(ISO法)

1 目的、适用范围和引用标准

本方法规定了水泥胶砂强度的试验方法(ISO法)。

本方法适用于通用硅酸盐水泥、道路硅酸盐水泥及指定采用本方法的其他品种水泥。

引用标准：

《行星式水泥胶砂搅拌机》(JC/T 681)

《水泥胶砂试体成型振实台》(JC/T 682)

《40mm×40mm水泥抗压夹具》(JC/T 683)

《水泥胶砂振动台》(JC/T 723)

《水泥胶砂电动抗折试验机》(JC/T 724)

《水泥胶砂试模》(JC/T 726)

本规程对试验方法的适用范围进行了修订，删除引用标准"《金属丝编织网试验筛》(GB/T 6003.3—1997)和《水泥胶砂强度检验方法(ISO法)》(GB/T 17671—1999)"。

2 仪具与材料

2.1 胶砂搅拌机：胶砂搅拌机属行星式，其搅拌叶片和搅拌锅做相反方向的转动。叶片和锅由耐磨的金属材料制成，叶片与锅底、锅壁之间的间隙为叶片与锅壁最近的距离。制造质量应符合现行《行星式水泥胶砂搅拌机》(JC/T 681)的规定。

2.2 振动台：应符合现行《水泥胶砂试体成型振实台》(JC/T 682)的规定（图 T 0506-1）。由装有两个对称偏心轮的电动机产生振动，使用时固定于混凝土基座上。座高约 400mm，混凝土的体积约 $0.25m^3$，质量约 600kg。为防止外部振动影响振实效果，可在整个混凝土基座下放一层厚约 5mm 的天然橡胶弹性衬垫。

将仪器用地脚螺栓固定在基座上，安装后设备呈水平状态，仪器底座与基座之间要铺一层砂浆以确保它们的完全接触。

2.3 代用振动台：频率为 2 800～3 000 次/min，振动台为全波振幅 0.75mm±0.02mm。代用胶砂振动台（图 T 0506-2）应符合现行《水泥胶砂振动台》(JC/T 723)的规定。

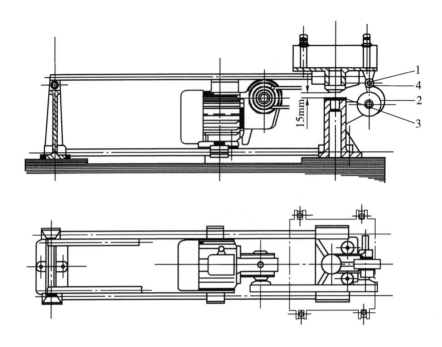

图 T 0506-1　典型振动台
1-突头;2-凸轮;3-止动器;4-随动器

本条对原规程进行修订,删除"使用该设备最终得到的28d抗压强度与按ISO 679规定方法得到的强度之差在5%内为合格",代用振动台的频率和振幅满足规定要求即可,不再对强度之差进行复检。

2.4　试模及下料漏斗:

(1)试模为可装卸的三联模,由隔板、端板、底座等部分组成,制造质量应符合现行《水泥胶砂试模》(JC/T 726)的规定。可同时成型三条截面为40mm×40mm×160mm的棱形试件。

(2)下料漏斗:由漏斗和模套两部分组成(图 T 0506-3)。漏斗用厚0.5mm的白铁皮制作,下料口宽度一般为4~5mm。模套高度为20mm,用金属材料制作。模套壁与模型内壁应重叠,超出内壁不应大于1mm。

3 水泥试验

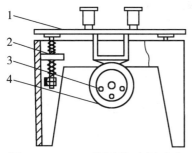

图 T 0506-2 代用胶砂振动台
（尺寸单位:mm）

1-台面；2-弹簧；3-偏重轮；4-电动机

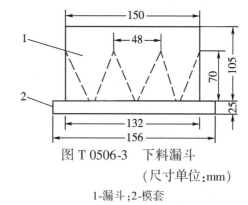

图 T 0506-3 下料漏斗
（尺寸单位:mm）

1-漏斗；2-模套

2.5 抗折试验机和抗折夹具：

(1) 抗折试验机：应符合现行《水泥胶砂电动抗折试验机》(JC/T 724)的规定。一般采用双杠杆式的，也可采用性能符合要求的其他试验机。加荷与支撑圆柱必须用硬质钢材制造。三根圆柱轴的三个竖向平面应平行，并在试验时继续保持平行和等距离垂直试件的方向，其中一根支撑圆柱能轻微地倾斜使圆柱与试件完全接触，以便荷载沿试件宽度方向均匀分布，同时不产生任何扭转应力，如图 T 0506-4 所示。

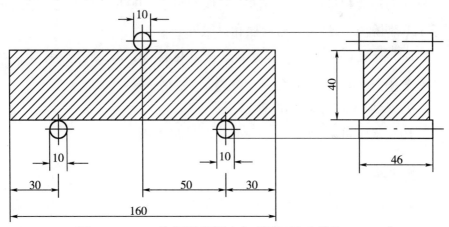

图 T 0506-4 抗折强度测定加荷图（尺寸单位:mm）

(2) 抗折夹具：应符合现行《水泥胶砂电动抗折试验机》(JC/T 724)的规定。

85

(3)抗折强度也可用抗压强度试验机来测定,此时应采用符合上述规定的夹具。

2.6 抗压试验机和抗压夹具:

(1)抗压试验机:以200~300kN为宜。在较大的4/5量程范围内使用时,记录的荷载应有±1.0%的精度,并具有按2 400N/s±200N/s速率加荷的能力,应具有一个能指示试件破坏时荷载的指示器。

压力机的活塞竖向轴应与压力机的竖向轴重合,而且活塞作用的合力要通过试件中心。压力机的下压板表面应与该机的轴线垂直并在加荷过程中一直保持不变。

(2)抗压夹具:应由硬质钢材制成,受压面积为40mm×40mm,并应符合现行《40mm×40mm 水泥抗压夹具》(JC/T 683)的规定。

本条对原规程进行修订,删除"当试验没有球座,或球座已不灵活或直径大于120mm时",不再强调抗压夹具使用条件。目前水泥胶砂强度抗压试验必须采用抗压夹具,并且抗压夹具为抗压试验机必备装置。

2.7 天平:量程不小于2 000g,感量不大于1g。

本条对原规程进行修订,增加"量程不小于2 000g",感量修订为"不大于1g",明确了试验天平的量程和灵敏度。

2.8 水泥:水泥试样从取样到试验要保持24h以上时,应将其储存在基本装满和气密的容器中,这个容器不能和水泥反应。

2.9 试验用砂:ISO 标准砂。

2.10 试验用水:饮用水。仲裁试验时用蒸馏水。

3 试验环境

3.1 试件成型试验室应保持在温度为20℃±2℃(包括强度试验室),相对湿度大于50%。水泥试样、ISO 标准砂、拌和水及试模等的温度应与室温相同。

3.2 养护箱或雾室温度为20℃±1℃,相对湿度大于90%;养护水的温度为 20℃±1℃。

3.3 试件成型试验室空气温度和相对湿度应在工作期间早晚至少各记录一次。养护箱或雾室温度和相对湿度至少每4h记录一次。

4 试件制备

4.1 成型前将试模擦净,四周的模板与底座的接触面上应涂黄油,紧密装配,防止漏浆,内壁均匀地刷一薄层机油。

4.2 水泥与ISO标准砂的质量比为1:3,水灰比为0.5。火山灰质硅酸盐水泥、粉煤灰硅酸盐水泥、复合硅酸盐水泥和掺火山灰质混合材料的流动度小于180mm时,应以0.01整倍数递增的方法将水灰比调整至胶砂流动度不小于180mm为止。

本条为新增内容,不同品种的水泥的需水量存在差异,如固定水灰比,不同水泥品种的胶砂流动度不一致,还影响水泥胶砂的抗压与抗折强度,不具有可比性。本规程规定不同品种水泥胶砂按照相同流动度不小于180mm调整,以降低流动度差异对强度的影响。

4.3 每成型三条试件需称量的材料及用量为:水泥450g±2g,ISO标准砂1 350g±5g,水225mL±1mL。

4.4 将水加入锅中,再加入水泥,把锅放在固定架上。然后立即启动机器,低速搅拌30s后,在第二个30s开始的同时均匀将砂子加入,机器再高速搅拌30s。

停拌90s,在第一个15s内用胶皮刮具将叶片和锅壁上的胶砂刮入锅中。在高速下继续搅拌60s。各个阶段时间误差应在±1s内。

本条对原规程进行修订,删除"当砂是分级装时,应从最粗粒级开始,依次加入,再高速搅拌30s"。目前采用的ISO标准砂为袋装连续级配颗粒,故删除。

4.5 用振动台时,将空试模和模套固定在振动台上,用适当的勺子直接从搅拌锅中将胶砂分为两层装入试模。装第一层时,每个槽里约放

300g 砂浆,用大播料器垂直架在模套顶部,沿每个模槽来回一次,将料层播平,接着振实 60 次。再装入第二层胶砂,用小播料器播平,再振实 60 次。移走模套,并用刮尺以 90°的角度架在试模顶的一端,沿试模长度方向以横向锯割动作慢慢向另一端移动,一次将超出试模的胶砂刮去,并用同一直尺将试件表面抹平。

4.6 用代用振动台成型时,同时将试模及下料漏斗卡紧在振动台台面中心。将搅拌好的全部胶砂均匀地装于下料漏斗中,开启振动台 120s ± 5s 后停车。振动完毕,取下试模,用刮平尺按上述方法刮去多余胶砂并抹平试件。

4.7 在试模上作标记或加字条表明试件的编号和试件相对于振动台的位置。两个龄期以上的试件,编号时应将同一试模中的三条试件分在两个以上的龄期内。

4.8 试验前或更换水泥品种时,搅拌锅、叶片和下料漏斗等须抹擦干净。

5 养护

5.1 编号后,将试模放入养护箱养护,养护箱内算板必须水平。水平放置时刮平面应朝上。对于 24h 龄期的,应在破型试验前 20min 内脱模。对于 24h 以上龄期的,应在成型后 20~24h 内脱模。脱模时要非常小心,应防止试件损伤。硬化较慢的水泥允许延期脱模,但须记录脱模时间。

5.2 试件脱模后即放入水槽中养护,试件之间间隙或试件上表面的水深不得小于5mm。每个养护池中只能养护同类水泥试件,并应保持恒定水位,不允许养护期间全部换水。

5.3 除 24h 龄期或延迟 48h 脱模的试件外,任何到龄期的试件应在试验(破型)前 15min 从水中取出。抹去试件表面沉淀物,并用湿布覆盖。

6 抗折强度试验

6.1 以中心加荷法测定抗折强度。采用杠杆式抗折试验机试验时,试件放入前,应使杠杆呈水平状态。试件放入后调整夹具,使杠杆在试件折断时尽可能地接近水平位置。

6.2 抗折试验加荷速度为50N/s±10N/s,直至折断,并保持两个半截棱柱处于潮湿状态直至抗压试验。

6.3 抗折强度,按式(T 0506-1)计算:

$$R_\mathrm{f} = \frac{1.5F_\mathrm{f} \cdot L}{b^3} \quad (\text{T 0506-1})$$

式中:R_f——抗折强度(MPa);
$\quad\ F_\mathrm{f}$——破坏荷载(N);
$\quad\ L$——支撑圆柱中心距(mm);
$\quad\ b$——试件断面正方形的边长,为40mm。

结果计算精确至0.1MPa。

6.4 取3块试件抗折强度测定值的算术平均值,结果精确至0.1MPa。当3个强度值中有超过平均值±10%的值时,应剔除后再平均,以平均值作为抗折强度试验结果。

7 抗压强度试验

7.1 抗折试验后的两个断块应立即进行抗压试验。抗压试验须用抗压夹具进行,试件受压面为试件成型时的两个侧面,面积为40mm×40mm。试验前应清除试件受压面与加压板间的砂粒或杂物。试验时以试件的侧面作为受压面,试件的底面靠紧夹具定位销,并使夹具对准压力机压板中心。

本条对原规程进行修订,删除"半截面棱柱体中心与压力机压板中心差±0.5mm内,棱柱体露在压板外的部分约10mm"。考虑试验过程难以按照原规程执行,半截面棱柱体的受压面在压板中心即可,不再具体规定。

7.2 压力机加荷速度应控制在2 400N/s±200N/s速率范围内,在接近破坏时更应严格掌握。

7.3 抗压强度,按式(T 0506-2)计算:

$$R_c = \frac{F_c}{A}$$ (T 0506-2)

式中:R_c——抗压强度(MPa);

F_c——破坏荷载(N);

A——受压面积(mm^2)(40mm×40mm)。

结果计算精确至0.1MPa。

7.4 取6个抗压强度测定值的算术平均值,结果精确至0.1MPa。如果6个强度值中有一个值超过平均值±10%,应剔除后再以剩下的5个结果平均。如果5个值中再有超过平均值±10%的,则此组试件无效。

8 试验报告

试验报告应包括下列内容:

(1)要求检测的项目名称;

(2)原材料的品种、规格和产地;

(3)试验日期及时间;

(4)仪器设备的名称、型号及编号;

(5)环境温度和湿度;

(6)执行标准;

(7)不同龄期对应的水泥试样的抗折强度、抗压强度,报告中应包括所有单个强度结果(包括舍去的试验结果)和计算出的平均值;

(8)要说明的其他内容。

条文说明

本方法参照《水泥胶砂强度检验方法(ISO法)》(GB/T 17671—1999)编制。各龄期(试件龄期从水泥加水搅拌开始算起)的试件必须在下列时间内进行强度试验,详见表 T 0506-1 所示。

表 T 0506-1　各龄期强度试验时间范围

龄 期 时 间	试 验 时 间
24h	24h±15min
48h	48h±30min
72h	72h±45min
7d	7d±2h
28d	28d±8h

T 0507—2005　水泥胶砂流动度试验方法

1　目的、适用范围和引用标准

本方法规定了水泥胶砂流动度的试验方法。

本方法适用于通用硅酸盐水泥、道路硅酸盐水泥及指定采用本方法的其他品种水泥。

引用标准：

水泥胶砂强度试验方法(ISO法)(T 0506)

《行星式水泥胶砂搅拌机》(JC/T 681)

2　仪具与材料

2.1　胶砂搅拌机：应符合现行《行星式水泥胶砂搅拌机》(JC/T 681)的规定。

2.2　水泥胶砂流动度测定仪(简称跳桌)：技术要求及其安装方法，应符合附录 T 0507A 的规定。

2.3　试模：用金属材料制成，由截锥圆模和模套组成。截锥圆模内壁须光滑，尺寸为：高度60mm±0.5mm；上口内径70mm±0.5mm；下口内径100mm±0.5mm；下口外径120mm。模套与截锥圆模配合使用。

2.4　捣棒：用金属材料制成，直径为 20mm±0.5mm，长度约为

200mm,捣棒底面与侧面成直角,其下部光滑,上部手柄滚花。

2.5 卡尺:量程为200mm,分度值为0.5mm。

本规程中的卡尺量不能满足试验要求,由于0.5水灰比的水泥胶砂流动度一般在240~280mm,超出200mm,因此,尺量技术参数应修订为"卡尺:量程不小于300mm,分度值为0.5mm"。

2.6 小刀:刀口平直,长度大于80mm。

2.7 秒表:分度值为1s。

3 试验准备

3.1 材料制备

胶砂材料用量按相应标准要求或试验设计确定。水泥试样、标准砂和试验水及试验条件应符合T 0506的规定。

3.2 胶砂制备

应按T 0506中的有关规定进行制备。

4 试验步骤

4.1 如跳桌在24h内未被使用,先空跳一个周期25次。

4.2 在制备胶砂的同时,用潮湿棉布擦拭跳桌台面、试模内壁、捣棒以及与胶砂接触的用具,将试模放在跳桌台面中央并用潮湿棉布覆盖。

4.3 将拌好的胶砂分两层迅速装入流动试模,第一层装至截锥圆模高度约2/3处,用小刀在相互垂直的两个方向上各划5次,用捣棒由边缘至中心均匀捣压15次,之后装第二层胶砂,装至高出截锥圆模约20mm,用小刀划10次,再用捣棒由边缘至中心均匀捣压10次。捣压力量应恰好足以使胶砂充满截锥圆模。捣压深度,第一层捣至胶砂高度的1/2,第二层捣实不超过已捣实底层表面。捣压顺序见图T 0507-1和图T 0507-2。装胶砂和捣压时,用手扶稳试摸,不要使其移动。

3 水泥试验

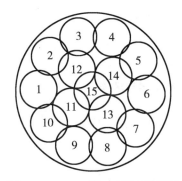
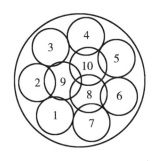

图 T 0507-1　第一层捣压顺序　　　图 T 0507-2　第二层捣压顺序

4.4　捣压完毕,取下模套,用小刀由中间向边缘分两次将高出截锥圆模的胶砂刮去并抹平,擦去落在桌面上的胶砂。将截锥圆模垂直向上轻轻提起,立刻开动跳桌,每秒钟一次,在 25s±1s 内完成 25 次跳动。

4.5　跳动完毕,用卡尺测量胶砂底面最大扩散直径及与其垂直方向的直径,计算平均值,精确至 1mm,即为该水量的水泥胶砂流动度。流动度试验,从胶砂拌和开始到测量扩散直径结束,须在 6min 内完成。

4.6　电动跳桌与手动跳桌测定的试验结果发生争议时,以电动跳桌试验结果为准。

5　试验报告

试验报告应包括下列内容:
(1)要求检测的项目名称;
(2)原材料的品种、规格和产地;
(3)试样编号;
(4)试验日期及时间;
(5)仪器设备的名称、型号及编号;
(6)环境温度和湿度;
(7)执行标准;
(8)使用砂的类型;

(9)水泥胶砂流动度;

(10)要说明的其他内容。

附录 T 0507 A 跳桌及其安装

本附录规定了跳桌的技术要求和安装方法,适用于跳桌的结构设计和性能检定。

A.1 技术要求

A.1.1 跳桌(图 T 0507 A-1)主要由跳动部分和机架部分组成。

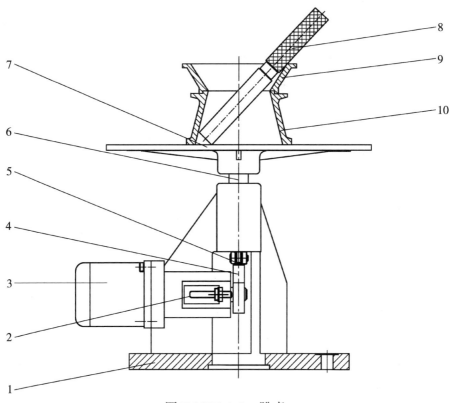

图 T 0507 A-1 跳桌

1-机架;2-接近开关;3-电机;4-凸轮;5-滑轮;6-推杆;7-圆盘桌面;8-捣棒;9-模套;10-截锥圆模

A.1.2 跳动部分由圆盘桌面和推杆构成。总质量为4.35kg±0.15kg,且以推杆为中心均匀分布。圆盘桌面直径为300mm±1mm,由硬度不低于200HB的铸钢制成,边缘厚度约5mm。其上表面应光滑、平整,并镀硬铬。表面粗糙度R_a在0.8~1.6μm之间。左面中心有直径为125mm的刻圆,用以确定锥形试模的位置。从圆盘外缘指向中心有8条线,相隔45°分布。桌面有6根辐射状筋,并以相隔60°分布。圆盘表面的平面度不超过0.1mm。跳动部分下落瞬间,拖轮不应与凸轮解除。跳桌落距为10.0mm±0.2mm。推杆与机架孔的公差间隙为0.05~0.10mm。

A.1.3 凸轮(图T 0507 A-2)由钢制成,其外表面轮廓线应符合阿基米德螺旋线,其半径在360°内由27mm均匀升至39mm,凸轮外表面应光滑。

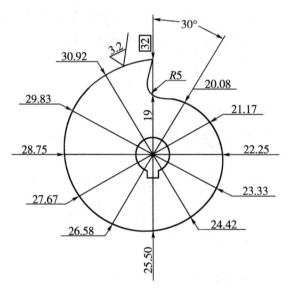

图 T 0507 A-2　凸轮示意图(尺寸单位:mm)

A.1.4 机架是由钢制成的坚固整体,有3根相隔120°分布的增强筋延伸整个机架高度。机架孔周围环状精磨。机架孔的轴线应与圆盘上表面垂直。当圆盘下落和机架解除时,接触面应保持光滑,并与圆盘上表面成平行状态,同时360°范围内完全接触。

A.1.5 转动轴与转速为60r/min无外带减速装置的电机或手动轮连接,其转动机构能保证跳桌在25s±1s内完成25次跳动。

A.1.6 跳桌底座有3个直径为12mm的孔,以便与基座连接,3个孔分布在边长为200mm的圆上。

A.2 安装和保养

A.2.1 跳桌宜通过膨胀螺栓安装在已硬化的水平混凝土基座上。基座由普通混凝土浇筑而成,基部约为400mm×400mm,高约690mm。

本条对原规程进行修订,删除"基座由容重至少2 240kg/m³混凝土浇筑而成",基座由普通混凝土浇筑即可,不规定具体容重,满足承载跳桌即可。

A.2.2 推杆及其轴孔须保持清洁,并稍涂润滑油。圆盘与机架接触面不应有油。凸轮表面上涂油可减少操作摩擦。

A.3 检定

安装好的跳桌用标准样(JBW 01-1-1)标样检定,测定的流动度值与标准样给定的流动度相差在规定范围内,则跳桌的使用性能合格。

T 0510—2005 水泥胶砂耐磨性试验方法

1 目的、适用范围和引用标准

本方法规定了水泥胶砂耐磨性的试验方法。

本方法适用于通用硅酸盐水泥、道路硅酸盐水泥及指定采用本方法的其他品种水泥。

引用标准:

水泥胶砂强度试验方法(ISO法)(T 0506)

3 水泥试验

《行星式水泥胶砂搅拌机》(JC/T 681)

《水泥胶砂振动台》(JC/T 723)

2 仪具与材料

2.1 水泥胶砂耐磨性试验机:应符合附录 T 0510 A 的规定。

2.2 试模:

(1) 水泥胶砂耐磨性试验用试模由侧板、端板、底座、紧固装置及定位销组成,如图 T 0510-1 所示。各组件可以拆卸组装。试模模腔有效容积为 150mm×150mm×30mm。

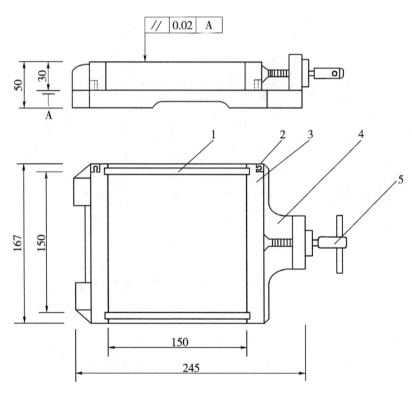

图 T 0510-1 试模示意图(尺寸单位:mm)

1-侧板;2-端板;3-底座;4-紧固装置;5-定位销

(2)侧板与端板由45号钢制成,表面粗糙度R_a不大于$6.3\mu m$,组装后模框上下面的平行度不大于0.02mm,模框应有成组标记。

(3)底座用 HT 20-40 灰口铸铁加工,底座上表面粗糙度R_a不大于$6.3\mu m$,平面度不大于0.03mm,底座非加工面经涂漆无流痕。

(4)侧板、端板与底座紧固后,最大翘起量应不大于0.05mm,其模腔对角线长度误差不大于0.1mm。

(5)紧固装置应灵活,放松螺旋时侧板应能方便地从端板中取出或装入。

(6)试模总质量:6.0~6.5kg。

2.3 模套:结构与尺寸如图 T 0510-2 所示。

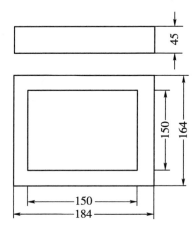

图 T 0510-2 模套(尺寸单位:mm)

2.4 干燥箱:温度控制不小于115℃且带有鼓风装置。

2.5 胶砂搅拌机:应符合现行《行星式水泥胶砂搅拌机》(JC/T 681)的规定。

2.6 胶砂振动台:应符合现行《水泥胶砂振动台》(JC/T 723)的规定。

2.7 天平:量程不小于2 000g,感量不大于1g。

2.8 小刀:厚2~3mm、宽20mm、长200~300mm。

3 试验环境

3.1 成型室及养护箱的温度、湿度要求:
(1)成型室:20℃±2℃,相对湿度大于50%。
(2)养护箱:20℃±1℃,相对湿度大于90%。
(3)养护水:20℃±1℃。

3.2 试样、天然石英砂和试验用水,以及试模的温度应与室温相同。

4 试验准备

4.1 水泥试样:应充分拌匀,通过0.9mm方孔筛,在试验前一天送到试验室储存。

4.2 试验用砂:粒径范围在0.5~1.0mm的天然石英砂。

4.3 试验用水:应是洁净的饮用水。

4.4 成型前将试模擦净,模板与底座的接触面应涂黄油,紧密装配,防止漏浆,内壁均匀刷上一薄层机油。

4.5 试件的灰砂比为1:2.5,水灰比为0.44。每一试样需成型3块试件,分别搅拌和成型。每成型1块试件应称水泥400g、天然石英砂1 000g、水176mL。

本条对原规程进行修订,将原规程"硅酸盐水泥、普通硅酸盐水泥、矿渣水泥的水灰比为0.44,火山灰水泥、粉煤灰水泥为0.46"修订为"水灰比为0.44",增加"水176mL",统一水灰比和增加具体用水量。

4.6 将水加入锅中,再加入水泥,把锅放在固定架上,然后立即启动机器,低速搅拌30s后,在第二个30s开始的同时均匀将石英砂加入。停拌90s,在第一个15s内用胶皮刮具将叶片和锅壁上的胶砂刮入锅中。在高速下继续搅拌60s。各个阶段的时间误差不得超过1s。

4.7 在胶砂搅拌的同时,将试模及模套卡紧在振动台台面中心位置,并将拌和好的全部胶砂均匀地装入试模内,开启振动台,约10s时开始用小刀插划胶砂,横划14次,竖划14次,另外在试件四角分别用小刀插10次，整个插捣工作在90s内完成。胶砂插划方法如图T 0510-3所示。振动120s±5s后自动停机。

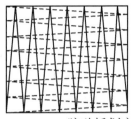

图 T 0510-3　胶砂插划方法

4.8　振毕，取下试模，去掉模套。立即放入养护箱中养护约4h后取出锯平、编号，再放回养护箱中养护24h±2h(从加水开始算起)，取出脱模。脱模时应防止试件损伤，硬化较慢的水泥允许延长脱模时间，但需记录脱模时间。

本条对原规程进行修订，将原规程的"刮平、编号"修订为"立即放入养护箱中养护约4h后取出锯平、编号"，将原规程的"24h±0.25h"修订为"24h±2h"。实际试验发现±0.25h要求过于严格，不易操作。

4.9　脱模后，立即将试件放入20℃±1℃的水中养护，彼此间应留有间隙，水面至少高出试件20mm，试件在水槽中养护到27d龄期取出，立即擦干立放，在空气中自然干燥24h，在60℃±5℃的烘箱中烘干4h，然后冷却至室温。

5　试验步骤

5.1　取经干燥处理后的试件，将刮平面朝下，放至耐磨性试验机的水平转盘上，做好定位标记，并用夹具轻轻固紧。接着在300N负荷下预磨30转，取下试件扫净粉粒称量，该质量作为试件的原始质量(m_1)；然后再将试件放回水平转盘原来的位置上放平、固紧(注意不要在试件与转盘之间残留有颗粒，以免影响试件与磨头的接触)，再磨40转，取下试件扫净粉粒，并称质量(m_2)。整个磨损过程应将吸尘器对准试件磨损面，使磨下的粉尘及时从磨损面吸走。

5.2 花轮磨头与水平转盘做相反方向转动,磨头沿着试件表面环形轨迹磨削,使试件表面产生一个内径约为30mm、外径约为130mm的环形磨损面。

5.3 花轮片磨损质量损失0.5g时,应将同一组的花轮片内外调换位置,再磨损0.5g时,应予淘汰。

6 结果计算

6.1 单位面积的磨损量,按式(T 0510-1)计算:

$$G = \frac{m_1 - m_2}{0.0125} \qquad (\text{T 0510-1})$$

式中:G——单位面积的磨损量(kg/m^2);

m_1——试件的原始质量(kg);

m_2——试件磨损后的质量(kg);

0.0125——磨损面积(m^2)。

结果计算精确至$0.001kg/m^2$。

6.2 取3块试件结果的平均值作为试件的磨损结果,结果精确至$0.001kg/m^2$。如果其中一个试件的磨损量大于平均值的15%,应予以剔除,取余下两块试件结果的平均值作为磨耗值;当两个试件的磨损量均大于平均值的15%时,此次试验无效,应重新试验。

7 试验报告

试验报告应包括下列内容:

(1)要求检测的项目名称;

(2)原材料的品种、规格和产地;

(3)试验日期及时间;

(4)仪器设备的名称、型号及编号;

(5)环境温度和湿度;

(6) 执行标准;

(7) 水泥胶砂的磨损量;

(8) 要说明的其他内容。

附录 T 0510 A 水泥胶砂耐磨性试验机

A.1 结构

水泥胶砂耐磨性试验机由直立主轴、水平转盘、传动机构和控制系统组成。主轴和转盘不在同一轴线上,主轴和转盘同时按相反方向转动,主轴下端配有磨头连接装置,可以装卸磨头。

A.2 技术要求

A.2.1 主轴与水平转盘垂直度,测量长度80mm时偏离度不大于0.04mm。

A.2.2 水平转盘转速17.5r/min±0.5r/min,主轴与转盘转速比为35:1。

A.2.3 主轴与转盘的中心距为40mm±0.2mm。

A.2.4 负荷分为200N、300N、400N三挡,误差不超过1%。

A.2.5 主轴升降行程不小于80mm,磨头最低点距水平转盘工作面不大于25mm。

A.2.6 水平转盘上配有能夹紧试件的卡具,卡头单向行程为150_{-1}^{+4}mm。卡夹宽度不小于50mm。夹紧试件后应保证试件不上浮或翘起。

A.2.7 花轮磨头(图T 0510 A-1)由三组花轮组成,按星形排列成等分三角形,花轮与轴心最小距离为16mm,最大距离为25mm。每组花轮由两片花轮片装配而成,其间隔为2.6~2.8mm。花轮片直径为$25_{0}^{+0.02}$mm,厚度为$3_{0}^{+0.02}$mm,边缘上均匀分布12个矩形齿,齿宽3.3mm,齿高3mm,由不低于HRC 60硬质钢制成。

3 水泥试验

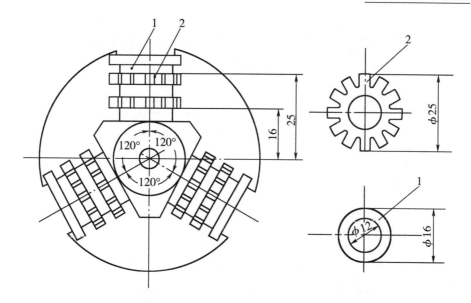

图 T 0510 A-1　花轮磨头示意图(尺寸单位:mm)
1-垫片;2-刀片

A.2.8　机器上装有必要的电器控制器,具有 0～999 转盘数字自动控制显示装置,其转数误差小于 1/4 转,并装有电源电压监测表及自动停车报警装置,电器绝缘性能良好,噪声小于 90dB。

A.2.9　吸尘器装置:随时将磨下的粉尘吸走。

条文说明

本方法参照《水泥胶砂耐磨性试验方法》(JC/T 421—2004)编制。与原方法相比,主要修改部分为:水泥胶砂搅拌机符合《行星式水泥胶砂搅拌机》(JC/T 681—2005)的规定;振动台符合《水泥胶砂振动台》(JC/T 723—2005)的规定。试验用砂依然为符合《水泥胶砂强度试验方法(ISO 法)》(GB/T 17671—1999)规定的粒度范围在 0.5～1.0mm 的标准砂。

T 0511—2005 水泥胶砂干缩试验方法

1 目的、适用范围和引用标准

本方法规定了水泥胶砂干缩的试验方法。

本方法适用于通用硅酸盐水泥、道路硅酸盐水泥及指定采用本方法的其他品种水泥。

引用标准：

《行星式水泥胶砂搅拌机》（JC/T 681）

《水泥胶砂干缩试验方法》（JC/T 603）

水泥胶砂强度试验方法（ISO）（T 0506）

水泥胶砂流动度试验方法（T 0507）

本条对原规程进行修订，增加引用标准"《行星式水泥胶砂搅拌机》（JC/T 681）、《水泥胶砂干缩试验方法》（JC/T 603）"。

2 仪具与材料

2.1 胶砂搅拌机：应符合现行《行星式水泥胶砂搅拌机》（JC/T 681）的规定。

2.2 流动度试验用跳桌、截锥圆模、模套、圆柱捣棒、游标卡尺：应符合 T 0507 的规定。

2.3 试模：试模为三联模，由互相垂直的隔板、端板、底座以及定位用螺栓组成，结构如图 T 0511-1 所示。各组件可以拆卸，组装后每联内壁尺寸为 25mm×25mm×280mm。端板有 3 个安置测量钉头的小孔，其位置应保证成型后试件的测量钉头在试件的轴线上。

2.4 测量钉头：用不锈钢或铜制成，规格如图 T 0511-2 所示。成型试件时测量钉头伸入试件的深度为 10mm±1mm。

2.5 隔板和端板：用 45 号钢制成，表面粗糙度不大于 6.3μm。

3 水泥试验

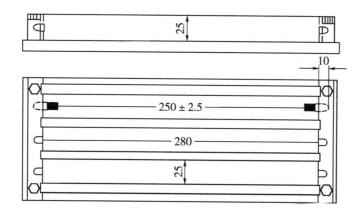

图 T 0511-1　三联试模(尺寸单位:mm)

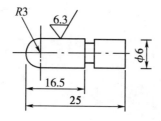

图 T 0511-2　测量钉头(尺寸单位:mm)

本条修订原规程,将原规程"用钢制成"修订为"用45号钢制成",明确用钢规格,45号钢为优质碳素结构用钢,硬度不高,易切削加工,模具中常用来做模板。

2.6　底座:用 HT 20-40 灰口铸铁加工,上表面粗糙度不大于 6.3μm,非加工面经涂漆无流痕。

2.7　捣棒:包括方捣棒和缺口捣棒两种,均为金属材料。方捣棒受压面积为 23mm×23mm。缺口捣棒用于捣固测量头两侧的胶砂,规格如图 T 0511-3 所示。

2.8　刮板:用不易锈蚀和不被水泥浆腐蚀的金属材料制成,规格如图 T 0511-4 所示。

105

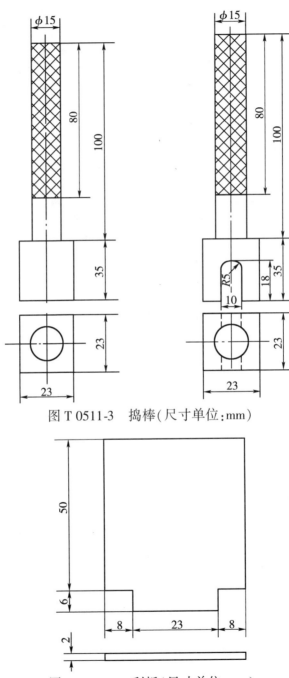

图 T 0511-3　捣棒(尺寸单位:mm)

图 T 0511-4　刮板(尺寸单位:mm)

2.9 水泥胶砂干缩养护湿度控制箱:用不易被药品腐蚀的塑料制成,其最小单元能养护6条试件并自成密封系统,最小单元的结构如图T 0511-5所示。有效容积为340mm×220mm×200mm,有5根放置试件的箅条,分为上、下两部分,箅条宽10mm,高15mm,相互间隔45mm,箅条上部放置试件的空间高65mm,箅条下部用于放置控制单元湿度用的药品盘,药品盘由塑料制成,大小应能从单元下部自由进出,容积约2.5L。

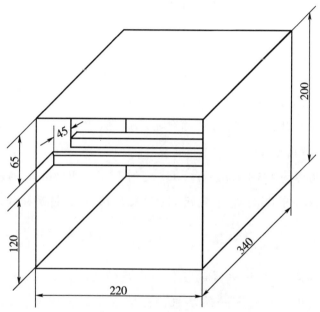

图T 0511-5 干缩养护湿度控制箱单元示意图(尺寸单位:mm)

2.10 测长设备:

(1)比长仪:由千分表、支架及校正杆组成,千分表分度值为0.001mm,最大基长不小于300mm,量程为10mm,校正杆中部与手接触部分应套上绝热层。

(2)允许用其他形式的测长仪,但精度必须符合上述要求,在仲裁检验时,应以比长仪为准。

2.11 天平:量程不小于2 000g,感量不大于1g。

2.12 试验用砂:ISO标准砂。

3 试验环境

3.1 成型室及养护箱的温度、湿度要求：
(1)成型室:20℃±2℃,相对湿度大于50%。
(2)养护箱:20℃±1℃,相对湿度大于90%。
(3)养护水:20℃±1℃。

3.2 试件干缩养护箱温度20℃±3℃,相对湿度50%±5%。

4 试验准备

4.1 灰砂比

胶砂中水泥与ISO标准砂比例为1:2(质量比)。水泥胶砂的干缩性测定应成型3条试件,成型时应称取水泥试样675g,标准砂1 350g。

4.2 胶砂用水量

胶砂的用水量按制成胶砂流动度达到130~140mm来确定。胶砂流动度的测定应按T 0507的规定进行,但灰砂比的称量应符合本方法4.1的要求。

4.3 试模的准备

成型前将试模擦净,四周的模板与底座的接触面上应涂黄油,紧密装配,防止漏浆,内壁均匀刷一薄层机油。然后将钉头擦净,在钉头的圆头端沾上少许黄油,将钉头嵌入试模孔中,并在孔内左右转动,使钉头与孔准确配合。

4.4 试件的成型

将已制备好的胶砂,分两层装入两端已装有钉头的试模内。第一层胶砂装入试模后,先用小刀来回划实,尤其是钉头两侧,必要时可多划几次,再用刮砂板刮去多于试模高度3/4的胶砂,然后用23mm×23mm方捣棒从钉头内侧开始,从一端向另一端顺序捣10次,返回捣10次,共捣压20次,再用缺口捣棒在钉头两侧各捣压2次,然后将余下胶砂装入模内,同样用小刀匀划,刀划的深度应透过第一层胶砂表面,再用23mm×

23mm捣棒从一端开始顺序捣压12次,往返捣压24次。每次捣压时,先将捣棒接触胶砂表面再用力捣压。捣压应均匀稳定,不得冲压。捣压完毕,用小刀将试模边缘的胶砂拨回试模内,用三棱刮刀刮平,然后编号,最后在养护箱内或雾室内养护。

5 试验步骤

5.1 试件自加水时算起,养护24h±2h后脱模。然后将试件放入温度20℃±1℃的水中养护。脱模有困难时,可延长脱模时间。所延长的时间应在试验报告中注明,并从水养时间中扣除。

5.2 试件在水中养护2d后,由水中取出,用湿布擦去表面水分和钉头上的污垢,用比长仪测定初始读数(L_0)。比长仪使用前应用校正杆进行校准,确认其零点无误情况下才能用于试件测量(零点是一个基准数,不一定是零)。测完初始长度后应用校正杆重新检查零点,如零点变动超过±0.005mm,则整批试件应重新测定。

5.3 将试件移至干缩养护湿度控制箱的箅条上养护。试件之间应留有间隙,同一批出水试件可以放在一个养护单元里,最多可以放置两组同时出水的试件,药品盘上按每组0.5kg放置控制相对湿度的药品。药品一般可使用硫氰酸钾固体,也可使用其他能控制规定相对湿度的盐,但不能用对人体与环境有害的物质。关紧单元门闩使其密闭,与外部隔绝。箱体周围环境温度控制在20℃±3℃,相对湿度为50%±5%。

5.4 从试件放入箱中时算起,在放置4d、11d、18d、25d时(即从成型时算起,在7d、14d、21d、28d时)分别取出,测量长度。测量龄期可以根据不同品种水泥干缩率随龄期变化的曲线图做必要的增减和变动。

5.5 试件长度(L_r),测量应在20℃±3℃的试验室里进行,比长仪在试验室温度恒温后才能使用。

5.6 每次测量时,试件在比长仪中的上、下位置都应相同。读数时应左右旋转试件,使试件钉头和比长仪正确接触,指针摆动不得大于

0.005mm。读数应记录至0.001mm。

5.7 测量结束后,应用校正杆校准零点,当零点变动超过0.005mm时,整批试件应重新测量。

6 结果计算

6.1 水泥胶砂试件各龄期干缩率,按式(T 0511-1)计算:

$$S_t = \frac{L_0 - L_r}{250} \times 100 \qquad (T\ 0511\text{-}1)$$

式中:S_t——龄期为 t 时水泥胶砂试件的干缩率(%);

L_0——初始测量读数(mm);

L_r——某龄期的测量读数(mm);

250——试件有效长度(mm)。

结果计算精确至0.001%。

6.2 以3条试件干缩率的平均值作为试件的干缩结果,结果精确至0.001%。当有一条试件的干缩率超过平均值的15%时,取中间值作为试件的干缩结果;当有两条试件的干缩率超过平均值的15%时,应重新做试验。

7 试验报告

试验报告应包括下列内容:

(1)要求检测的项目名称;

(2)原材料的品种、规格和产地;

(3)试验日期及时间;

(4)仪器设备的名称、型号及编号;

(5)环境温度和湿度;

(6)原材料的品种、规格、产地;

(7)执行标准;

(8)指定龄期的水泥胶砂试件干缩率;

(9)要说明的其他内容。

条文说明

本方法参照《水泥胶砂干缩试验方法》(JC/T 603—2004)编制。

干缩试件也可放在能满足规定相对湿度和温度的条件下养护,但应在试验报告中做特别说明,在结论有矛盾时,以干缩养护湿度控制箱养护的结果为准。养护相对湿度采用50%±5%,是由于水泥在50%时收缩明显。

T 0512—2005 水泥胶砂强度快速试验方法（1.5h压蒸促凝法）

1 目的、适用范围和引用标准

本方法规定了1.5h压蒸促凝法的水泥胶砂强度快速试验方法。

本方法适用于通用硅酸盐水泥、道路硅酸盐水泥及指定采用本方法的其他品种水泥。

本方法不能用于评定水泥强度等级。

引用标准：

《试验筛 技术要求和检验 第1部分:金属丝编织网试验筛》(GB/T 6003.1)

《行星式水泥胶砂搅拌机》(JC/T 681)

《水泥胶砂试体成型振实台》(JC/T 682)

《40mm×40mm水泥抗压夹具》(JC/T 683)

《水泥胶砂振动台》(JC/T 723)

《水泥胶砂电动抗折试验机》(JC/T 724)

《水泥胶砂试模》(JC/T 726)

水泥胶砂强度试验方法(ISO法)(T 0506)

2 仪具与材料

2.1 抗压试验机或万能试验机:应符合 T 0506 的规定。

2.2 压蒸仪:采用电热手提式高压消毒器,如图 T 0512-1 所示。主体和盖为优质铸铝合金制成,盖上装有安全阀和压力表,铝质内桶的容积为 280mm×280mm(本试验不用内桶,另加工制作 1 个高度不低于 150mm 的箅架),电热管额定功率为 2kW,工作蒸汽压力为 140~160kPa,相应温度为 126~128℃。当采用外加热型高压消毒器时,配用 2kW 电炉。将试件带模放入盛有沸水的压蒸仪中压蒸养护时,从加盖、压阀后至蒸汽压力升至工作压力的时间为 20~30min。

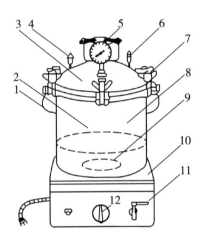

图 T 0512-1 压蒸仪

1-提手;2-箅架;3-盖;4-放汽阀;5-压力表;6-安全阀;7-紧固螺栓;8-主体;9-电热管;10-电流控制箱;11-放水龙头;12-开关

如采用其他规格的压蒸设备,需在试验报告中注明。

2.3 台秤:量程为 5kg,感量为 5g。

2.4 天平:量程不小于 1 000g,感量不大于 0.1g。

2.5 试模盖板:由钢板制成,200mm×150mm×10mm,上、下板面光洁、平整。

2.6 秒表:分度值为1s。

2.7 水泥胶砂搅拌机、胶砂振动台、规格为 $40mm \times 40mm \times 160mm$ 的三联钢模、下料漏斗、刮平刀及 $40mm \times 40mm$ 抗压夹具等,均应符合 T 0506 的规定。

2.8 水泥:水泥试样应充分拌匀,通过 0.9mm 方孔筛并记录筛余物。

2.9 试验用砂:ISO 标准砂。

2.10 拌和用水:洁净的饮用水。

3 试验步骤

3.1 试验准备

(1)把试模擦净,四周的模板与底座的接触面应涂上黄油,紧密装配,防止漏浆,内壁均匀刷一薄层机油。将准备好的试模连同下料漏斗一起固定在水泥胶砂振动台上。

(2)将压蒸仪中的水加至离算架约 50mm 的高度并烧开,检查压蒸仪是否漏汽,如有漏汽现象,必须采取相应的改善措施(更换密封胶圈或采取其他措施)。

(3)称取试验材料:一组3个试件的材料用量见表 T 0512-1。

表 T 0512-1 3个试件的材料用量

材料名称	用 量	材料名称	用 量
水泥	$450g \pm 2g$	CS 促凝剂	$5g \pm 0.1g$
ISO 标准砂	$1350g \pm 5g$	水	$225mL \pm 1mL$

(4)配制 CS 促凝剂溶液:将 5gCS 促凝剂加入规定量的拌和水中,充分搅拌使之溶化。

(5)CS 专用促凝剂:采用化学试剂无水碳酸钠(Na_2CO_3)和无水硫酸钠(Na_2SO_4)按3:1的质量比合成,见表 T 0512-2。为提高促凝剂的分散均匀性,宜事先将所用化学试剂研细,再采用塑料袋按每次试验用量5g

密封分装,于阴凉干燥处保存,防止受潮结块。化学试剂的规格:化学纯或分析纯均可。

表 T 0512-2　促凝剂配方表(质量比例)

名　称	Na_2CO_3(%)	Na_2SO_4(%)	Na_2AlO_2(%)
CS	75	25	—
CAS	60	25	15

3.2　拌制水泥胶砂

将称好的水泥与ISO标准砂倒入砂浆搅拌锅内,启动搅拌机,拌和5s后徐徐加入促凝剂溶液,25~30s内加完。自启动机器搅拌180s±5s后停止。将粘在叶片上的胶砂刮下,取下搅拌锅,准备成型试件。

3.3　成型试件

应按T 0506的规定进行。

3.4　试件压蒸养护

(1)试件成型后即加盖事先刷过机油的钢盖板,并将试件带模放至水已烧沸的压蒸仪中压蒸养护。加盖、压阀后立即记录压蒸养护的始、末时间。试件的压蒸养护时间从压蒸仪加盖、压安全阀时起计为1.5h,允许偏差为±2min。

(2)压蒸过程中应经常观察压力表示值,记录自压蒸仪加盖、压阀至蒸汽压力达到140~160kPa并开始释放蒸汽的时间。每次试验时的升压时间应基本相同,为25min±5min。压蒸过程中发生漏汽或安全阀座堵塞等致使蒸汽压力产生异常现象时,应及时处理,所做试验无效;当试验室的电压变化较大致使升压时间不稳定时,应采用稳压电源。

(3)压蒸养护到规定时间时,将压蒸仪从电炉上搬下,提阀放汽,在确认压蒸仪内无蒸汽压力后,开盖取出试模,立即拆模,待试件冷却约10min后,即测定快硬胶砂的抗压强度。

3.5　测定快硬胶砂抗压强度

(1)检查压力机和抗压夹具的球座,必须转动灵活,防止试件偏心受压。

（2）清除试件受压面与抗压夹具加压板上的砂粒或杂物，并使夹具对准压力机中心。

（3）将试件两端轮流进行抗压试验。试验时，以试件的侧面为受压面，试件端头伸出夹具约10mm，加荷速度为2 400N/s±200N/s，均匀加荷直至试件破坏。

3.6 抗折试验应按 T 0506 的规定进行。

4 结果计算

4.1 抗折强度计算，应按 T 0506 的规定进行。

4.2 水泥胶砂抗压强度，按式（T 0512-1）计算：

$$f_{1.5h} = \frac{F_c}{A} \qquad (T\ 0512\text{-}1)$$

式中：$f_{1.5h}$——快硬水泥胶砂抗压强度（MPa）；

F_c——试件的破坏荷载（N）；

A——试件受压面积（mm^2），即 40mm×40mm。

抗压强度，结果计算精确至 0.1MPa。

抗压强度结果为 6 个抗压强度测定值的算术平均值，精确至 0.1MPa。如果 6 个抗压强度值中有一个值超过平均值±10%的，应剔除后再以剩下的 5 个结果平均。如果 5 个值中再有超过平均值±10%的，则此组试件无效。

4.3 推定标准养护 28d 龄期的水泥胶砂抗压、抗折强度：

（1）采用事先通过试验建立的强度推定经验式，根据快硬水泥胶砂抗压强度试验结果，推算出标准养护 28d 龄期的水泥胶砂抗压强度和抗折强度。

（2）进行预备试验，建立强度推定经验式及推定精度校核的方法，应符合附录 T 0512 A 的规定。

（3）推定标准养护 28d 龄期的水泥胶砂抗压强度 R_c 和抗折强度 R_f

时,所测快硬水泥胶砂强度 $f_{1.5h}$ 的测值应在建立强度推定经验式试验所得 $R_c = a + bf_{1.5h}$ 或 $R_f = A \cdot f_{1.5h}^B$ 回归线的范围内,不得外推;快速试验的水泥样品,其品种、牌名需与事先建立强度推定经验式试验所用水泥相同。

5　试验报告

试验报告应包括下列内容:
(1)要求检测的项目名称;
(2)试验日期及时间;
(3)仪器设备的名称、型号及编号;
(4)环境温度和湿度;
(5)执行标准;
(6)1.5h 的水泥胶砂抗压强度;
(7)推定 28d 的水泥胶砂抗压强度;
(8)要说明的其他内容。

附录 T 0512 A　水泥胶砂强度推定经验式的建立方法及精度要求

A.1　目的和适用范围

建立水泥胶砂 28d 龄期强度推定经验式,用于 1.5h 压蒸促凝法快速测定水泥胶砂强度试验。

A.2　仪器设备

A.2.1　应符合 T 0506 的规定。

A.2.2　应符合 T 0512 的规定。

A.3　材料与试剂

A.3.1　水泥、ISO 标准砂、水、促凝剂,其技术要求与 T 0512 相同。

A.3.2 预备试验采用的水泥样品数不宜少于30个,不同样品的水泥胶砂28d抗压强度最高、最低值之差不宜小于20MPa。

A.4 试验步骤

A.4.1 试验准备,与T 0512相同。

A.4.2 每种水泥样品均同时取两份试样,分别按T 0506、T 0512的规定测定水泥胶砂28d龄期抗压强度f_{28}、抗折强度f_{f28}及促凝压蒸1.5h的快硬强度$f_{1.5h}$。

A.5 试验结果计算

A.5.1 建立28d水泥胶砂强度推定经验式,将各个水泥样品的f_{28}、f_{f28}、$f_{1.5h}$试验结果汇总,进行数据回归分析,建立直线型($y=a+bx$)或幂函数型($y=Ax^B$)的水泥胶砂抗压、抗折强度推定经验式。所建强度推定式的相关性必须高度显著(一般情况下相关系数不小于0.85,水泥样品等级单一时不作规定),回归离差系数C_v不宜超过8%,最大不应超过10%。

A.5.2 验证强度经验式的推定精度。

预备试验建立的强度经验式需经试用验证其推定精度,确认推定精度满足实用要求后方可正式采用。采用中的推定式,也需经常进行推定精度校核。在试验数据不少于20~30组的条件下,根据经验式得出的28d强度推定值($\hat{f}_{28}$或$\hat{f}_{f28}$)与试验实测值(f_{28}或f_{f28})的平均误差百分率$\overline{V}$不宜超过8%,最大不应超过10%。当发现推定精度有异常变化时,应分析原因,必要时应对此经验式进行适当修正或重新建立新的经验式。

平均误差百分率$\overline{V}$按下式统计:

$$\overline{V} = [\sum_{i=1}^{n}(|Y_i - \hat{Y}_i|/Y_i)/n] \times 100 \qquad (T\ 0512\ A\text{-}1)$$

式中:$\overline{V}$——平均误差百分率(%);

Y_i——试验实测的水泥胶砂28d强度(f_{28}或f_{f28})(MPa);

$\hat{Y}_i$——根据水泥胶砂快硬强度$f_{1.5h}$推定的28d强度(MPa);

n——试验组数。

A.5.3 统计试验误差。

(1)按下式计算组内试验误差V_t及其平均值$\overline{V}_t$:

$$(V_t)_i = (1/d_2) \times (R_t/\overline{R}) \times 100 \qquad (\text{T 0512 A-2})$$

$$\overline{V}_t = \sum_{i=1}^{n}(V_t)_i/n \qquad (\text{T 0512 A-3})$$

式中:$(V_t)_i$——任意一组试验的组内试验误差(%);

$\overline{V}_t$——n组试验的平均组内试验误差(%);

d_2——极差系数:一组3个数据(f_{f28}及$f_{1.5h}$)时,$d_2 = 1.693$,$i/d_2 = 0.591$;一组6个数据时(f_{28})时,$d_2 = 2.534$,$i/d_2 = 0.395$。

R_t——组内极差(1组几个试件强度的最大值与最小值之差)(MPa);

$\overline{R}$——1组几个试件强度(f_{28}、f_{f28}或$f_{1.5h}$)的平均值(MPa)。

(2)按下式计算多天变异系数V_d及其平均值$\overline{V}_d$:

$$(V_d)_i = (s/\overline{R}) \times 100 \qquad (\text{T 0512 A-4})$$

$$\overline{V}_d = \sum_{i=1}^{m}(V_d)_i/m \qquad (\text{T 0512 A-5})$$

式中:$(V_d)_i$——任意一个水泥样品的多天变异系数(%);

$\overline{V}_d$——m个水泥样品的平均多天变异系数(%);

$\overline{R}$——同一水泥样品不同天n次重复试验强度结果的平均值(MPa);

m——不同水泥样品的个数;

s——同一水泥样品不同天重复试验强度结果的标准离差(MPa);

$$s = \sqrt{\left\{\left[\sum_{i=1}^{n} R_i^2 - \left(\sum_{i=1}^{n} R_i\right)^2 / n\right] / (n-1)\right\}} \quad (\text{T 0512 A-6})$$

R_i——任意一个水泥样品任意一次试验的强度结果(MPa);

n——同一水泥样品不同天重复试验的次数。

A.5.4 结果处理。

在试验数据不少于30组的条件下,(f_{28}、f_{f28}或$f_{1.5h}$)的平均组内试验误差$\overline{V}_t$应小于5%;平均多天变异系数$\overline{V}_d$应小于10%。否则,应分析原因,采取相应改进措施。

条文说明

本试验快速推定的水泥胶砂28d龄期强度,可供水泥生产厂及使用单位及时检测水泥质量或用于混凝土配合比设计,不作为仲裁水泥等级合格与否的依据。由于水泥强度的标准检验方法需要28d以后才能确定等级,远远不能满足水泥生产控制和水泥使用的要求,所以提出本方法。

3.3 水泥浆体性能试验

本规程将水泥浆体性能试验独立为第3.3节,便于查阅。新增水泥浆体性能试验4项,分别为"水泥浆体钢丝间泌水试验方法""水泥浆体自由泌水率和自由膨胀率试验方法""水泥浆体充盈度试验方法""水泥浆体压力泌水试验方法"。

T 0517—2020 水泥浆体钢丝间泌水试验方法

本方法为新增。公路工程用的水泥浆体应具有良好和易性,不离析、不泌水。为评价公路桥梁预应力孔道施工条件下水泥浆是否存在泌水,采用水泥浆体钢丝间泌水试验方法。本规程规定的方法在《公路工程预应力孔道灌浆料(剂)》(JT/T 946—2014)中附录C的试验方法上有所改进。

本方法规定了两种搅拌工艺,分别为低速搅拌和高速搅拌,根据公路工程的实际施工情况合理选择,更符合实际工况。本方法对搅拌工艺的设备和搅拌程序有具体规定。

1 目的、适用范围和引用标准

本方法规定了水泥浆体制备及水泥浆体钢丝间泌水率的试验方法。
本方法适用于通用硅酸盐水泥及指定采用本方法测定的其他材料。
引用标准:
《水泥净浆搅拌机》(JC/T 729)
《预应力混凝土用钢绞线》(GB/T 5224)

2 仪具与材料

2.1 水泥净浆低速搅拌机:应符合现行《水泥净浆搅拌机》(JC/T 729)的规定。

2.2 水泥净浆高速搅拌机:由搅拌锅、搅拌叶片、传动机构和控制系统组成。搅拌叶片宜带有垂直齿的涡轮叶片;搅拌锅由防锈金属材料或带有耐蚀电镀层的金属材料制成,容积不应小于5L;转速可调节,至少设有高速、低速两挡,最大线速度不应低于15m/s,线速度范围2.5~20.0m/s,其中2.5~5.0m/s为低速挡,15.0~20.0m/s为高速挡。

本条规定了水泥净浆高速搅拌机的规格,试验时应符合高速搅拌机的转速要求。

2.3 钢丝间泌水筒:内径为100mm,高为160mm,最小刻度值为10mL,如图T 0517-1所示。

本条规定了钢丝间泌水筒的尺寸与相关行业一致,同时也规定了水泥浆体量取的精度要求,结果精确至10mL。

2.4 预应力钢绞线:应采用符合现行《预应力混凝土用钢绞线》(GB/T 5224)要求的预应力混凝土用钢绞线,"1×7"中公称直径为12.7mm的标准型钢绞线,长度为2 000~2 200mm。

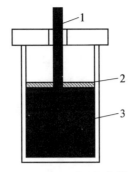

图 T 0517-1 钢丝间泌水筒示意图

1-预应力钢绞线;2-静置一段时间后的泌水;3-浆体

本条规定了钢丝间泌水率钢绞线要求。《公路工程 预应力孔道灌浆料(剂)》(JT/T 946—2014)在修订过程将钢绞线修改为工程上更容易获取的符合"《预应力混凝土用钢绞线》(GB/T 5224—2014)要求的公称直径为15.20mm,抗拉强度为1 860MPa 的七根钢丝捻制的标准型钢绞线"。同时,为保证试验效果,规定钢绞线的长度以比试验用量筒高度长10~30mm 为准。

2.5 水泥标准养护箱:箱内温度20℃±1℃,相对湿度大于90%。

2.6 量筒:容积不应小于10mL,分度值为0.2mL。

用于测量钢丝间泌水筒内水泥浆上部泌水的体积,结果精确至0.2mL。

2.7 电子天平:量程不小于1 000g,感量不大于0.01g。

2.8 电子秤:量程不小于20kg,感量不大于1g。

3 试验环境

试验环境温度为20℃±2℃,相对湿度大于50%。

4 水泥浆体的制备

4.1 水泥浆体可根据检测要求或用途,选择低速搅拌机或高速搅拌机制备。

4.2 采用低速搅拌机制备：先将搅拌锅和搅拌叶片用布湿润，拌和水倒入搅拌锅中，将称好的 500g 水泥加入水中，防止水和水泥溅出；拌和时，先将锅放在搅拌机的锅座上，升至搅拌位置，启动搅拌机，低速挡位搅拌 120s，停 15s，同时将叶片和锅壁上的水泥浆刮入锅中间，继续高速挡位搅拌 120s 停机。

本条规定的低速搅拌程序与水泥标准稠度用量、凝结时间等试验的制备搅拌程序一致。

4.3 采用高速搅拌机制备：拌和之前先用湿布擦拭搅拌锅和搅拌叶，但搅拌锅内不能留存有明水。将 1/2 水倒入搅拌锅中，再依次加入水泥或其他胶凝材料及外加剂。先采用线速度不应低于 2.5~5.0m/s 搅拌 30s 后加入剩余的水，再采用线速度 15.0~20.0m/s 高速搅拌 5min 后停止。

本条规定高速搅拌制备水泥浆的加料顺序及搅拌时间，注意与低速搅拌工艺的区别，拌和水分两次加入，防止水泥飞溅。

5 试验步骤

5.1 钢绞线表面应进行除油除锈处理。

试验用钢绞线不得有锈蚀、油污等，否则影响试验结果。

5.2 将制备的水泥浆静置 10min，待水泥浆中因搅拌引入的大气泡消失后缓慢注入钢丝间泌水筒中，注入水泥浆体积约为 800mL，并记录其准确体积（V_0），精确至 0.2mL。

值得注意的是，本规程中规定水泥浆体钢丝间泌水试验时，注入水泥浆体积（800mL）精确至 0.2mL，增加了试验操作的难度。根据试验原理和钢丝间泌水筒规格要求，本试验方法的关键是确保泌水体积的准确性，为此，注入水泥浆体积精度可放宽至 10mL。

5.3 在正中心位置插入一根预应力钢绞线至钢丝间泌水筒底部。

5.4 静置 3h 后用吸管吸出水泥浆表面泌出的水，移入 10mL 的量筒内,测量泌水量(V_1),精确至0.2mL。

6 结果计算

钢丝间泌水率,按式(T 0517-1)计算:

$$M_{sj} = \frac{V_1}{V_0} \times 100 \qquad (\text{T 0517-1})$$

式中:M_{sj}——钢丝间泌水率(%);
V_1——水泥浆上部泌水的体积(mL);
V_0——测试前水泥浆的体积(mL)。

结果计算精确至0.1%。

取两个平行试验数据的算术平均值作为测试结果。

7 试验报告

试验报告应包括下列内容:
(1)要求检测的项目名称;
(2)原材料的品种、规格和产地;
(3)试验日期及时间;
(4)仪器设备的名称、型号及编号;
(5)环境温度和湿度;
(6)执行标准;
(7)材料配合比;
(8)钢丝间泌水率;
(9)要说明的其他内容。

条文说明

本方法规定了水泥浆体搅拌的环境条件、拌和步骤及设备要求,以及评价水泥浆体在预应力钢丝间泌水性能等。

浆体搅拌分为低速和高速两种搅拌制式,其中高速搅拌是根据《公路桥涵施工技术规范》(JTG/T 3650—2020)及《公路工程 预应力孔道灌浆料(剂)》(JT/T 946—2014)规定的水胶比小于0.28以内的特殊需求制定的,因灌浆材料净浆的工作性必须借助高速搅拌机的分散作用才能实现。

T 0508—2005 水泥浆体流动度试验方法(倒锥法)

表征水泥浆体流动度的试验方法很多,倒锥法是常用的方法之一。水泥浆体的流出时间越少,说明水泥浆体的流动性越好。

1 目的、适用范围和引用标准

本方法规定了水泥浆体流动度的试验方法。

本方法适用于通用硅酸盐水泥及指定采用本方法测定的其他材料。

引用标准:

水泥浆体钢丝间泌水试验方法(T 0517)

2 仪具与材料

2.1 倒锥:由玻璃、不锈钢、铝或其他金属制造,具体尺寸如图 T 0508-1 所示。

2.2 容器:容积不小于 2 000mL。

2.3 支架:由金属材料制成,用于支撑倒锥。

2.4 秒表:分度值为 0.1s。

3 试验准备

3.1 试验前确保倒锥稳定,并用水准仪检查是否垂直。往倒锥中加入水,调整指示器的位置,确保体积为 1 725mL ± 5mL。

3.2 在室温 20℃ ± 2℃下,开启活门,同时按下秒表,当倒锥中水排空透光时,再次按下秒表,若流出时间为 8.0s±0.2s,则倒锥符合要求,可以使用。

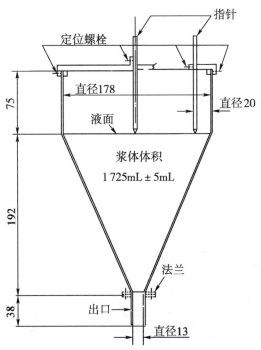

图 T 0508-1 倒锥示意图(尺寸单位:mm)

4 试验步骤

4.1 试验环境温度为 20℃±2℃,相对湿度不小于 50%。

本条在编制过程中参考了《公路工程 预应力孔道灌浆料(剂)》(JT/T 946—2014)与《预应力孔道灌浆剂》(GB/T 25182—2010)等标准的测试环境,并与水泥检测标准环境进行统一。但《公路桥涵施工技术规范》(JTG/T 3650—2020)表 7.9.3 规定的后张预应力孔道压浆浆液流动度指标为 25℃下测试指标,该流动度测试环境沿袭《公路桥涵施工技术规范》(JTG/T F50—2011)。检测过程中产品技术要求应符合《公路桥涵施工技术规范》(JTG/T 3650—2020)时,可按其要求在 25℃环境下进行测试;产品按其他标准检测时,其测试环境宜符合本规程的规定。

4.2 按T 0517规定制备水泥浆体。

4.3 试验前1min,用水润湿倒锥;用手指或其他塞子堵住出口。

4.4 应将浆体缓缓加入倒锥中,在接近指针时要减慢速度,直到体积为1 725mL±5mL。开启活门,使水泥浆自由流出,记录水泥浆全部流出时间,即从倒锥上端往下观察透光的瞬间,此刻为砂浆流出时间(s)。

本条规定了浆体全部流出判断方法,即从倒锥上端往下观察透光的瞬间,此刻为浆体全部流出时间点(s),并以连续测定两次,取其平均值(精确至0.1s)作为初始流动度,使得操作更科学、更精确。

4.5 同一种材料至少进行两次试验,且浆体不得重复使用。

本条规定了其他时间段水泥浆体流动度测试方法,满足工程检测需求。水泥浆体延迟测试时,应注意避免浆体中水分散失或混入。

4.6 试验应在搅拌结束1min内完成。

4.7 试验完成后应将倒锥洗干净。

5 结果处理

以两次平行试验测值的算术平均值作为试验结果,平均值修约至0.1s。每次试验的结果应在平均值±1.8s以内,否则重新试验。

6 试验报告

试验报告应包括下列内容:

(1)要求检测的项目名称;

(2)原材料的品种、规格和产地;

(3)试验日期及时间;

(4)仪器设备的名称、型号及编号;

(5)环境温度和湿度;

(6)执行标准;

(7)材料配合比;

(8)水泥浆体流动度;

(9)要说明的其他内容。

条文说明

本方法参照 ASTM C939 编制,适用于后张法预应力构件孔道压浆和水泥混凝土路面脱空封堵时浆体流动性的评价。

本方法以从倒锥上端观察透光的瞬间为试样流出时刻。验证试验发现,水从倒锥流出变间断与透光瞬间两者相近。水泥浆体的黏度远大于水,即便水泥浆体已从倒锥流出,倒锥中的挂壁浆体仍使流出不间断,如以水泥浆体第一次出现间断作为流出评判标准,则造成试验结果偏大,与事实不符。

T 0518—2020 水泥浆体自由泌水率和自由膨胀率试验方法

本方法为新增。水泥浆体自由泌水率和自由膨胀率试验方法参考《公路工程 预应力孔道灌浆料(剂)》(JT/T 946—2014)中附录 B 的内容编制。水泥浆体自由泌水率和自由膨胀率用于评价水泥浆体的泌水性和无约束条件下的膨胀性能。

1 目的、适用范围和引用标准

本方法规定了水泥浆体自由泌水率和自由膨胀率的试验方法。
本方法适用于通用硅酸盐水泥及指定采用本方法测定的其他材料。
引用标准:
水泥浆体钢丝间泌水试验方法(T 0517)

2 仪具与材料

2.1 量筒:容量1 000mL,分度值1mL,并配密封盖,如图 T 0518-1 所示。

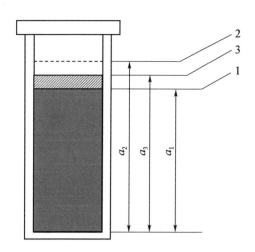

图 T 0518-1　自由泌水率和自由膨胀率用量筒

1-最初灌满的水泥浆面;2-膨胀后的水泥浆面;3-水面

为简化操作步骤、提高试验精度,本方法未对量筒的直径进行规定,而是以量筒可量测1mL的体积精度作为选择标准,例如选用直径约35.7mm量筒时,1mL体积的刻度高度为1mm。本方法使用的量筒属于非标准容器。

2.2　水泥标准养护箱:温度20℃±1℃,相对湿度大于90%。

2.3　水平尺:长度大于500mm。

2.4　游标卡尺:量程不小于150mm,分度值为0.02mm。

3　试验步骤

3.1　试验环境温度为20℃±2℃,相对湿度不小于50%。

3.2　将量筒放置在水平操作台上,用水准尺调平操作台。

3.3　在使用前润湿量筒,但不允许有水珠(明水)存在。

3.4　缓慢匀速地向量筒注入浆体800mL±10mL,盖上密封塞,静置1min后测量并记录初始高度a_1。放置3h、24h后分别测其泌水面高度a_2和水泥浆膨胀面高度a_3,读数精确至0.1mm。

4 结果计算

4.1 3h、24h自由泌水率,按式(T 0518-1)计算:

$$B_{f,i} = \frac{a_2 - a_3}{a_1} \times 100 \qquad (T\ 0518\text{-}1)$$

式中:$B_{f,i}$——i小时自由泌水率(%);

a_1——初始水泥浆高度(mm);

a_2——泌水面高度(mm);

a_3——膨胀面高度(mm)。

结果计算精确至0.1%。

4.2 3h、24h自由膨胀率,按式(T 0518-2)计算:

$$\varepsilon_{f,i} = \frac{a_3 - a_1}{a_1} \times 100 \qquad (T\ 0518\text{-}2)$$

式中:$\varepsilon_{f,i}$——i小时自由膨胀率(%)。

结果计算精确至0.1%。

4.3 自由泌水率或自由膨胀率均应取两个平行试验数据的算术平均值作为测试结果。

5 试验报告

试验报告应包括下列内容:

(1)要求检测的项目名称、执行标准;

(2)原材料的品种、规格和产地;

(3)试验日期及时间;

(4)仪器设备的名称、型号及编号;

(5)环境温度和湿度;

(6)材料配合比;

(7)试验结果;

(8)要说明的其他内容。

条文说明

自由泌水率用于评价水泥浆体泌水性能，自由膨胀率用于评价水泥浆体的无压状态微膨胀补偿性能。水泥浆体的自由泌水率及膨胀率与水胶比、搅拌速度密切相关。

T 0519—2020 水泥浆体充盈度试验方法

本方法为新增。水泥浆体充盈度用于表征水泥砂浆的填充性能，主要用于评测预应力孔道压浆材料的性能。

1 目的、适用范围和引用标准

本方法规定了水泥浆体充盈度的试验方法。

本方法适用于通用硅酸盐水泥及指定采用本方法测定的其他材料。

引用标准：

水泥浆体钢丝间泌水试验方法(T 0517)

2 仪具与材料

2.1 充盈度测试仪：如图 T 0519-1 所示，由 V 形管和支架组成。V 形管为内径 40mm 的透明有机玻璃管，夹角为 120°，单侧直管长度为 500mm；支架应能固定 V 形管如图 T 0519-1 放置。

2.2 游标卡尺：量程不小于 100mm，分度值为 0.02mm。

3 试验步骤

3.1 宜用饮用水清洁 V 形管，管内壁不允许有油污等杂物，晾干并固定在支架上。

3.2 应按 T 0517 的方法制备水泥浆体，水泥浆体应保持在温度 20℃±2℃、相对湿度大于 50% 的环境条件下静置 5min。

3 水泥试验

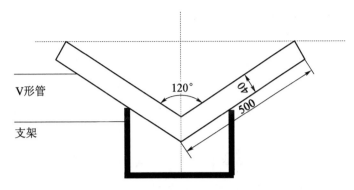

图 T 0519-1　充盈度测试仪(尺寸单位:mm)

3.3　将浆体从 V 形管的一侧灌入充盈度测试仪中,灌入浆体的体积为 0.90~1.10L,立即用塑料薄膜密封 V 形管两端的开口,并静置 1h。

本条提出了具体观察 V 形管内部浆体状态的内容,用于指导试验人员。

4　结果判定

水泥浆体的充盈度指标以两组平行试验结果评定。两组平行试验中,如有一根 V 形管内浆体存在厚度超过 1mm 的泡沫层,或存在直径大于 3mm 的气泡,或存在体积大于 1mL 的泌水,则充盈度指标不合格,应重新试验。

本条规定了水泥浆体充盈度合格的量化指标,包括泡沫层最大厚度、允许最大气泡直径和允许最大泌水量。

5　试验报告

试验报告应包括下列内容:
(1)要求检测的项目名称、执行标准;
(2)原材料的品种、规格和产地;
(3)试验日期及时间;
(4)仪器设备的名称、型号及编号;

(5)环境温度和湿度；

(6)材料配合比；

(7)试验结果；

(8)要说明的其他内容。

条文说明

本方法检验浆体充盈饱满性能。试验过程中,测定水泥浆体充盈度要注意以下几个方面:①保持V形管内壁清洁、干净;②浆体拌和后,至少静置5min;③浆体从V形管的一侧均匀、缓缓流入,不能过快,以避免外界气泡混入。

T 0520—2020 水泥浆体压力泌水试验方法

本方法为新增。水泥浆体在泵送压力下各项性能会发生变化,压力泌水试验方法用于表征在压力条件下水泥浆体的泌水性。

1 目的、适用范围和引用标准

本方法规定了水泥浆体压力泌水的试验方法。

本方法适用于通用硅酸盐水泥及指定采用本方法测定的其他材料。

引用标准：

水泥胶砂强度试验方法(ISO 法)(T 0506)

水泥浆体钢丝间泌水试验方法(T 0517)

2 仪具与材料

2.1 压力泌水容器：内径为 50mm、内容积约为 400mL 的钢制圆筒,两端配以分别带有压缩空气接管和泌水出水接管的端盖,端盖与桶体丝扣连接。下端盖嵌入有网状出水孔的衬板,衬板之上平铺阻止水泥浆渗过但能透水的滤网(滤网的有效面积应不小于新滤网的90%)及滤布,滤布与桶体端口镶嵌聚四氟乙烯密封垫圈,其工作示意图如图 T 0520-1 所示。

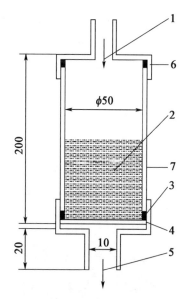

图 T 0520-1 压力泌水容器工作示意图(尺寸单位:mm)

1-压缩空气;2-浆体试样;3-橡胶密封圈;4-0.08mm 铜网三层;5-泌水口;6-端盖;7-钢制圆筒

2.2 集水量筒:容积不小于10mL,分度值为0.2mL。

2.3 压缩空气供给系统:由空气压缩机(含储气瓶)、气压控制阀、气压表、气管连线组成。能提供最大压力不低于0.80MPa 的压缩空气,气压表的最大读数不小于1.0MPa,最小刻度值为0.02MPa。

3 试验步骤

3.1 按图 T 0520-1 装配压力泌水容器内密封层,并垂直放置在支架上,在下端盖泌水口处放置集水量筒。将200mL 拌和均匀的水泥浆注入压力泌水容器内,并记录其体积 V_0,精确至0.2mL。

水泥浆体积量远大于泌水量,因此,水泥浆体测量精度可放宽至1mL。

3.2 安装并旋紧上端盖,静置10min。上端连接压缩空气,开启压缩空气阀,迅速加压至试验压力。

3.3 保持试验压力5min后,关闭压缩空气阀卸压,并稍微倾斜压滤容器,使泌水全部流入积水量筒中,记录泌水体积V_1,精确至0.2mL。

测试不同压力下水泥浆泌水率时,要确定压力泌水容器中气压表显示压强与水泥浆所受压强之间的关系。例如《公路桥涵施工技术规范》(JTG/T 3650—2020)表7.9.3中规定了孔道压浆浆液性能指标。当孔道垂直高度≤1.8m时,压力泌水率的加压值为0.22MPa;当孔道垂直高度>1.8m时,压力泌水率的加压值为0.36MPa。在试验过程中,0.22MPa和0.36MPa并不是气压表显示值,而要根据水泥浆受压面积计算,具体参考设备使用说明或根据试验确定。

4 结果计算

压力泌水率,按式(T 0520-1)计算:

$$M_{yl} = \frac{V_1}{V_0} \times 100 \qquad (\text{T 0520-1})$$

式中:M_{yl}——压力泌水率(%);

V_1——集水量筒收集的泌水体积(mL);

V_0——测试前水泥浆的体积(mL)。

结果计算精确至0.1%。

以两次平行试验结果的算术平均值作为压力泌水率的测试结果。

5 试验报告

试验报告应包括下列内容:

(1)要求检测的项目名称、执行标准;

(2)原材料的品种、规格和产地;

(3)试验日期及时间;

(4)仪器设备的名称、型号及编号;

(5)环境温度和湿度;

(6)材料配合比;

(7)试验结果;

(8)要说明的其他内容。

条文说明

本方法模拟水泥浆体在规定压力下的泌水情况,用于评价浆体材料的泌水性能。

4 水泥混凝土拌合物性能试验

原规程第4章试验方法9项，本规程增加试验方法9项，将拌合物性能划分为两部分：工作性能和物理、化学性能。新增试验方法：水泥混凝土拌合物压力泌水率试验方法、水泥混凝土拌合物坍落扩展度及扩展时间试验方法、水泥混凝土拌合物J环试验方法、水泥混凝土拌合物V形漏斗试验方法、水泥混凝土拌合物振动出浆量及松铺系数试验方法、水泥混凝土拌合物侧向膨胀量试验方法、水泥混凝土拌合物水下抗分散性试验方法、水泥混凝土拌合物水溶性氯离子含量快速试验方法、水泥混凝土拌合物绝热温升试验方法。

T 0521—2005 水泥混凝土拌合物的拌和与现场取样方法

1 目的、适用范围和引用标准

1 目的、适用范围和引用标准

本方法规定了水泥混凝土拌合物室内拌和与现场取样方法。

本方法适用于普通水泥混凝土的拌和与现场取样，也适用于轻质水泥混凝土、防水水泥混凝土、碾压水泥混凝土等其他特种水泥混凝土的拌和与现场取样，但因其特殊性所引起的对仪具及方法的特殊要求，均应按这些水泥混凝土的相关技术规定进行。

引用标准：

《混凝土试验用搅拌机》(JG 244)

《混凝土试验用振动台》(JG/T 245)

2 仪具与材料

2.1 强制式搅拌机：应符合现行《混凝土试验用搅拌机》(JG 244)

的规定。

本条对原规程进行修订,将"搅拌机:自由式或强制式"修改为"强制式搅拌机"。

2.2 振动台:应符合现行《混凝土试验用振动台》(JG/T 245)的规定。

2.3 磅秤:量程不小于50kg,感量不大于5g。

2.4 天平:量程不小于2 000g,感量不大于1g。

2.5 其他:铁板、铁铲等。

3 拌和步骤

3.1 拌和时环境温度为20℃±5℃,相对湿度大于50%。

原规程仅规定拌和时的环境温度,没有对环境湿度进行规定。水泥及水泥混凝土试验环境一般包括温度和湿度两部分,这次修订增加环境相对湿度大于50%。

3.2 拌和前,应将材料放置在温度为20℃±5℃的室内,且时间不宜少于24h。

3.3 为防止粗集料的离析,可将集料分档堆放,使用时再按一定比例混合。试样从抽样至试验结束的整个过程中,避免阳光直晒和水分蒸发,必要时应采取保护措施。

3.4 拌合物的总量至少应比所需量多20%以上。拌制混凝土的材料以质量计,称量的精确度:集料为±1%,水、水泥、掺合料和外加剂为±0.5%。

3.5 粗集料、细集料均以干燥状态(含水率小于0.5%的细集料和含水率小于0.2%的粗集料)为基准,计算用水量时应扣除粗集料、细集料的含水率。

我国除水电行业采用集料饱和面干状态设计配合比外,工业与民用建筑工程、公路工程和市政工程等行业长期以来一直采用以干燥状态集料为基准的混凝土配合比设计,其具有可操作性,应用情况良好。

3.6 外加剂的加入:

(1)对于不溶于水或难溶于水且不含潮解型盐类的外加剂,应先和一部分水泥拌和,以保证分散。

(2)对于不溶于水或难溶于水但含潮解型盐类的外加剂,应先和细集料拌和。

(3)对于水溶性或液体外加剂,应先和水均匀混合。

(4)其他特殊外加剂,尚应符合相关标准的规定。

3.7 拌制混凝土所用各种用具,如铁板、铁铲、抹刀,应预先用水润湿,使用后必须清洗干净。

3.8 使用搅拌机前,应先用少量砂浆进行涮膛,再刮出涮膛砂浆,以避免正式拌和混凝土时水泥砂浆黏附筒壁的损失。涮膛砂浆的水灰比及砂灰比,应与正式的混凝土配合比相同。

3.9 用拌和机拌和时,拌和量宜为搅拌机最大容量的1/4~3/4。

本条规定混凝土搅拌机的合理拌和量,从而保证混凝土的均质性。如常规搅拌机最大容量为60L,室内混凝土拌和量宜为20~45L。

3.10 搅拌机搅拌:按规定称好原材料,往搅拌机内顺序加入粗集料、细集料、水泥。启动搅拌机,将材料拌和均匀,在拌和过程中徐徐加水,全部加料时间不宜超过2min。水全部加入后,继续拌和约2min,而后将拌合物倒在铁板上,再经人工翻拌1~2min,务必使拌合物均匀一致。

3.11 人工拌和:采用人工拌和时,先用湿布将铁板、铁铲润湿,再将称好的砂和水泥在铁板上拌匀,加入粗集料,再混合搅拌均匀。而后将此拌合物堆成长堆,中心扒成长槽,将称好的水倒入约一半,将其与拌合物仔细拌匀,再将材料堆成长堆,扒成长槽,倒入剩余的水,继续进行拌和,来回翻拌至少10遍。

本条对原规程进行修订,将"至少6遍"修订为"至少10遍",增加来回翻拌使混凝土均质性更好。

3.12 从试样制备完毕到开始做各项性能试验不宜超过5min(不包括成型试件)。

本条规定了混凝拌合物试样的准备时间,避免因时间过长影响测试新拌混凝土的各项试验指标的准确性。

4 现场取样

4.1 新拌混凝土现场取样:凡是从搅拌机、料斗、运输小车以及浇制的构件中取新拌混凝土代表性样品时,均须从三处以上的不同部位抽取大致相同分量的代表性样品(不要抽取已经离析的混凝土),在室内集中用铁铲翻拌均匀,而后立即进行拌合物的试验。拌合物取样量应多于试验所需数量的1.5倍,且最小体积不宜小于20L。

4.2 从第一次取样到最后一次取样,不宜超过15min。

条文说明

水泥混凝土拌合物的性能与拌和过程密切相关,为规范室内拌和水泥混凝土拌合物和现场混凝土拌合物取样,特制定本方法。

由于配合比计算时以原料干燥状态为基准,所以应事先测得原材料的含水率,然后在拌和加水时扣除。

4.1 水泥混凝土拌合物的工作性能试验

T 0522—2005 水泥混凝土拌合物稠度试验方法 (坍落度仪法)

水泥混凝土坍落度仪法是混凝土最常见的试验方法,试验原理简单,但试验操作步骤要规范化,进而降低人为因素误差。试验过程应关注坍落度仪法的适用范围、坍落筒的洁净与润湿、坍落度板的润湿与粗糙度、试验操作步骤、目测混凝土拌和状态(棍度、黏聚性和保水性)。

1 目的、适用范围和引用标准

本方法规定了采用坍落度仪测定水泥混凝土拌合物稠度的试验方法。

本方法适用于坍落度大于10mm、集料最大粒径不大于31.5mm的水泥混凝土坍落度的测定。

国内外标准一致认为坍落度在一定范围内对混凝土拌合物的稠度具有良好的评价,英国标准 BS EN 12350-2:2009 规定的坍落度适用范围是粗集料最大粒径不大于40mm,坍落度宜为 10~210mm。《普通混凝土拌合物性能试验方法标准》(GB/T 50080—2016)的规定与 BS EN 12350-2:2009 相近,考虑公路工程水泥混凝土强度等级与应用特点,规定用于集料最大粒径不大于31.5mm的水泥混凝土坍落度的测定。

引用标准:
《混凝土坍落度仪》(JG/T 248)
水泥混凝土拌合物的拌和与现场取样方法(T 0521)

2 仪具与材料

2.1 坍落筒:如图 T 0522-1 所示,应符合现行《混凝土坍落度仪》(JG/T 248)的规定。坍落筒为铁板制成的截头圆锥筒,厚度不小于1.5mm,内侧平滑,没有铆钉头之类的突出物,在筒上方约2/3高度处有两个把手,近下端两侧焊有两个踏脚板,保证坍落筒可稳定操作。坍落筒尺寸见表 T 0522-1。

表 T 0522-1 坍落筒尺寸

集料最大粒径（mm）	筒的名称	筒的内部尺寸(mm)		
		底面直径	顶面直径	高度
≤31.5	标准坍落筒	200±2	100±2	300±2

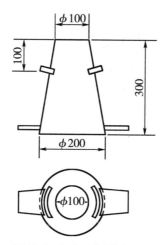

图 T 0522-1 坍落度试验用坍落筒(尺寸单位:mm)

2.2 捣棒:直径为 16mm,长约 600mm,并具有半球形端头的钢质圆棒。

2.3 钢尺:分度值为 1mm。

2.4 其他:小铲、木尺、抹刀和钢平板等。

3 试验步骤

3.1 试验前将坍落筒内外洗净,放在经水润湿过的平板上(平板吸水时应垫塑料布),并踏紧踏脚板。

3.2 将代表样分三层装入筒内,每层装入高度稍大于筒高的 1/3,用捣棒在每一层的横截面上均匀插捣 25 次。插捣在全部面积上进行,沿螺旋线由边缘至中心,插捣底层时插至底部,插捣其他两层时,应插透本层并插入下层 20~30mm,插捣须垂直压下(边缘部分除外),不得冲击。在插捣顶层时,装入的混凝土高出坍落筒,随插捣过程随时添加拌合物,当顶层插捣完毕后,将捣棒用锯和滚的动作清除多余的混凝土,用抹刀抹平筒口,刮净筒底周围的拌合物,而后立即垂直地提起坍落筒,提筒宜控制在 3~7s 内完成,并使混凝土不受横向及扭力作用。从开始装料到提出坍落筒整个过程应在 150s 内完成。

本条对原规程进行修订,将"提筒在 5~10s 内完成"修订为"提筒宜控制在 3~7s 内完成"。提筒应垂直匀速提起,过快过慢都会影响坍落度值大小。从实际提起坍落筒的经验上来看,原规程操作时间稍长,可操作性差,提筒时间修订为 3~7s 内完成,缩短时间且操作性强,这与《普通混凝土拌合物性能试验方法标准》(GB/T 50080—2016)的规定一致。

3.3 将坍落筒放在锥体混凝土试样一旁,筒顶平放木尺,用钢尺量出木尺底面至试样顶面最高点的垂直距离,即为该混凝土拌合物的坍落度,精确至 1mm。

3.4 当混凝土试件的一侧发生崩坍或一边剪切破坏时,应重新取样另测。如果第二次仍发生上述情况,则表示该混凝土和易性不好,应记录。

3.5 当混凝土拌合物的坍落度大于 160mm 时,用钢尺测量混凝土扩展后最终的最大直径和最小直径,在这两个直径之差小于 50mm 的条件下,用其算术平均值作为坍落扩展度值;否则,此次试验无效。

本条对原规程进行两处修订。将原规程的"坍落度大于 220mm"修订为"坍落度大于 160mm 时"。ISO 4109 中拌合物稠度分级规定:坍落度大于 160mm 的为流态混凝土。然而,流态混凝土难以用单一的坍落度指标表征其工作性,往往需要用坍落度和坍落扩展度两个指标共同表征。

3.6 坍落度试验的同时,可用目测方法评定混凝土拌合物的下列性质,并予记录。

(1)棍度:按插捣混凝土拌合物时难易程度评定,分"上""中""下"三级。

"上":表示插捣容易;

"中":表示插捣时稍有石子阻滞的感觉;

"下":表示很难插捣。

(2)黏聚性:观测拌合物各组成分相互黏聚情况。评定方法是用捣棒在已坍落的混凝土锥体侧面轻打,如锥体在轻打后逐渐下沉,则表示黏聚性良好;如锥体突然倒坍、部分崩裂或发生石子离析现象,则表示黏聚性不好。

黏聚性是指混凝土拌合物具有一定的黏聚力,在施工、运输和浇筑过程中,不出现分层离析,使混凝土保持整体均匀性的能力。黏聚性差的混凝土,容易导致石子与砂浆分离,振捣后出现蜂窝、空洞等现象;黏聚力过大的混凝土,容易导致混凝土流动性差,泵送、振捣和成型困难。本方法通过观察捣棒轻打后混凝土拌合物坍落状态来定性评价混凝土黏聚性好坏,简便可行。

(3)保水性:指水分从拌合物中析出情况,分"多量""少量""无"三级评定。

"多量":表示提起坍落筒后,有较多水分从底部析出;

"少量":表示提起坍落筒后,有少量水分从底部析出;

"无":表示提起坍落筒后,没有水分从底部析出。

保水性是指混凝土拌合物具有一定的保水能力,在施工中不致产生严重的泌水现象。保水性差的混凝土中一部分水从内部析出表面,水渗流的地方形成毛细管通道,易在混凝土内部形成渗水通道。通过观察坍落度筒底部的泌水量多少可判断混凝土拌合物保水性好坏。

4 结果处理

混凝土拌合物坍落度和坍落扩展值以毫米(mm)为单位,测量值精确至1mm,结果修约至5mm。

本条规定了混凝土坍落度和坍落扩展试验的精度和修约。如测试过程中混凝土坍落度读数为198mm,则混凝土坍落度测量结果修约为200mm。

5 试验报告

试验报告应包括下列内容:

(1)要求检测的项目名称、执行标准;
(2)原材料的品种、规格和产地以及混凝土配合比;
(3)试验日期及时间;
(4)仪器设备的名称、型号及编号;
(5)环境温度和湿度;
(6)搅拌方式;
(7)水泥混凝土拌合物坍落度(坍落扩展度);
(8)要说明的其他内容,如棍度、黏聚性和保水性。

条文说明

本方法参照《普通混凝土拌合物性能试验方法标准》(GB/T 50080—2016)和 ASTM C143 编制。在评价水泥混凝土拌合物的稠度方面,坍落度试验是重要指标之一。随着近年来流态混凝土的推广,本方法中增加了坍落扩展度来评价其稠度。同时还增加了其他评价水泥混凝土拌合物工作性能的指标:棍度、黏聚性和保水性。

坍落度试验可以认为是测量水泥混凝土拌合物在自重作用下流动的抗剪性。ISO 4109 中规定了拌合物稠度分级,见表 T 0522-2。

表 T 0522-2　水泥混凝土拌合物的稠度分级

级　别	坍落度(mm)	级　别	坍落度(mm)
特干硬	—	低塑	50~90
很干稠	—	塑性	100~150
干稠	10~40	流态	>160

T 0523—2005　水泥混凝土拌合物稠度试验方法（维勃仪法）

1　目的、适用范围和引用标准

本方法规定了用维勃稠度仪测定水泥混凝土拌合物稠度的试验

方法。

本方法适用于集料最大粒径不大于31.5mm的水泥混凝土及维勃时间在5~30s的干稠性水泥混凝土的稠度测定。

引用标准：

《维勃稠度仪》(JG/T 250)

水泥混凝土拌合物的拌和与现场取样方法(T 0521)

2 仪具与材料

2.1 稠度仪(维勃仪)：如图 T 0523-1 所示，应符合现行《维勃稠度仪》(JG/T 250)的规定。

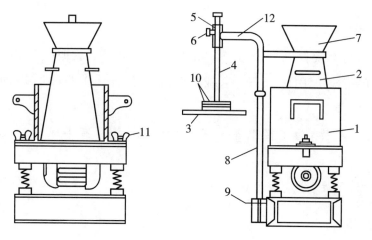

图 T 0523-1 稠度仪(维勃仪)

1-容量筒;2-坍落筒;3-圆盘;4-滑杆;5-套筒;6-螺栓;7-漏斗;8-支柱;9-定位螺栓;10-荷载;11-元宝螺栓;12-旋转架

(1)容量筒：为金属圆筒，内径为240mm±5mm，高为200mm，壁厚为3mm，底厚为7.5mm。容器应不漏水并有足够刚度，上有把手，底部外伸部分可用螺母将其固定在振动台上。

(2)坍落筒：筒底部直径为200mm±2mm，顶部直径为100mm±2mm，高度为300mm±2mm，壁厚不小于1.5mm，上、下开口并与锥体轴线垂直，内壁光滑,筒外安有把手。

(3)透明圆盘:用透明塑料制成,上装有滑杆4。滑杆可以穿过套筒5垂直滑动。套筒装在一个可用螺栓6固定位置的旋转悬臂上。悬臂上还装有一个漏斗7。坍落筒在容器中放好后,转动旋臂,使漏斗底部套在坍落筒上口。旋臂装在支柱8上,可用定位螺栓9固定位置。滑杆和漏斗的轴线应与容器的轴线重合。

圆盘直径为230mm±2mm,厚为10mm±2mm,圆盘、滑杆及荷重块组成的滑动部分总质量为2.75kg±0.05kg。滑杆刻度可用来测量坍落度。

(4)振动台:工作频率为50Hz±3Hz,空载振幅为0.5mm±0.1mm,上有固定容器的螺栓。

本条对原规程进行修订,将"工作频率50Hz空载振幅0.5mm"修订为"工作频率为50Hz±3Hz,空载振幅为0.5mm±0.1mm",增加了波动范围。

2.2 捣棒:为直径16mm,长约600mm,并具有半球形端头的钢质圆棒。

2.3 秒表:分度值为0.5s。

3 试验步骤

3.1 将容量筒1用螺母固定在振动台上,放入润湿的坍落筒2,把漏斗7转到坍落筒上口,拧紧螺栓9,使漏斗对在坍落筒口上方。

3.2 按坍落度试验步骤,分三层经漏斗装拌合物,每装一层用捣棒从周边向中心螺旋形均匀插捣25次,插捣底层时捣棒应贯穿整个深度,插捣第二层时,捣棒应插透本层至下一层的表面,捣毕第三层混凝土后,拧松螺栓6,把漏斗转回到原先的位置,并将筒模顶上的混凝土刮平,然后轻轻提起筒模。

3.3 拧紧定位螺栓9,使圆盘可定向地向下滑动,仔细转圆盘到混凝土上方,并轻轻与混凝土接触。检查圆盘是否可以顺利滑向容器。

3.4 开启振动台并按动秒表,通过透明圆盘观察混凝土的振实情况,当圆盘整个底面刚被水泥浆布满时,立即按停秒表和关闭振动台,记下秒表所计时间,精确至1s。

3.5 仪器每测试一次后,必须将容器、筒模及透明圆盘洗净擦干,并在滑杆等处涂薄层黄油,以备下次使用。

4 结果处理

水泥混凝土拌合物稠度的维勃时间用秒(s)表示;以两次试验结果的平均值作为混凝土拌合物稠度的维勃时间,结果精确至1s。

5 试验报告

试验报告应包括下列内容:
(1)项目名称、执行标准;
(2)原材料的品种、规格和产地以及混凝土配合比;
(3)试验日期及时间;
(4)仪器设备的名称、型号及编号;
(5)环境温度和湿度;
(6)混凝土拌合物维勃时间;
(7)要说明的其他内容。

条文说明

本方法参照《普通混凝土拌合物性能试验方法标准》(GB/T 50080—2016)编制。维勃试验是将新拌水泥混凝土装入坍落筒内后再拔去坍落筒,并将透明圆盘放在圆锥混凝土顶面,然后在规定频率和振幅下振动,直到透明圆盘的下表面完全布满水泥浆为止。但试验中由于水泥浆润湿圆盘底不均匀,判断试验终点较难。

ISO 4103中规定了水泥混凝土拌合物稠度分级,见表 T 0523-1。

表 T 0523-1　水泥混凝土拌合物的稠度分级

级　　别	维勃时间(s)	级　　别	维勃时间(s)
特干硬	≥30	低塑	10~5
很干稠	30~21	塑性	≤4
干稠	20~11	流态	—

T 0524—2005　碾压混凝土拌合物稠度试验方法（改进 VC 法）

本方法为原规程的内容。国内外标准均采用 VC 值评价碾压混凝土拌合物稠度,本规程是改进 VC 法。碾压混凝土 VC 值是指在振动台上用固定的振动频率和振幅,在固定压重条件下,振捣到混凝土泛浆所需要的时间(以秒计)。碾压混凝土 VC 值可以评价道路碾压混凝土的稠度。

1　目的、适用范围和引用标准

本方法规定了改进 VC 法测定碾压混凝土拌合物稠度的试验方法。

本方法适用于试验室及现场测定路面碾压混凝土拌合物的稠度。

引用标准：

《维勃稠度仪》(JG/T 250)

水泥混凝土拌合物的拌和与现场取样方法(T 0521)

2　仪具与材料

2.1　维勃稠度仪:由下列几个部分组成,如图 T 0524-1 所示。

(1)振动台:工作频率为 50Hz±3Hz,空载(含筒)振幅为 0.5mm±0.1mm。

(2)容量筒:金属制成,内径为 240mm±5mm,内高为 200mm,壁厚约为 3mm,底厚约为 7.5mm。容量筒应不漏水并有足够刚度,上有把手,底部外伸部分可用螺母固定在振动台上。

4 水泥混凝土拌合物性能试验

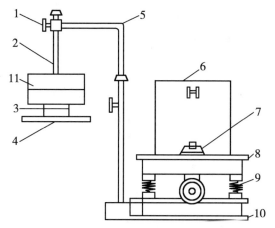

图 T 0524-1 维勃稠度仪简图

1-螺栓;2-滑杆;3-砝码;4-圆盘;5-转向弯杆;6-容量筒;7-固定螺栓;8-台面;9-弹簧;10-底座;11-配重砝码(两个)

(3)透明圆盘:用透明有机玻璃制成,上装有滑杆。圆板直径为 230mm±2mm,厚为 10mm±2mm,荷重和滑杆的总质量为 2.75kg±0.05kg,滑杆可通过套筒垂直滑动。滑杆及套筒的轴线与容器轴线重合。

(4)配重砝码:单个质量为 8.7kg,应能与滑杆固定。

2.2 捣棒:为直径 16mm,长约 600mm,并具有半球形端头的钢质圆棒。

2.3 秒表:分度值为 0.5s。

2.4 磅秤:量程不小于 50kg,感量不大于 5g。

2.5 橡皮锤、抹刀等。

3 试验步骤

3.1 试验前用湿布擦拭容量筒内壁及透明圆盘的上、下面。

3.2 取质量均匀、有代表性的水泥混凝土试样约 25kg。

3.3 将试样分两层装入容量筒内,底层应超容量筒高度的一半,上层应高出筒口。每装一层用捣棒从容量筒周边向中心螺旋形均匀插捣 25 次。插捣底层时,捣棒应贯穿整个深度但不触及筒底;插捣上层时,捣棒应插入底层表面以下 10~20mm。每层插捣后,用橡皮锤均匀敲击容量筒周围 10 次,以消除插捣产生的孔洞。上层插捣完毕后,用金属抹刀除去高出筒口的试样,并将表面抹平。

本条规定了试样装入容量筒分为两层,而坍落度试验分为三层,两者有所不同,请读者注意区分。

3.4 将装有试样的容量筒固定于振动台上,并把透明圆盘连同荷重及配重砝码加到拌合物表面。

3.5 开启振动台,同时按下秒表,注意观察透明圆盘下试样表面出浆情况。当出浆面积为一半时(圆盘面积的一半),立即按停秒表,即为混凝土的改进 VC 值(s),精确至 1s。

3.6 当圆盘下的试模半面积出浆时,只记录 VC 值,但不关闭振动台,使其继续振至 60s 时再停机。停机后,提取圆盘及配重砝码,对试样表面的平整情况及出浆程度进行评分,评分标准参考表 T 0524-1。

表 T 0524-1 试样表面评分标准值

评分	5	4	3	2	1
表面评分	平整出浆很好	平整出浆较好	平整基本出浆	有缺陷出浆不足	不平整且无浆

4 结果处理

每个试样重复两次试验,以两次测值的平均值作为试验结果,精确至 1s。如果两次测值与平均值的误差均超过 20%,则试验结果无效。

5 试验报告

试验报告应包括下列内容:
(1)要求检测的项目名称、执行标准;
(2)原材料的品种、规格和产地以及混凝土配合比;
(3)试验日期及时间;
(4)仪器设备的名称、型号及编号;

(5)环境温度和湿度；

(6)碾压混凝土拌合物的改进 VC 值；

(7)试样表面评分值；

(8)要说明的其他内容。

条文说明

由于碾压混凝土拌合料属超干硬性混凝土，普通混凝土的稠度测定方法(坍落度仪法、维勃仪法)均不适用。根据资料，马歇尔击实法、土工击实法及改进 VC 法均可用于碾压混凝土拌合物稠度的评定。对三种方法的大量对比试验表明，改进 VC 法的试验时间短，精度高，并且与混凝土的施工性能有较好的相关关系，更适用于稠度较大的路用碾压混凝土。

稠度是路面碾压混凝土配合比设计的重要指标，也是影响路面平整度和压实度的关键因素。稠度较低，路面容易压实，但平整度难以保证；提高稠度可改善平整度，但稠度过大，路面压实度难以达到要求。根据经验，路面碾压改进 VC 值在 35~45s 较为适宜。

T 0528—2005 水泥混凝土拌合物泌水试验方法

1 目的、适用范围和引用标准

本方法规定了水泥混凝土拌合物泌水的试验方法。

本方法适用于集料最大粒径不大于 31.5mm 的水泥混凝土拌合物泌水的测定。

本条规定了泌水试验的适用范围，即集料最大粒径不大于 31.5mm 的水泥混凝土的单位面积泌水量。

引用标准：

《混凝土坍落度仪》(JG/T 248)

水泥混凝土拌合物的拌和与现场取样方法(T 0521)

2 仪具与材料

2.1 试样筒:刚性金属圆筒,两侧装有把手,筒壁坚固且不漏水。对于集料最大粒径不大于31.5mm的拌合物采用5L的试样筒,其内径与内高均为186mm±2mm,壁厚约为3mm,并配有筒盖。

本条规定了泌水试验用试样筒的规格及要求,筒壁厚应满足要求,避免试验操作导致试样筒变形而影响试验结果。

2.2 振动台:工作频率为50Hz±3Hz,空载(含筒)振幅为0.5mm±0.1mm。

2.3 台秤:量程不小于50kg,感量不大于5g。

2.4 量筒:容量分别为10mL、50mL、100mL的量筒各一个,分度值均为1mL。

2.5 捣棒:为直径16mm,长约600mm,并具有半球形端头的钢质圆棒。

2.6 秒表:分度值为1s。

3 试验步骤

3.1 试验环境温度为20℃±2℃,相对湿度不小于50%。

泌水试验的环境温度应为标准条件,由于环境温度和相对湿度差异对水泥混凝土拌合物泌水影响较大,因此应尽量减少温度波动对泌水结果的影响。

3.2 应用湿布湿润试样筒内壁后立即称量,记录试样筒的质量 m_0。再将混凝土试样装入试样筒,混凝土的装料及捣实方法如下:

(1)坍落度不大于90mm,用振动台振实。将试样一次装入试样筒内,开启振动台,振动应持续到表面出浆为止,且应避免过振;使混凝土拌合物低于试样筒表面30mm±3mm,并用抹刀抹平,抹平后立即称量并记录试样筒与试样的总质量 m_1,开始计时。

本条对原规程进行修订,将"坍落度不大于70mm"修订为"坍落度不大于90mm",坍落度为90mm与《普通混凝土拌合物性能试验方法标准》(GB/T 50080—2016)中第12章的规定一致,也与《混凝土质量控制标准》(GB 50164—2011)中判断是否为流态混凝土的坍落度值一致。对于坍落度不大于90mm的混凝土,采用标准振动台振动成型的方式以保证混凝土拌合物的密实性,但要注意振动台振动以出现浮浆即可,避免过振影响试验结果。

(2)坍落度大于90mm,用捣棒捣实。混凝土拌合物应分两层装入,每装一层混凝土拌合物,应用捣棒由边缘向中心按螺旋形均匀地插捣25次,插捣底层时捣棒应贯穿整个深度,插捣第二层时,捣棒应插透本层至下一层的表面;每一层捣完后用橡皮锤轻轻敲击容器外壁5~10次,直到拌合物表面插捣孔消失并不见大气泡为止;使混凝土拌合物表面低于试样筒表面30mm±3mm,并用抹刀抹平,抹平后立即称量并记录试样筒与试样的总质量m_1,开始计时。

本条规定了坍落度大于90mm混凝土装入试样筒的振捣过程,流动度大的混凝土分两次装入和插捣,采用捣棒插捣和周围敲击方式振实,保证试样筒内混凝土的匀质性。如测试自密实混凝土,应一次性装满,且不进行任何振捣。当做对比试验时,不同混凝土拌合物的试验质量偏差不宜过大。

3.3 保持试样筒水平且不振动,试验过程中除了吸水操作外,应始终盖好筒盖。

本条规定了试样筒在静停的过程中不应扰动,并应始终盖好筒盖,其暴露面积大小、泌水后的蒸发量和水分蒸发速率等因素均影响试验结果。

3.4 拌合物加水拌和开始计时,从计时开始后的60min内,每10min吸取一次试样表面渗出的水。60min后,每30min吸取一次试样表面渗出的水,直到认为不再泌水为止。为便于吸水,每次吸水前2min,将一片35mm厚的垫块垫入筒底一侧使其倾斜;吸水后,恢复水平。吸出的水放入量筒中,记录每次吸水的水量并计算累计水量V,精确到1mL。当吸水累计总量用质量表述时,用 W_w 表示。

本条规定了混凝土拌合物泌水试验时具体操作步骤,每次吸水后及时盖好试样筒盖。

4 结果计算

4.1 泌水量,按式(T 0528-1)计算:

$$B_a = \frac{V}{A} \quad \quad (T\ 0528\text{-}1)$$

式中:B_a——单位面积混凝土拌合物的泌水量(mL/mm^2);

V——累计吸水量(mL);

A——试件外露的表面面积(mm^2)。

结果计算精确至 $0.01 mL/mm^2$。

以3个试样测值的算术平均值作为试验结果,结果精确至 $0.01 mL/mm^2$。如果其中一个与中间值之差超过中间值的15%,则以中间值为试验结果。如果最大值和最小值与中间值之差超过中间值的15%,则试验无效。

本条规定了混凝土泌水量的计算及确定方法,泌水量是单位面积混凝土的泌水。

4.2 泌水率,按式(T 0528-2)计算:

$$B = \frac{W_w}{(w/m)(m_1 - m_0)} \times 100 \quad \quad (T\ 0528\text{-}2)$$

式中:B——泌水率(%);

W_w——泌水总量(g);

m——拌和混凝土时,拌合物总质量(g);

w——拌和混凝土时,拌合物所需总用水量(g);

m_1——泌水前试样筒及试样总质量(g);

m_0——试样筒总质量(g)。

结果计算精确至1%。

以 3 个试样测值的算术平均值作为试验结果,结果精确至 1%。如果其中一个与中间值之差超过中间值的 15%,则以中间值为试验结果。如果最大值和最小值与中间值之差超过中间值的 15%,则试验无效。

本条规定了泌水率的计算和确定方法。泌水率是混凝土拌合物总泌水量和用水量之比,也就是混凝土单位用水量的泌水。

5 试验报告

试验报告应包括下列内容:
(1)要求检测的项目名称、执行标准;
(2)原材料的品种、规格和产地以及混凝土配合比;
(3)试验日期及时间;
(4)仪器设备的名称、型号及编号;
(5)环境温度和湿度;
(6)捣实方法;
(7)水泥混凝土拌合物总用水量和总质量;
(8)试样筒质量、试样筒和试样总质量;
(9)每次吸水时间和对应的吸水量;
(10)泌水量和泌水率;
(11)要说明的其他内容。

条文说明

本方法参照《普通混凝土拌合物性能试验方法标准》(GB/T 50080—2016)编制。泌水通常是由于新拌混凝土内部颗粒沉淀所引起,颗粒体系不能保持所有拌和水。

T 0531—2020 水泥混凝土拌合物压力泌水率试验方法

本方法为新增,源于日本《压力泌水试验方法》(JSCE-F502)和我国

《混凝土泵送剂》(JC 473—2016),并参照《普通混凝土拌合物性能试验方法标准》(GB/T 50080—2016)编制。

压力泌水率用于评价在泵送压力条件下水泥混凝土拌合物的保水性。水泥混凝土的保水性差会导致在泵送过程中出现泌水分层和集料下沉,增加堵管的风险,因此,对于泵送混凝土来说,压力泌水率试验可以在施工前对混凝土保水性进行测试。

1 目的、适用范围和引用标准

本方法规定了水泥混凝土拌合物压力泌水的试验方法。

本方法适用于集料最大粒径不大于31.5mm的水泥混凝土拌合物压力泌水的测定。

2 仪具与材料

2.1 压力泌水仪:主要部件包括压力表、缸体、工作活塞、筛网等(图T 0531-1)。压力表量程为6MPa,分度值不大于0.1MPa;缸体内径为125mm±0.02mm,内高为200mm±0.2mm,工作活塞压强为3.2MPa,公称直径为125mm,筛网孔径为0.315mm。

2.2 捣棒:为直径16mm,长约600mm,并具有半球形端头的钢质圆棒。

2.3 烧杯:容量宜为150mL。

2.4 量筒:容量为200mL。

3 试验步骤

3.1 混凝土拌合物应分两层装入压力泌水仪的缸体容器内,每装一层混凝土拌合物,应用捣棒由边缘向中心按螺旋形均匀地插捣25次,插捣底层时捣棒应贯穿整个深度,插捣第二层时,捣棒应插透本层至下一层的表面;每一层捣完后用橡皮锤轻轻沿容器外壁敲打5~10次,进行振实,直至混凝土拌合物表面插捣孔消失并不见大气泡为止。捣实的混凝土拌合物表面应低于压力泌水仪缸体筒口30mm±2mm。

4 水泥混凝土拌合物性能试验

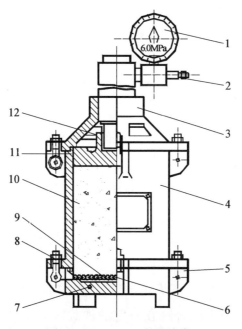

图 T 0531-1 压力泌水仪

1-压力表;2-接头(接手动油泵);3-上盖;4-缸体;5-底座;6-筛网;7-泌水管阀门;8-O 形密封圈;9-筛板;10-试件;11-活塞密封圈;12-活塞

本条规定了混凝土拌合物装料及插捣密实方式,与泌水试验的装料及插捣方式不同,注意区别。本条内容与《普通混凝土拌合物性能试验方法标准》(GB/T 50080—2016)中第 13.0.3 条内容相同。

3.2 自密实混凝土应一次性填满,且不应进行振动和插捣。

3.3 安装完毕后应在 15s 以内给混凝土拌合物试样加压至 3.2MPa;应在 2s 内打开泌水阀门,同时开始计时,并保持恒压;泌出的水接入 150mL 烧杯里,并应移至量筒中读取泌水量,精确至 1mL。

本条规定了加载压力的时间和压力值。加载压力的时间在 15s 内,减少操作差异对试验结果的影响。此处规定的压力 3.2MPa 为水泥混凝土拌合物试样所承受压力值,不是压力表读数值。混凝土试样所受压力值 3.2MPa 对应压力表读数需根据仪器说明要求确定。以 SY-2 型混凝土压力泌水仪为例,该仪器说明书中表述,油缸压强即为压力表压强,工作活塞为混凝土拌合物承受压强,而工作活塞截面积(12 265mm^2)约为油缸活塞截面积(1 231mm^2)的 10 倍,所以要使混凝土拌合物所受压强为 3.2MPa,此时压力表读数应为 31.88MPa。需要强调的是,不同型号设备油缸活塞压强与工作活塞压强换算关系不一样,应根据设备使用说明书或试验校正后,确定换算系数。

另外,加压要在 15s 内完成,一方面是前 10s 的压力泌水量测试结果容易波动,尽量减少操作误差;另一方面是如施加操作耽误时间过长,拌合物的浆体会进入到泌水室内,导致测试结果变大。因此,本条规定应在 2s 内打开泌水阀门。

3.4 加压至 10s 时读取泌水量 V_{10},加压至 140s 时读取泌水量 V_{140}。

本条规定了加压至 10s 和 140s 时读取泌水量。随加载压力增加,相同水泥混凝土拌合物 140s 压力泌水量呈增加趋势,但压力泌水率波动性规律较差。相同混凝土拌合物在一定的加载压力条件下,140s 压力泌水量变化不大,但泌水率波动较大。泌水率波动大的原因是前 10s 压力泌水量测试不稳定。因此,选择 10s 和 140s 时稳定性好的泌水量。

4 结果计算

压力泌水率,按式(T 0531-1)计算:

$$B_V = \frac{V_{10}}{V_{140}} \times 100 \qquad (\text{T 0531-1})$$

式中:B_V——压力泌水率(%);

V_{10}——加压至 10s 时的泌水量(mL);

V_{140}——加压至 140s 的泌水量(mL)。

结果计算精确至 1%。

本条规定了压力泌水率的结果计算和精确度。

5 试验报告

试验报告应包括下列内容:

(1) 原材料的品种、规格和产地;
(2) 仪器设备的名称、型号及编号;
(3) 环境温度和湿度;
(4) 加压至10s时的泌水量 V_{10} 和加压至140s时的泌水量 V_{140};
(5) 压力泌水率 B_V;
(6) 要说明的其他内容。

条文说明

本方法参照《普通混凝土拌合物性能试验方法标准》(GB/T 50080—2016)编制,压力泌水率是衡量泵送混凝土泵送过程中在泵送压力作用下拌合物质量稳定性的一项重要评判指标。

泵送混凝土拌合物在管道中的压力推动下进行输送,水是传递压力的介质,如果在泵送过程中,由于压力大或管道弯曲、变径等出现"脱水现象",水分会通过集料间空隙渗透而使集料聚结,引起堵塞。压力泌水率试验可以测定拌和料的保水性,反映阻止拌和水在压力下渗透流动的内阻力。通常压力泌水率不宜超过20%。

T 0532—2020 水泥混凝土拌合物坍落扩展度及扩展时间试验方法

本方法为新增。为了更好表征坍落度大于160mm的水泥混凝土流动性能,本规程新增了坍落扩展度及扩展时间试验方法,该方法已经在自密实混凝土流动性评价方面普遍应用。近年来,在公路工程中,高流动性、高性能混凝土的应用增多,仅用坍落度已难以反映混凝土的流动性,当坍落度大于160mm时,水泥混凝土拌合物已具有一定的扩展度,因此,将坍落扩展度及扩展时间试验方法纳入本规程十分必要。

1 目的、适用范围和引用标准

本方法规定了水泥混凝土拌合物坍落扩展度及扩展时间的试验

方法。

本方法适用于集料最大粒径不大于31.5mm、坍落度不小于160mm的水泥混凝土坍落扩展度和扩展时间的测定。

引用标准：

《混凝土坍落度仪》(JG/T 248)

水泥混凝土拌合物的拌和与现场取样方法(T 0521)

2 仪具与材料

2.1 坍落筒：应符合现行《混凝土坍落度仪》(JG/T 248)的规定。

2.2 坍落度底板：应采用边长不小于1 000mm的正方形平板、最大挠度不大于3mm的钢板，并应在平板表面标出坍落筒的中心位置和直径分别为200mm、300mm、500mm、600mm、700mm、800mm及900mm的同心圆，其形状如图T 0532-1所示。

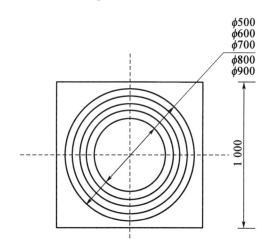

图 T 0532-1 坍落度底板示意图(尺寸单位：mm)

本条规定了坍落度底板的材质、尺寸和平板标注。试验底板材质对扩展度的影响较大，试验底板的光洁度好、平整度高、吸水性小，则水泥混凝土拌合物的扩展度大，这主要是水泥混凝土与试验底板表面之间摩擦力差异所致。

2.3 捣棒:为直径16mm,长约600mm,并具有半球形端头的钢质圆棒。

2.4 秒表:分度值为0.1s。

2.5 钢尺:量程不小于1 000mm,分度值不大于1mm。

2.6 其他:抹布、铲子、抹刀等。

3 试验步骤

3.1 用海绵或毛巾润湿底板和坍落筒,坍落筒内壁和底板上应无明水;底板放置在坚实的水平面上,坍落筒放在底板中心位置,下缘与200mm刻度圈重合,坍落筒在装料时保持位置固定不动。

3.2 混凝土拌合物应分三层均匀装入坍落筒内,每装一层混凝土拌合物,应用捣棒由边缘向中心按螺旋形均匀地插捣25次,捣实后每层混凝土拌合物试样高度约为筒高的1/3;插捣底层时,捣棒应贯穿整个深度,插捣第二层和顶层时,捣棒应插透本层至下一层的表面;顶层插捣完后,取下装料漏斗,应将多余混凝土拌合物刮去,并沿筒口抹平。

本条规定了非自密实水泥混凝土拌合物装入坍落筒的操作步骤,与坍落度试验一致。

3.3 自密实混凝土拌合物应不分层一次填充至满,且整个装料过程中不施以任何振动或捣实,同时应将多余混凝土拌合物刮去,并沿筒口抹平。

本条规定了自密实水泥混凝土拌合物的装料操作。基于自密实混凝土自填充特性,装入坍落筒不分层,不振捣。

3.4 将底盘坍落筒周围多余的混凝土清除,随即将坍落筒沿铅直方向匀速向上快速提起300mm左右的高度,提起时间宜控制在3~7s。待混凝土停止流动或扩展持续时间达50s时,应使用钢尺测量拌合物展开圆形的最大直径以及与最大直径呈垂直方向的直径。从开始装料到提离坍落筒的整个过程应不间断地进行,并在40s内完成。

本条规定了提筒时间、确定水泥混凝土扩展度的要求和扩展度测试方法。提筒高度与《自密实混凝土应用技术规程》(JGJ/T 283—2012)的规定一致,均为300mm左右。提筒时间与坍落度试验操作一致。

大量试验验证表明,水泥混凝土拌合物扩展时间达到50s后,其扩展度基本稳定。流动稳定时间的长短与水泥混凝土拌合物的黏度有关,一般情况下C30比C60更快达到稳定,但是也不是绝对,低黏度高强水泥混凝土比普通水泥混凝土流速更快,也更容易稳定。为此,本条规定"待混凝土停止流动或扩展持续时间达50s时,应使用钢尺测量拌合物展开圆形的最大直径以及与最大直径呈垂直方向的直径。"

3.5 混凝土的扩展度应为混凝土拌合物坍落扩展终止后扩展面相互垂直的两个直径的平均值,当两个直径值之差大于50mm时,需要重新测量,测量精确至1mm,结果修约至5mm。

本条规定了坍落扩展度的测量方法及修约处理,典型案例见表4-1。

表4-1 水泥混凝土坍落扩展度实例(单位:mm)

案例	最大直径	与最大直径垂直的直径	两直径差值	平均值	结果修约
案例1	508	486	22	497	500
案例2	652	653	1	652(652.5)	650
案例3	512	452	60	无效	无效

3.6 测定扩展度达500mm的时间,即T_{500},应自坍落筒提起离开底板时开始计时,采用秒表测定时间,精确至0.1s。

3.7 扩展度试验从开始装料到测得混凝土扩展度值的整个过程应连续进行,并应在4min内完成,发现粗集料在中央堆集或边缘有浆体析出时,应记录说明。

本条规定了扩展度试验的操作时限,尽量减少操作时间及操作过程对试验结果的影响,按照正常的操作流程,4min内完成扩展度试验。

4 试验报告

试验报告应包括下列内容：
(1) 要求检测的项目名称、执行标准；
(2) 原材料的品种、规格和产地以及混凝土配合比；
(3) 试验日期及时间；
(4) 仪器设备的名称、型号及编号；
(5) 环境温度和湿度；
(6) 记录混凝土坍落扩展度；
(7) 记录 T_{500}；
(8) 要说明的其他内容。

条文说明

本方法参照《普通混凝土拌合物性能试验方法标准》(GB/T 50080—2016)和《自密实混凝土应用技术规程》(JGJ/T 283—2012)编制，用于评价水泥混凝土拌合物的填充能力和流动性。

T 0533—2020 水泥混凝土拌合物 J 环试验方法

本方法为新增。水泥混凝土拌合物 J 环试验用于评价混凝土钢筋间隙通过性。间隙通过性用来表述水泥混凝土拌合物流过狭小空间(如钢筋加密区)而不出现离析、失去黏聚性或堵塞的情况。本规程规定用间隙通过性性能指标 P_A 定量表征间隙通过性，P_A 值越小，说明水泥混凝土拌合物通过性越好。

1 目的、适用范围和引用标准

本方法规定了水泥混凝土拌合物 J 环的试验方法。
本方法适用于评价自密实混凝土和大流态混凝土的填充能力和通过

能力。

本方法适用于评价集料最大粒径不大于19mm的自密实混凝土和大流态混凝土的填充能力和通过能力。

引用标准：

《混凝土坍落度仪》(JG/T 248)

《自密实混凝土应用技术规程》(JGJ/T 283)

水泥混凝土拌合物的拌和与现场取样方法(T 0521)

2 仪具与材料

2.1 J环：由16根φ18mm钢筋组成，J环的直径为300mm，试验装置具体尺寸如图T 0533-1所示。

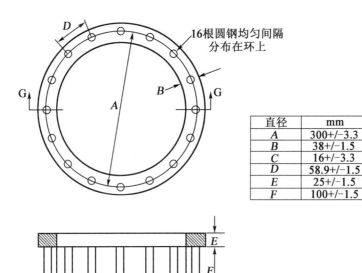

图T 0533-1 J环及J环侧视图(尺寸单位：mm)

本条规定了J环的规格及具体尺寸，其材质应为钢或不锈钢，其中J环尺寸与《普通混凝土拌合物性能试验方法标准》(GB/T 50080—2016)的规定一致。

值得注意的是,本规程中有关J环16根圆钢尺寸表述有误(第2.1条的文字与图T 0533-1不一致),正确应为"由16根ϕ16mm钢筋组成"。

2.2 坍落度底板:应符合T 0532的规定。

2.3 钢尺:量程不小于1 000mm,分度值不大于1mm。

2.4 其他:铲子、抹刀、10L铁桶。

3 试验步骤

3.1 混凝土坍落扩展度试验方法及步骤,应按T 0532的规定进行。记录下混凝土展开圆形的最大直径d_1,以及与最大直径呈垂直方向的直径d_2。最终混凝土拌合物坍落扩展度为两个直径的平均值d,测量应精确至1mm,结果修约至5mm。

3.2 J环坍落扩展度:

(1)在10L铁桶中装入6~7L新拌混凝土,并静置60s±10s。

(2)在混凝土静置的60s±10s时间内,用海绵或毛巾润湿底板和坍落筒,在坍落筒内壁和底板上应无明水;底板放置在坚实的水平面上,坍落筒"正向"放在底板中心位置,下缘与200mm刻度圈重合,J环则套在坍落筒外,下缘与300mm刻度圈重合,坍落筒在装料时保持位置固定不动。

本条规定坍落筒是"正向"放在底板中心位置,应注意放置方向,不同标准的规定有差异。本条规定与《普通混凝土拌合物性能试验方法标准》(GB/T 50080—2016)中规定的相同,而《自密实混凝土应用技术规程》(JGJ/T 283—2012)附录A第A.2节中规定的坍落筒是倒置,具体见表4-2。美国 *Standard Test Method for Passing Ability of Self-Consolidating Concrete by J-Ring*(ASTM C1621/C1621M—2009b)试验方法规定坍落筒可以正向放置,也可以倒置。

表 4-2　不同标准关于水泥混凝土拌合物 J 环试验过程关键参数的规定

关 键 参 数	JTG 3420—2020	ASTM C1621/C1621M—2009b	GB/T 50080—2016	JGJ/T 283—2012
J 环坍落扩展度坍落筒放置	正向	正向或倒置	正向	倒置
坍落扩展度坍落筒放置	正向	与 J 环坍落扩展度保持一致	正向	正向
坍落筒提起时间(s)	3～7	3～7	3～7	2
整个过程控制时间(s)	150	150	150	90
扩展度结果修约(mm)	5	1	5	5
间隙通过性修约(mm)	5	1	5	5

通过大量试验可以发现,坍落筒正向放置与倒置对坍落扩展度的影响没有规律,但却与水泥混凝土拌合物的塑性黏度有关。混凝土黏度小、流速快时,两者接近;混凝土较黏时,正向放置比倒置的扩展度略大。

(3)将铁筒内混凝土加到坍落筒中,不分层一次填充至满,且整个过程中不施以任何振动或捣实。

本方法主要适用于自密实混凝土或大流态混凝土,不再有分层和振捣的操作。

(4)用抹刀刮除坍落筒中已填充混凝土顶部的余料,使其与坍落筒的上缘齐平,将底盘坍落筒周围多余的混凝土清除。随即垂直平稳地提起坍落筒(从混凝土填充满坍落筒至提起坍落筒,时间间隔不超过40s),使混凝土自由流出。坍落筒的提离过程应在3～7s内完成;从开始装料到提离坍落筒的整个过程应不间断地进行,并在150s内完成。

本条规定了提筒时间和J环扩展时间,避免操作时间过长导致试验结果差异大。

(5)当混凝土拌合物不再扩散或扩散持续时间达50s时,记录下混凝土展开圆形的最大直径D_1,以及与最大直径呈垂直方向的直径D_2。最终混凝土拌合物坍落扩展度为两个直径的平均值D,测量应精确至1mm,结果修约至5mm。

3.3 自密实混凝土间隙通过性能指标P_A结果应为混凝土坍落扩展度d与J环坍落扩展度D的差值。

《自密实混凝土应用技术规程》(JGJ/T 283—2012)表4.1.2规定了间隙通过性等级分P_{A1}和P_{A2},技术要求分别为$25<P_{A1}\leqslant50$,$0\leqslant P_{A2}\leqslant25$,分别适用于钢筋净距80~100mm和60~80mm。

3.4 观察坍落后混凝土的状况,如发现粗集料在中央堆积或最终扩展后的混凝土边缘有较多水泥浆析出,表示此混凝土拌合物抗离析性不好,应予记录。

4 试验报告

试验报告应包括下列内容:
(1)要求检测的项目名称、执行标准;
(2)原材料的品种、规格和产地以及混凝土配合比;
(3)试验日期及时间;
(4)仪器设备的名称、型号及编号;
(5)环境温度和湿度;
(6)记录水泥混凝土拌合物坍落扩展度d_1、d_2、D_1、D_2等值;
(7)水泥混凝土间隙通过性能指标P_A值;
(8)要说明的其他内容。

条文说明

本方法参照《自密实混凝土应用技术规程》(JGJ/T 283—2012)编制,

用于评价水泥混凝土拌合物的填充能力和钢筋间隙通过能力。大流态混凝土是指拌合物坍落度不小于200mm的混凝土。一般采用适量的高效减水剂或普通减水剂,使其坍落度和流动性大幅度提高,达到便于浇灌,减轻甚至免去振捣成型工序的目的。

T 0534—2020 水泥混凝土拌合物V形漏斗试验方法

本方法为新增。V形漏斗试验用于评价水泥混凝土拌合物的黏稠性和填充性,该方法参考了自密实混凝土评价试验方法。混凝土拌合物排空时间作为定量评价指标,排空时间越少,说明水泥混凝土拌合物性能越好。

本方法是参照欧盟标准 *Testing Fresh Concrete Part 9：Self-compacting Concrete—V-funnel Test*（BS EN 12350-9:2010）规定的试验装置进行试验,与《普通混凝土拌合物性能试验方法标准》（GB/T 50080—2016）有所不同。

1 目的、适用范围和引用标准

本方法规定了水泥混凝土拌合物V形漏斗的试验方法。

本方法适用于混凝土拌合物稠度和填充性的测量,适用于评价自密实混凝土和大流态混凝土拌合物的黏稠性和抗离析性。

本方法适用于评价集料最大粒径不大于19mm的自密实混凝土拌合物的黏度和滑移黏滞阻力。水泥混凝土拌合物V形漏斗排空时间是泵送混凝土拌合物可泵性评价的关键指标之一。

引用标准：

水泥混凝土拌合物的拌和与现场取样方法（T 0521）

2 仪具与材料

2.1 V形漏斗：V形漏斗的形状和内部尺寸如图 T 0534-1 所示,漏斗的容量约为10L,其内表面应经加工修整呈平滑状。V形漏斗制作材料可以用金属或耐磨塑料。在漏斗出口的部位,应附设快速开启且具有水密性的底盖。漏斗上端边缘的部位加工平整,构造平滑。支撑漏斗的台架宜有调整装置,应确保台架的水平,且易于搬运。应具备混凝土投料用容器(容量约5L,附有手把的塑料桶或铁桶)、接料容器(容量约为12L的水桶)、刮平混凝土顶面的平直刮刀、能准确测量至0.1s的秒表和湿布等。

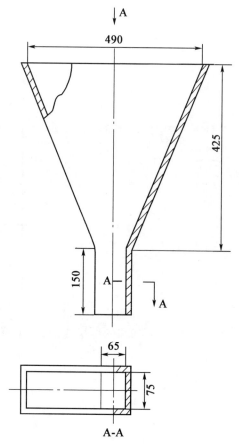

图T 0534-1　V形漏斗的形状和内部尺寸(尺寸单位:mm)

V形漏斗应由厚度不小于2mm的钢板制成,底部出料口的底盖应开关方便且不渗水。

本规程规定的 V 形漏斗尺寸与《自密实混凝土应用技术规程》（CECS 203：2006）附录 A 第 A.2 节的内容一致，与《普通混凝土拌合物性能试验方法标准》（GB/T 50080—2016）规定的有一定差异。但是，无论是《普通混凝土拌合物性能试验方法标准》（GB/T 50080—2016）、本规程或《自密实混凝土应用技术规程》（CECS 203：2006），所规定 V 形漏斗的锥角均为 60°，试验结果基本一致。其中，《普通混凝土拌合物性能试验方法标准》（GB/T 50080—2016）中规定的 V 形漏斗尺寸如图 4-1 所示。

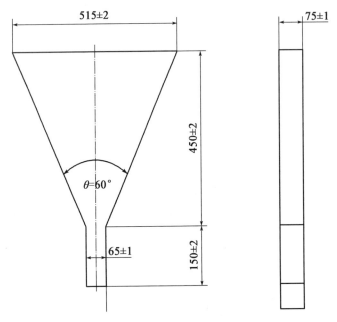

图 4-1　V 形漏斗的形状和内部尺寸（尺寸单位：mm）

2.2　秒表：分度值为 0.1s。

2.3　钢尺：分度值为 1mm。

2.4　其他：铲子、抹刀、抹布、料桶（5L）等。

3　试验步骤

3.1　水泥混凝土拌合物试样，应按 T 0521 的规定进行制备。

4 水泥混凝土拌合物性能试验

3.2 V形漏斗经清水冲洗干净后置于台架上,使其顶面呈水平,本体侧为垂直状态。应确保漏斗稳固。用湿布擦拭漏斗的内表面,使其保持湿润状态。

3.3 在V形漏斗出口的下方,放置承接混凝土拌合物的接料容器。混凝土拌合物试样填入V形漏斗前,应先确认V形漏斗流出口的底盖是否已经关闭。

3.4 用混凝土投料用容器盛装混凝土拌合物试样,由V形漏斗的上端平稳地填入V形漏斗内直至满溢(混凝土拌合物试样约为10L左右)。

3.5 用刮刀沿V形漏斗上端将混凝土拌合物的顶面刮平。

3.6 混凝土拌合物顶面刮平,待静置10s±2s后,迅速将V形漏斗出料口的底盖打开,用秒表记录自开盖那一刻至V形漏斗内混凝土拌合物全部排空的时间,规定从V形漏斗上端往下观察透光的瞬间,即为混凝土排空时间。同时,观察并记录混凝土拌合物是否有堵塞等状况。

本条规定了混凝土拌合物装入后的静置时间为10s±2s,与《普通混凝土拌合物性能试验方法标准》(GB/T 50080—2016)规定的静置时间一致,与《自密实混凝土应用技术规程》(CECS 203:2006)规定的静置1min后不同,应注意区别。同时,本条对混凝土排空时间进行明确规定,规定从V形漏斗上端往下观察透光的瞬间,即为混凝土排空时间,有别于《普通混凝土拌合物性能试验方法标准》(GB/T 50080—2016)和《自密实混凝土应用技术规程》(CECS 203:2006),体现了本规程的可操作性。

3.7 宜在5min内对试样进行两次平行试验,以两次试验结果的算术平均值作为试验结果,结果精确至0.1s。

混凝土排空时间反映混凝土拌合物的抗离析性,混凝土拌合物具有较大流动性,同时应具有一定的黏聚性,从而可保证通过钢筋时不容易发生堵塞。混凝土排空时间的下限值随着钢筋密集程度有所加大。自密实混凝土性能等级分为三级：

一级：适用于钢筋的最小净距为 35～60mm、结构形状复杂、构件断面尺寸小的钢筋混凝土结构物及构件的浇筑；

二级：适用于钢筋的最小净距为 60～200mm 的钢筋混凝土结构物及构件的浇筑；

三级：适用于钢筋的最小净距为 200mm 以上、断面尺寸大、配筋量少的钢筋混凝土结构物及构件的浇筑，以及无筋结构物的浇筑。

一般钢筋混凝土结构物及构件可采用自密实混凝土性能等级的二级要求。V 形漏斗的混凝土排空时间分别为一级 10～25s，二级 7～25s，三级 4～25s。

3.8 试验结果应符合下列要求：

（1）混凝土拌合物排空时间，应精确至 0.1s。

（2）混凝土拌合物流动状况记录除了排空时间外，还应记录流下过程中的流动状况，如是否有堵塞的状况等。

4 试验报告

试验报告应包括下列内容：

(1) 要求检测的项目名称、执行标准；

(2) 原材料的品种、规格和产地以及混凝土配合比；

(3) 试验日期及时间；

(4) 仪器设备的名称、型号及编号；

(5) 环境温度和湿度；

(6) 混凝土拌合物经 V 形漏斗排空时间；

(7) 要说明的其他内容。

为了方便读者更好理解和使用本规程，现将部分标准有关水泥混凝土拌合物 V 形漏斗试验方法进行归类比较，见表 4-3。

4 水泥混凝土拌合物性能试验

表 4-3 部分标准关于水泥混凝土拌合物 V 形漏斗试验的规定

标 准 号	JTG 3420—2020	GB/T 50080—2016	BS EN 12350-9:2010
集料粒径	最大粒径19mm	公称粒径20mm	最大粒径22.4mm
润湿情况	润湿	润湿无明水	润湿
装料后静停时间(s)	10±2	10±2	10±2
拌合物完全排空的判断	从V形漏斗上端往下观察透光的瞬间,即为混凝土排空时间	混凝土拌合物完全排空	Opening the gate to when it is possible to see vertically through the funnel into the container 译文:通过漏斗垂直看到容器底端
平行试验次数	2	2	1
结果修约(s)	0.1	0.1	0.5

T 0535—2020 水泥混凝土拌合物振动出浆量及松铺系数试验方法

本方法为新增。本规程首次提出水泥混凝土拌合物振动出浆量及松铺系数试验方法。混凝土坍落度对滑模工艺和路面平整度影响较大,路面低坍落度混凝土的工作性仅用坍落度难以准确表达。经过大量试验研究和工作实践,可以采用振动出浆量和松铺系数作为技术指标,判断坍落度为 10~80mm 的水泥混凝土拌合物是否满足滑模摊铺的施工要求。

1 目的、适用范围、引用标准

本方法规定了水泥混凝土拌合物振动出浆量及松铺系数的试验方法。

本方法适用于坍落度为 10~80mm 的水泥混凝土拌合物及指定采用本方法的其他材料。

本方法根据水泥混凝土振动液化(液化泛浆)原理,在《维勃稠度仪》(JG/T 250—2009)的基础上改造而成。在一定荷载(砝码)和振动(振动台)作用下,用水泥混凝土振动液化的出浆量多少来评价低坍落度混凝土工作性。

引用标准:

《维勃稠度仪》(JG/T 250)

2 仪具与材料

2.1 振动出浆仪:带出浆量筒的维勃稠度仪(图 T 0535-1)。

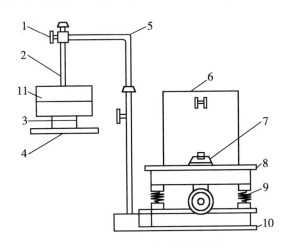

图 T 0535-1 振动出浆仪

1-螺栓;2-滑杆;3-砝码;4-圆盘;5-转向弯杆;6-出浆量筒;7-固定螺栓;8-台面;9-弹簧;10-底座;11-配重砝码(两个)

(1)出浆量筒:由金属筛网制成(图 T 0535-2),内径应为240mm±5mm,内高应为200mm,壁厚约为3mm,底厚约为7.5mm;筛网直径应为4.75mm,相邻孔中心间距应为7.25mm,且出浆筒应有把手。

本条规定了出浆量筒的组成和筛网尺寸,用于筛分水泥砂浆。金属筛网壁厚应满足要求,从而保证金属筛网在振筛过程中不变形。试验前,应确保出浆量筒筛网孔完好,没有堵塞等现象。

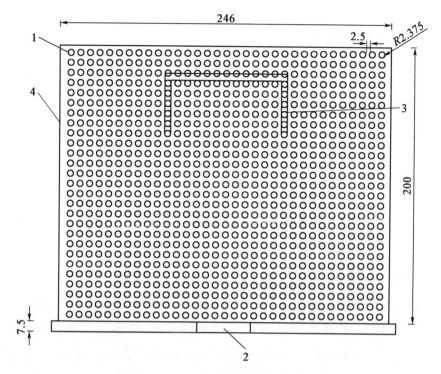

图 T 0535-2　出浆量筒(尺寸单位:mm)
1-筒壁筛网圆孔;2-筒底;3-把手;4-金属筛网筒壁

(2)透明圆盘:由透明有机玻璃制成,上装有滑杆及砝码。圆板直径为230mm±2mm,厚为10mm±2mm,荷重(砝码3及透明圆盘4)和滑杆的总质量为2.75kg±0.05kg,滑杆可通过套筒垂直滑动。滑杆及套筒的轴线与容器轴线重合。

本条规定了圆板尺寸、荷重及滑杆质量,与维勃仪的规格一致。

(3)配重砝码:单个质量为8.7kg,应能固定在滑杆上。

(4)振动台:工作频率为50Hz±3Hz,空载(含筒)振幅为0.5mm±0.1mm。

2.2　维勃稠度仪容量筒:应符合现行《维勃稠度仪》(JG/T 250)的规定。

2.3　捣棒:为直径16mm,长约600mm,并具有半球形端头的钢质圆棒。

2.4 秒表:分度值为0.5s。

2.5 磅秤:量程不小于50kg,感量不大于5g。

3 试验环境

试验环境温度为20℃±2℃,相对湿度不小于50%。

4 试验步骤

4.1 出浆量试验步骤:

(1)试验前用湿布擦拭出浆量筒内壁及透明圆盘。

(2)取质量均匀、有代表性的水泥混凝土试样16kg,精确至5g。

(3)将试样分两层装入出浆量筒,底层应超过半筒,上层应高出筒口。装料时应避免自由下倒,以防试样离析;每装一层用捣棒从出浆量筒周边向中心螺旋形均匀插捣25次。插捣底层时,捣棒应贯穿整个深度但不触及筒底;插捣上层时,捣棒应插入底层表面以下10~20mm。每层插捣后,用橡皮锤均匀敲击出浆量筒周围10次,以消除插捣产生的孔洞。上层插捣完毕后,将表面抹平。

(4)记下振动前出浆量筒和混凝土的总质量 m_0。启动振动台,同时按下秒表,20s时立刻停止,振动结束后用抹布清除出浆量筒外壁浆体并称取质量 m_1。

本条规定了振动出浆量的时间为20s。经过大量试验验证,一般坍落度为10~80mm的水泥混凝土拌合物,在一定荷载(质量为17.4kg砝码)作用下持续振动20s基本完全出浆。

(5)仪器每测试一次后,必须将容器、筒模及透明圆盘洗净擦干,并在滑杆等处涂薄层黄油,以备下次使用。

4.2 松铺系数试验步骤:

(1)将出浆量筒更换为维勃稠度仪容量筒,重复本方法4.1中(1)~(3)的试验步骤。

(2)将装有试样的维勃稠度仪容量筒固定在振动台上,并把透明圆盘连同荷重及配重砝码加到拌合物顶面,测量圆盘表面距维勃稠度仪容量筒顶面的高度,垂直方向测量四次,取算术平均值为 H_1。

(3)启动振动台,同时按下秒表,20s 时立刻停止。振动结束后,测量圆盘表面距维勃稠度仪容量筒顶面的高度,垂直方向测量四次,取算术平均值为 H_2。

本条规定了圆盘表面距出浆量筒顶面高度的测试方法及结果处理要求。

(4)仪器每测试一次后,必须将容器、筒模及透明圆盘洗净擦干,并在滑杆等处涂薄层黄油,以备下次使用。

5 结果计算

5.1 振动出浆量,按式(T 0535-1)计算:

$$M_v = m_0 - m_1 \quad (\text{T 0535-1})$$

式中:M_v——振动出浆量(kg);

m_0——振动前出浆量筒和试样的总质量(kg);

m_1——振动结束后出浆量筒和试样的总质量(kg)。

结果计算精确至1g。

以两次平行试验结果的算术平均值作为试验结果,如果两次测值与平均值的误差均超过20%,则试验结果无效。

本条规定了振动出浆量的计算公式及计算精度。

5.2 松铺系数,按式(T 0535-2)计算:

$$U = \frac{190 - H_1}{190 - (H_2 - H_1)} \quad (\text{T 0535-2})$$

式中:U——松铺系数;

190——液化出浆量筒内高200mm 扣除透明圆盘厚度10mm(mm);

H_1——振动液化前,圆盘表面距维勃稠度仪容量筒顶面的高度(mm);

H_2——振动液化后,圆盘表面距维勃稠度仪容量筒顶面的高度(mm)。

结果计算精确至0.01。

本规程中式(T 0535-2)有误,应为:

$$U = \frac{190 - H_1}{190 - H_2}$$

6 试验报告

试验报告应包括下列内容:

(1)要求检测的项目名称、执行标准;

(2)原材料的品种、规格和产地以及混凝土配合比;

(3)试验日期及时间;

(4)仪器设备的名称、型号及编号;

(5)环境温度和湿度;

(6)振动出浆量M_v;

(7)松铺系数U;

(8)要说明的其他内容。

条文说明

本方法根据混凝土振动液化原理,在维勃稠度仪的基础上改造而成,操作简便,可通过时间精确控制试验终点,可重复性高,干扰因素少。通过试验对比发现本方法可以很好地评价坍落度为10~80mm的低坍落度混凝土的液化效果,区分度明显。开发的低坍落度混凝土工作性表征新方法,弥补了现有工作性测试方法的不足,对控制滑模摊铺混凝土施工性能具有十分重要的意义。

本方法的关键点:①适用于评价10~80mm的低坍落度混凝土的液化效果;②确保出浆量筒筛网孔完好、没有堵塞等现象;③配重砝码两个,单个质量为8.7kg±0.05kg,需要标定;④严格按规程操作要求,分两层装料;⑤振动前质量m_0,振动后质量m_1,两次均要清除出浆量筒外壁浆体;⑥振动出浆量的时间为20s。

T 0536—2020 水泥混凝土拌合物侧向膨胀量试验方法

本方法为新增。滑模摊铺机过后,侧向模板随之滑除,水泥混凝土的侧向膨胀量大小与水泥混凝土振捣后的立模特性关系紧密。本方法采用水泥混凝土侧向膨胀量试验箱模拟滑模施工时的相应施工特点,以试验箱两侧混凝土失去约束后的变形宽度为水泥混凝土侧向膨胀量的评价指标。

本次修订新增了水泥混凝土拌合物侧向膨胀量试验方法。此方法为我国首次提出并纳入了本规程,对控制滑模摊铺水泥混凝土施工性能具有十分重要的意义。

1 目的、适用范围和引用标准

本方法规定了水泥混凝土拌合物侧向膨胀量的试验方法。

本方法适用于坍落度为 10~80mm 的水泥混凝土拌合物及指定采用本方法的其他材料。

2 仪具与材料

2.1 侧向膨胀量试验箱:为 550mm×300mm×300mm 的带底无盖的不锈钢制方形钢箱,两侧钢板可以抽出或旋转打开。试验箱如图 T 0536-1 所示。

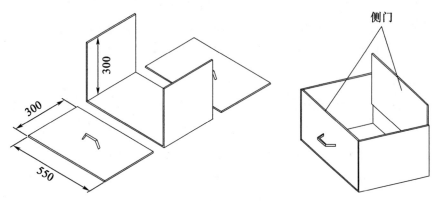

图 T 0536-1 侧向膨胀量试验箱(尺寸单位:mm)

本条规定了侧向膨胀量试验槽的具体尺寸和打开方式,其钢板具有一定的刚度。

2.2 高频振捣棒:振捣棒的频率为200Hz,振幅0.2mm,振捣功率5kW,直径60mm以上。

本条根据滑模摊铺振捣器规格,规定了振捣棒的频率、振幅等参数,其目的是使测试指标更好服务滑模施工。

2.3 钢尺:量程不小于500mm,分度值为1mm。

2.4 其他:4个乒乓球、水平尺、抹子、铁铲等。

3 试验步骤

3.1 应按T 0521的规定,对水泥混凝土进行拌和与取样。

3.2 通过调节垫块和水平尺将箱体调平,关闭侧门,箱体侧门与箱底不得有大于5mm的缝隙。用少许混凝土拌合物将4个乒乓球等间距置于箱底,乒乓球距箱侧壁不小于50mm;将定位板旋转至箱体外侧,将搅拌好的混凝土拌合物分两层装入试验箱,第一层为箱体1/2左右,用捣棒由箱体侧壁向中心螺旋形插捣50次。

本条规定了水泥混凝土拌合物装入试验槽的操作步骤及振捣方式,以及用于评价混凝土振动密实的参照物——乒乓球的摆放位置。

3.3 将高频振捣棒竖直插入箱内,距离箱壁板100mm±50mm,将第二层混凝土拌合物铺满箱体,用捣棒从箱体侧壁向中心螺旋形插捣50次,再抹平表面。

本条规定了水泥混凝土振捣密实判断依据,以第4个乒乓球浮出作为关闭高频振捣棒(振捣密实)的依据。本规程编写组测试了不同粒径的泡沫(40mm、30mm、20mm和10mm)浮出与混凝土密实程度的关系,大量试验发现,乒乓球(直径40mm)从混凝土拌合物表面浮出,在一定程度上可以代表水泥混凝土拌合物振捣密实。

3.4 启动高频振捣棒,并开始计时,振捣30s时应缓慢将高频振捣棒提出,35s时关闭振动开关,高频振捣棒应从箱体抽出,并记录乒乓球浮出水泥混凝土拌合物顶部的时间,精确至1s。

本条规定了振捣后的混凝土拌合物在试验槽内的尺寸要求,保证成型的混凝土试样尺寸一致。

3.5 振捣完毕后,将乒乓球捡出,用混凝土拌合物填平振捣棒留下的孔,并用抹子收平箱内混凝土拌合物顶面,最大高差不大于10mm;测量拌合物表面距箱顶的距离,测量5处,计算箱体内拌合物的高度,高度的最大差值不超过10mm,并取其平均值 H_1 为约束前振动密实高度,精确至1mm。用钢板尺等间距(间距宜为30~60mm)量取5处横向宽度,取其平均值为约束时宽度 D_1。

3.6 缓慢将前后滑门抽离,整个抽离过程不少于15s,应避免过快松开引起的混凝土剧烈变形。静置3min后,用钢尺测量距离两端大于50mm范围内拌合物的形变量(图T 0536-2),测量拌合物顶面宽度,测量5次,取其平均值为失去约束后宽度 D_2。并测量拌合物高度,测量5处,取其平均值为失去约束后高度 H_2。

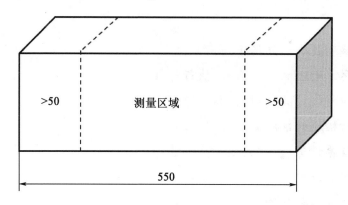

图T 0536-2 侧向膨胀量测量区域示意图(尺寸单位:mm)

3.7 试验结束后,清理试验箱内混凝土,并对试验箱及各试验工具进行清洗。

4 结果计算

4.1 高度变化量,按式(T 0536-1)计算:

$$\Delta H = H_1 - H_2 \qquad (T\ 0536\text{-}1)$$

式中:ΔH——高度方向的变化量(mm);

H_1——约束时拌合物振实后高度的算术平均值(mm),精确至0.1mm;

H_2——失去约束后拌合物振实后高度的算术平均值(mm),精确至0.1mm。

结果计算精确至1mm。

4.2 侧向膨胀量,按式(T 0536-2)计算:

$$\Delta D = D_2 - D_1 \qquad (T\ 0536\text{-}2)$$

式中:ΔD——宽度方向的膨胀量(mm);

D_1——约束时拌合物振实后宽度的算术平均值(mm),精确至0.1mm;

D_2——失去约束后拌合物振实后宽度的算术平均值(mm),精确至0.1mm。

5 试验报告

(1)试验报告应包括下列内容:
(2)要求检测的项目名称、执行标准;
(3)原材料的品种、规格和产地;
(4)待检测的水泥混凝土配合比;
(5)仪器设备的名称、型号及编号;
(6)环境温度与湿度;
(7)混凝土拌合物侧向膨胀量 ΔH、ΔD;
(8)要说明的其他内容。

条文说明

在水泥混凝土路面施工中,滑模施工已成为主流施工方式。滑模施工具有移动成型的特点,摊铺机过后,侧向模板随之滑除。因此混凝土的侧向膨胀量大小与混凝土振捣后的立模特性关系紧密。本方法采用水泥混凝土侧向膨胀量试验箱模拟滑模施工时的相应施工特点,以试验箱两侧混凝土变形宽度为水泥混凝土侧向膨胀量的评价指标。

同时,在试验中混凝土应进行充分的振捣,并且侧向模板抽出后,应待混凝土形态稳定后,再测量两侧变形宽度。

本方法的关键点:①混凝土拌合物分两层装入,且第二层混凝土拌合物需要与箱体顶部抹面;②高频振捣棒:振捣棒的频率为200Hz,振幅为0.2mm,振捣功率为5kW,直径在60mm以上,高频振捣棒处于箱体中心位置;③4个乒乓球的摆放位置,第4个乒乓球浮出时,停止振捣,同时拔出高频振捣棒;④箱体顶面距离混凝土拌合物高度,测量5次,取平均值;⑤侧向约束板抽离后,静置3min,分别测量失去约束后的宽度和高度,等间距测量5次,取平均值。

T 0537—2020 水泥混凝土拌合物水下抗分散性试验方法

本方法为新增。近年来针对工况复杂、涉水环境的要求,水下混凝土的应用增加,本规程参考了《水下不分散混凝土试验规程》(DL/T 5117—2000)中的抗分散性试验方法。评价水泥混凝土拌合物抗分散性能的指标有流失量、悬浊物含量和pH值。混凝土在水下浇筑施工时,要求水下不分散混凝土拌合物在水中水泥浆不流失、集料不离析。

1 目的、适用范围和引用标准

本方法规定了水泥混凝土拌合物水下抗分散性的试验方法。
本方法适用于检验水下不分散混凝土拌合物的抗分散性能。
引用标准:
《水质 pH值的测定 玻璃电极法》(GB 6920)

《水质　悬浮物的测定　重量法》(GB/T 11901)

2　仪具与材料

2.1　铁皮桶:高为550mm,直径为400mm,壁厚为1~2mm。

2.2　广口容器:外径为110mm,高为150mm,容积为1 500mL。

2.3　酸度计:pHS-2型或相同性能的酸度计。

2.4　电极:pH值玻璃电极,甘汞电极,复合电极。

2.5　量筒:容量为200mL和500mL各一个。

2.6　烧杯:容量为1 000mL。

2.7　天平:量程不小于2kg,感量不大于0.1g;量程不小于100g,感量为0.000 1g。

2.8　干燥烘箱:可实现105~110℃温控烘箱。

2.9　其他:抽滤泵、洗耳球、滤纸、橡皮塞等。

3　试验步骤

3.1　流失量的测定。在铁皮桶底部放1个容积为1 500mL、质量为m_0的广口容器,桶内水深500mm。称取水泥混凝土拌合物质量m_c,约2kg(不超过广口容器容量为宜),从水面自由落下倒入水中的容器内,使之全部进入水下容器,静置5min。将容器从水中提起,排掉混凝土表面积水,称取其质量m'。重复进行上述操作3次,取各次平均值,精确至0.1%。

本条规定了混凝土拌合物流失量测定的操作步骤和精度范围。

3.2　悬浊物和pH值的测定。

(1)试样制备:

①在1 000mL烧杯中加入800mL水,然后将500g水下不分散混凝土分成10等份,用手铲将每一份混凝土从水面缓慢地自由下落,该操作在10~20s内完成。

②静置3min后,用洗耳球或玻璃吸管,在1min内从水面吸600mL的

水作为试验样品(注意吸水时不能搅动)。

③将吸出的600mL水混合均匀后再从中分取出200mL,作为pH值试验的被检水样,其余的作为测悬浊物含量的水样。

(2)悬浊物含量的测定:

①把滤纸置于表面皿上,在105～110℃温度下干燥1h,然后移至干燥器中冷却,称其质量m_b。

②把被检水样搅拌均匀后,用量筒分取300～400mL并读取容积V。

③在布氏漏斗上装好已称量的烘干后的滤纸,使之贴合,用蒸馏水或离子交换水润湿滤纸,使之贴紧布氏漏斗,然后把漏斗长颈装入事先已开好孔的吸滤瓶上的橡皮塞中,把吸滤瓶接到真空装置上,向漏斗中加入上述量筒分取好的被检水样进行真空抽滤,并用蒸馏水或离子交换水将附着在量筒壁上的悬浊物冲洗干净。

④用镊子小心地将滤纸从漏斗上取下放入表面皿中,在105～110℃温度下干燥2h,然后移至干燥器中冷却后,称量其质量m_a。

(3)pH值的测定:应按现行《水质　pH值的测定　玻璃电极法》(GB 6920)的规定进行。

4 结果计算

4.1 流失量,按式(T 0537-1)计算:

$$\eta = \frac{m_c + m_0 - m'}{m_c} \times 100 \qquad (T\ 0537\text{-}1)$$

式中:η——混凝土拌合物流失量(%);

m_0——广口容器的质量(g);

m_c——浸水前混凝土的质量(g);

m'——浸水后混凝土和广口容器的质量(g)。

结果计算精确至0.1%。

4.2 悬浊物含量,按式(T 0537-2)计算:

$$S = (m_a - m_b) \times \frac{1\,000}{V} \quad \text{(T 0537-2)}$$

式中:S——悬浊物含量(mg/L);

m_a——含悬浊物的滤纸和表面皿的质量(mg);

m_b——滤纸和表面皿的质量(mg);

V——量筒所量取的被检水样的体积(mL)。

结果计算精确至1mg/L,以两次测值的平均值作为试验结果。

5 试验报告

试验报告应包括下列内容:

(1)试样编号;

(2)要求检测的项目名称;

(3)原材料的品种、规格和产地;

(4)试验日期及时间;

(5)仪器设备的名称、型号及编号;

(6)环境温度和湿度;

(7)流失量、pH值和悬浊物含量;

(8)要说明的其他内容。

条文说明

水下混凝土与空气中浇筑的混凝土不同,由于在水中浇筑,要求不经振捣而自流平,并且在水中水泥不流失,集料不离析,主要采用外加剂增加混凝土拌合物的黏聚力。目前不论是水工混凝土结构物还是电力混凝土结构物,对于水下混凝土抗分散性主要采用水泥流失量、悬浊物含量和pH值来评定,认为水泥流失量小于1.5%,悬浊物含量小于150mg/L,pH值小于12的情况下,测定的水泥混凝土为水下抗分散混凝土。

4.2 水泥混凝土拌合物物理、化学性能试验

T 0525—2020 水泥混凝土拌合物体积密度试验方法

本方法对原规程进行修订,将"T 0525—2005 水泥混凝土拌合物表观密度试验方法"修订为"T 0525—2020 水泥混凝土拌合物体积密度试验方法",水泥混凝土拌合物的密度测试根据不同坍落度进行振捣,实际为振实后的密度,同时包含混凝土拌合物中的孔隙,因此,本方法称为体积密度更合适。

1 目的、适用范围和引用标准

本方法规定了水泥混凝土拌合物体积密度的试验方法。

本方法适用于测定水泥混凝土拌合物捣实后的体积密度。

引用标准:

《混凝土试验用振动台》(JG/T 245)

2 仪具与材料

2.1 容量筒:应为刚性金属制成的圆筒,筒外壁两侧应有提手。对于集料最大粒径不大于 31.5mm 的混凝土拌合物,宜采用容积不小于 5L 的容量筒,其内径与内高均为 186mm±2mm,壁厚不应小于 3mm;对于集料最大粒径大于 31.5mm 的拌合物所采用容量筒,其内径与内高均应大于集料最大粒径的 4 倍。容量筒上沿及内壁应光滑平整,顶面与底面应平行并应与圆柱体的轴垂直。

本条对原规程进行修订,新增"其内径与内高 186mm±2mm,壁厚不应小于 3mm""容量筒上沿及内壁应光滑平整,顶面与底面应平行并应与圆柱体的轴垂直"。本条规定了容量筒的形状和尺寸,容量筒应有一定的刚度和壁厚,防止容量筒变形引起测量误差。

2.2 电子天平:量程不小于50kg,感量不大于10g。

本条对原规程进行修订,将"最大量程不小于100kg,感量不大于50g"修订为"最大量程不小于50kg,感量不大于10g",减小电子天平最大量程并提高灵敏度。

2.3 捣棒:为直径16mm,长约600mm,并具有半球形端头的钢质圆棒。

2.4 振动台:应符合现行《混凝土试验用振动台》(JG/T 245)的规定。

2.5 其他:金属直尺、抹刀、玻璃板等。

3 容量筒标定

3.1 应将干净容量筒与玻璃板一起称重,精确至10g。

3.2 将容量筒装满水,缓慢将玻璃板从筒口一侧推到另一侧,容量筒内应充满水,且不应存在气泡,擦干容量筒外壁,再次称重。

3.3 两次称重结果之差除以该温度下水的密度,则为容量筒的容积V,常温下水的密度可取$1\,000kg/m^3$。

本规程新增容量筒标定内容,应经常校正容量筒。容量筒的体积是影响水泥混凝土体积密度试验结果的主要因素之一,因此,每次试验前应标定容量筒的体积。

4 试验步骤

4.1 试验前将已明确体积的容量筒用湿布擦试干净,称出质量m_1,精确至10g。

4.2 当坍落度不大于90mm时,混凝土拌合物宜用振动台振实。振动台振实时,应一次性将混凝土拌合物装填至高出容量筒筒口,装料时可用捣棒稍加插捣,振动过程中混凝土低于筒口,应随时添加混凝土,振动直至拌合物表面出现水泥浆为止。

本条对原规程进行修订,将"坍落度不大于70mm"修订为"坍落度不大于90mm",坍落度值划分与前文一致。本条规定了坍落度不大于90mm混凝土拌合物的振实方式,采用振实台与振捣棒相结合的方式进行。注意坍落度不大于90mm时,混凝土拌合物一次性装入。

4.3 当坍落度大于90mm时,混凝土拌合物宜用捣棒插捣密实。插捣时,应根据容量筒的大小决定分层与插捣次数:用5L容量筒时,混凝土拌合物应分两层装入,每层的插捣次数应为25次;用大于5L的容量筒时,每层混凝土的高度不应大于100mm,每层插捣次数按每10 000mm² 截面不小于12次计算;用捣棒从边缘到中心沿螺旋形均匀插捣;捣棒应垂直压下,不得冲击,捣底层时应至筒底,插捣第二层时,捣棒应插透本层至下一层的表面;每一层捣完后用橡皮锤沿容量筒外壁敲击5~10次,进行振实,直至混凝土拌合物表面插捣孔消失并不见大泡为止。

本条规定了坍落度大于90mm的混凝土装料为分层装入,采用捣棒插捣密实,根据试验所用容量筒体积大小采取相应的装料与振捣方式。

4.4 自密实混凝土应一次性填满,且不应进行振动和插捣。

本条规定自密实混凝土为免振捣混凝土,不采取振捣措施,与施工要求一致。

4.5 将筒口多余的混凝土拌合物刮去,表面有凹陷应填补,用抹刀抹平,并用玻璃板检验;应将容量筒外壁擦净,称出混凝土拌合物试样与容量筒总质量 m_2,精确至10g。

5 结果计算

5.1 水泥混凝土拌合物体积密度,按式(T 0525-1)计算:

$$\rho_\mathrm{h} = \frac{m_2 - m_1}{V} \times 1\,000 \qquad (\text{T 0525-1})$$

式中:ρ_h——水泥混凝土拌合物体积密度(kg/m³);

m_1——容量筒质量(kg);

m_2——捣实或振实后混凝土和容量筒总质量(kg);

V——容量筒容积(L)。

结果计算精确至10kg/m³。

5.2 以两次试验测值的算术平均值作为试验结果,结果精确至 $10kg/m^3$,试样不得重复使用。

6 试验报告

试验报告应包括下列内容:
(1)要求检测的项目名称、执行标准;
(2)原材料的品种、规格和产地以及混凝土配合比;
(3)试验日期及时间;
(4)仪器设备的名称、型号及编号;
(5)环境温度和湿度;
(6)水泥混凝土拌合物体积密度;
(7)要说明的其他内容。

本条对原规程修订,删除"搅拌方式"内容。

条文说明

本方法参照《普通混凝土拌合物性能试验方法标准》(GB/T 50080—2016)编制。

水泥混凝土拌合物的密度实质为水泥混凝土拌合物的体积密度,包含一定量孔隙。目前,不少单位用试模测定拌合物体积密度,因试模的容积不宜校准,而且成型时试模边角粗集料的含量差异大,因此本方法规定了容量筒的尺寸和形状。

影响本方法试验结果准确性的关键因素之一是容量筒的容积,因此,在进行混凝土拌合物体积密度测量时,应进行容量筒容积的测定,使试验结果更客观、更科学。

T 0526—2005 水泥混凝土拌合物含气量试验方法
（混合式气压法）

1 目的、适用范围和引用标准

本方法规定了采用混合式气压法测定水泥混凝土拌合物含气量的试验方法。

本方法参照《普通混凝土拌合物性能试验方法标准》（GB/T 50080—2016）和《水工混凝土试验规程》（DL/T 5150—2017）的相关规定修订。

本方法适用于集料最大粒径不大于31.5mm、含气量不大于10%且坍落度不为零的水泥混凝土拌合物。

本条对原规程进行修订，将"且有坍落度"修订为"且坍落度不为零"。

引用标准：

《混凝土试验用振动台》（JG/T 245）

2 仪具与材料

2.1 混合式气压法含气量测定仪：包括量钵和量钵盖，钵体和钵盖之间有密封圈，如图 T 0526-1 所示。

本规程采用的混合式气压法含气量测定仪，其结构原理、技术要求、试验方法和检验规则等内容可查阅《水泥混凝土拌合物含气量测定仪》（JT/T 755—2009）。使用前应检查测定仪外表面不得粗糙不平，不得有未经规定的凸起或凹陷。

2.2 测定仪附件：校正管、100mL量筒、注水器、水平仪、捣棒。

2.3 压力表：量程为0.25MPa，分度值为0.01MPa。

2.4 电子天平：量程不小于50kg，感量不大于10g。

2.5 橡皮锤：带有质量约250g的橡皮锤头。

2.6 捣棒：为直径16mm，长约600mm，并具有半球形端头的钢质圆棒。

2.7 振动台:应符合现行《混凝土试验用振动台》(JG/T 245)的规定。

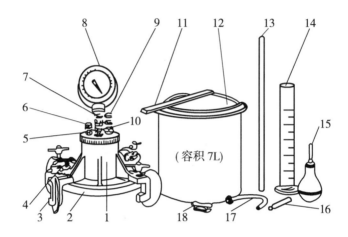

图 T 0526-1 混合式气压法含气量测定仪示意图

1-气室;2-上盖;3-夹子;4-小龙头;5-出水口;6-微调阀;7-排气阀;8-压力表;9-手泵;10-阀门杆;11-刮尺;12-量钵;13-捣棒;14-量筒;15-注水器;16-校正管(2);17-校正管(1);18-水平仪

3 试验步骤

3.1 标定仪器

(1)含气量测定仪应在同一海拔下标定与使用。

(2)量钵容积的标定:

先称量含气量测定仪量钵和玻璃板总重,然后将量钵加满水,用玻璃板沿量钵顶面平推,使量钵内盛满水且玻璃板下无气泡。擦干钵体外表面后连同玻璃板一起称重。两次质量的差值除以该温度下水的密度即为量钵的容积 V。

本条规定了如何标定量钵的容积。量钵的容积为 $7L \pm 0.02L$,应经常标定,量钵容积直接影响混凝土拌合物含气量结果的准确性。

(3)含气量0%点的标定：

把量钵加满水,将校正管(2)接在钵盖下面小龙头的端部。将钵盖轻放在量钵上,用夹子夹紧使其气密良好并用水平仪检查仪器的水平。打开小龙头,松开排气阀,用注水器从小龙头处加水,直至排气阀出水口冒水为止。然后拧紧小龙头和排气阀,此时钵盖和钵体之间的空隙被水充满。用手泵向气室充气,使表压稍大于0.1MPa,然后用微调阀调整表压使其为0.1MPa。按下阀门杆1~2次,使气室的压力气体进入量钵内,读取压力表读数,此时指针所示压力相当于含气量0%。

(4)含气量1%~10%的标定：

含气量0%标定后,将校正管(1)接在钵盖小龙头的上端,然后按一下阀门杆,慢慢打开小龙头,量钵中的水就通过校正管(1)流到量筒中。当量筒中的水为量钵容积的1%时,关闭小龙头。

打开排气阀,使量钵内的压力与大气压平衡,然后重新用手泵加压,并用微调阀准确地调到0.1MPa。按1~2次阀门杆,此时测得的压力表读数相当于含气量1%。

同样方法可测得含气量2%、3%、4%、5%、6%、7%、8%、9%、10%时的压力表读数。

含气量分别为0%、2%、3%、4%、5%、6%、7%、8%、9%、10%的试验均应进行两次,以两次压力值的平均值作为测量结果。

以压力表读数为横坐标,含气量为纵坐标,绘制含气量与压力表读数关系曲线。

本条对原规程进行修订,将"可测得含气量2%、3%~10%的压力表读值"修订为"可测得含气量2%、3%、4%、5%、6%、7%、8%、9%、10%时的压力表读值",表述详细内容。增加"试验均应进行两次,以两次压力值的平均值作为测量结果"。

含气量测定仪容器及含气量与气体压力之间的关系曲线直接影响水泥混凝土拌合物含气量测试结果的准确性,因此混凝土含气量测定仪的标定和率定非常重要。以标定点压力的平均值驻点绘制光滑的压力与含气量关系曲线,绘制时允许将该曲线适量修正拟合。

3.2 集料含气量 C 的测定

(1)按式(T 0526-1)和式(T 0526-2),分别计算试样中粗、细集料的质量:

$$m_g = \frac{V}{1\,000} \times m'_g \qquad (T\ 0526\text{-}1)$$

$$m_s = \frac{V}{1\,000} \times m'_s \qquad (T\ 0526\text{-}2)$$

式中:m_g——拌合物试样中粗集料质量(kg);

m'_g——混凝土配合比中每立方米混凝土的粗集料质量(kg);

m_s——拌合物试样中细集料质量(kg);

m'_s——混凝土配合比中每立方米混凝土的细集料质量(kg)。

(2)先向含气量测定仪的容器中注入1/3高度的水,然后称取质量为 m_g、m_s 的粗、细集料,搅拌均匀,慢慢倒入容器。加料同时进行搅拌:水面升高25mm左右时应轻轻插捣10次,并略予搅动,以排除夹杂进去的空气;加料过程中应始终保持水面高出集料的顶面;集料全部加入后,应浸泡约5min,再用橡皮锤轻敲容器外壁,排净气泡,除去水面气泡,加水至满,擦净容器上口边缘;装好密封圈,加盖拧紧螺栓。

(3)关闭微调阀和排气阀,打开排水阀和加水阀,通过加水阀向容器内注入水;当排水阀流出的水流中不出现气泡时,在注水的状态下,关闭加水阀和排气阀。

(4)关闭排气阀,用气泵向气室内注入空气,打开微调阀,使气室内的压力略大于0.1MPa,待压力表显示值稳定后,打开排气阀,并用微调阀调整压力至0.1MPa,同时关闭排气阀。

(5)开启微调阀,使气室里的压缩空气进入容器,待压力表显示稳定后记录显示值 C_{g1},然后开启排气阀,压力仪表应归零。根据含气量与压力值之间的关系曲线确定压力值对应的集料的含气量,精确至0.1%。

(6)重复上述(2)~(5)步骤,对容器内的试样再检测一次,记为C_{g2}。

(7)混凝土所用集料的含气量C应取两次测值结果C_{g1}、C_{g2}的平均值;两次测量结果相差大于0.5%时,应重新试验。

本条对原规程进行修订,将"当仍大于0.2%时,须重作试验"修订为"两次测量结果的含气量相差大于0.5%时,应重新试验"。在实际操作过程中,含气量测定仪两次试验结果相对误差不大于0.2%难以实现,可操作性差,因此本规程将其修订。

3.3 混凝土拌合物含气量测定

(1)应用湿布擦净混凝土含气量测定仪容器内壁和盖的内表面,确保筒内无明水。

(2)当坍落度不大于90mm时,混凝土拌合物宜用振动台振实;振动台振实时,应一次性将混凝土拌合物装填至高出容量筒筒口,振动过程中混凝土低于筒口,应随时添加混凝土,振动直至拌合物表面出现水泥浆为止。

(3)当坍落度大于90mm时,混凝土拌合物宜用捣棒插捣密实。插捣时,混凝土拌合物应分三层装入,每层捣实后高度约为1/3容器高度,每层装料后用捣棒从边缘到中心沿螺旋形均匀插捣25次,捣棒应插透本层至下一层的表面;每一层捣完后用橡皮锤沿量筒外壁敲击5~10次,进行振实,直至混凝土拌合物表面插捣孔消失并不见大气泡为止。

(4)自密实混凝土应一次性填满,且不应进行振动和插捣。

(5)刮去表面多余的混凝土拌合物,用抹刀抹平,表面有凹陷应填平抹光。

(6)擦净钵体和钵盖边缘,将密封圈放于钵体边缘的凹槽内,盖上钵盖,用夹子夹紧,使之气密良好。

(7)应按本方法3.2中(2)~(5)的操作步骤测得混凝土拌合物未校正含气量A',精确至0.1%。

(8)混凝土拌合物未校正含气量A',以两次测量结果的平均值作为试验结果;两次测量结果相差大于0.5%时,应重新试验。

4 结果计算

含气量,按式(T 0526-3)计算:

$$A = A' - C \qquad (T\ 0526\text{-}3)$$

式中:A——混凝土拌合物含气量(%);

A'——混凝土拌合物未校正含气量(%);

C——集料含气量(%)。

结果计算精确至0.1%。

5 试验报告

试验报告应包括下列内容:

(1)要求检测的项目名称、执行标准;

(2)原材料的品种、规格和产地以及混凝土配合比;

(3)试验日期及时间;

(4)仪器设备的名称、型号及编号;

(5)环境温度和湿度;

(6)搅拌方式;

(7)水泥混凝土拌合物含气量;

(8)要说明的其他内容。

条文说明

本方法没有采用 ASTM C231 中的气压式含气量测定仪,而采用混合式含气量测定仪。混合式含气量测定仪与气压式含气量测定仪的区别在于,混凝土试样顶面与锥盖间的空间用水注满,由于水不可压缩,从而减少了试验误差。含气量测试方法可分为水压法和气压法,由于水压法操作比较烦琐且检测数据不准,所以没有列入本方法。混合式方法属于压力法测定拌合物含气量,这个方法的基本原理是混凝土受到一定压力时,通过测定其体积变化的大小,并使用Boyle's原理计算含气量。上述方法只能测定总含气量,而不能区分引入空气与截入空气。

含气量测定仪容器及含气量与气体压力之间的关系曲线直接影响混凝土拌合物含气量测定结果的准确性,因此混凝土含气量测定仪的标定和率定是非常重要的。由于含气量测定仪容器在制作过程中有一定误差,在使用过程中会存在碰撞变形可能,而且混凝土含气量测定仪在使用过程中测试精度受影响因素较多,试验室需经常对混凝土含气量测定仪进行标定和率定,以保证含气量测试结果准确。

原规程规定两次测量压力值的相对误差小于0.2%取平均值,大于0.2%时需进行第三次试验,取较接近的两者的算术平均值作为结果,若仍大于0.2%则重新试验。试验实际操作过程中,测得两次压力显示值的相对误差不大于0.2%几乎难以实现,故参照《普通混凝土拌合物性能试验方法标准》(GB/T 50080—2016)和《水工混凝土试验规程》(DL/T 5150—2017)的相关规定,规定两次含气量差值不大于0.5%,取算术平均值作为含气量结果,若大于0.5%则重新试验,此次修订大大提高了试验的可操作性,简化了试验步骤。

T 0527—2005 水泥混凝土拌合物凝结时间试验方法

1 目的、适用范围和引用标准

本方法规定了贯入阻力法测定水泥混凝土拌合物凝结时间的试验方法。

本方法适用于各通用水泥和常见外加剂以及不同水泥混凝土配合比、坍落度不为零的水泥混凝土拌合物的凝结时间测定。

本方法不适用于坍落度为零的情况,因为混凝土拌合物很难筛出足够量的水泥砂浆。

引用标准：

《试验筛 技术要求和检验 第2部分：金属穿孔板试验筛》(GB/T 6003.2)

《混凝土试验用振动台》(JG/T 245)

水泥混凝土拌合物的拌和与现场取样方法(T 0521)

2 仪具与材料

2.1 贯入阻力仪：如图T 0527-1所示，最大测量值不应小于1 000N，刻度盘分度值为10N。

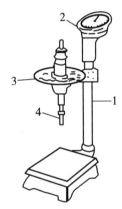

图 T 0527-1 贯入阻力仪示意图

1-主体；2-刻度盘；3-手轮；4-测针

2.2 测针：长约100mm，平头测针圆面积为$100mm^2$、$50mm^2$和$20mm^2$三种，在距离贯入端25mm处刻有标记。

2.3 试样筒：上口径为160mm，下口径为150mm，净高为150mm的刚性容器，并配有盖子。

2.4 试验筛：筛孔直径应为4.75mm，并应符合现行《试验筛 技术要求和检验 第2部分：金属穿孔板试验筛》(GB/T 6003.2)的规定。

2.5 振动台：应符合现行《混凝土试验用振动台》(JG/T 245)的规定。

2.6 捣棒：为直径16mm，长约600mm，并具有半球形端头的钢质圆棒。

2.7 其他:铁制拌和板、吸液管和玻璃片等。

3 试样制备

3.1 应用试验筛从混凝土拌合物中筛出砂浆,再经人工翻拌后,装入一个试样筒。每批混凝土拌合物取一个试样,共取三个试样,分装三个试样筒。

3.2 对于坍落度不大于90mm的混凝土,宜用振动台振实砂浆,振动应持续到表面出浆为止,且应避免过振;对于坍落度大于90mm的混凝土,宜用捣棒人工捣实,沿螺旋方向由外向中心均匀插捣25次,然后用橡皮锤轻击试样筒侧壁,以排除在捣实过程中留下的空洞。进一步整平砂浆表面,使其低于试样筒上沿约10mm,并应立即加盖。

本条规定了不同坍落度混凝土拌合物的振捣方式及插捣次数。坍落度不大于90mm的混凝土拌合物使用振实台,坍落度大于90mm的混凝土拌合物使用捣棒。这与《混凝土质量控制标准》(GB 50164—2011)的规定一致。制备好的砂浆应立即加盖,防止水分蒸发影响凝结时间。

3.3 砂浆试样制备完毕,静置于温度为20℃±2℃的环境中待测,并在整个测试过程中,环境温度始终保持为20℃±2℃。在整个测试过程中,除吸去泌水或进行贯入试验外,试样筒应始终加盖。在其他较为恒定的温度、湿度环境中进行试验时,应在试验结果中加以说明。

本条规定了环境温度。由于温度对水泥混凝土拌合物凝结时间影响较大,因此稳定的环境温度,是保证凝结时间准确性的必要条件。

3.4 砂浆试样制备完毕后1h,将试件一侧稍微垫高约20mm,使其倾斜静置约2min,用吸管吸去泌水。以后每到测试前约2min,同上步骤用吸管吸去泌水(低温或缓凝的混凝土拌合物试样,静置与吸水间隔时间可适当延长)。若在贯入测试前还有泌水,也应吸干。

本条规定了用吸管吸去泌水的方法。砂浆表面有明水会影响砂浆表面层的水泥水化进程,进而影响凝结时间,因此,砂浆表面应保持无积水。

3.5 凝结时间测定从搅拌加水开始计时。根据混凝土拌合物的性能，确定测针试验时间，以后每隔0.5h测试一次，在临近初凝和终凝时，应缩短测试间隔时间。

本条规定了确定测针时间后的测试间隔。不同水泥混凝土拌合物的性能差异使得测针试验开始时间不一致：普通混凝土在成型后2~3h，掺早强剂的混凝土在1~2h，掺缓凝剂的混凝土在4~6h之后。

4 试验步骤

4.1 测试时，将砂浆试样筒置于贯入阻力仪上，测针端面刚刚接触砂浆表面，然后转动手轮，使测针在$10s \pm 2s$内垂直且均匀地插入试样内，深度为$25mm \pm 2mm$，记录最大贯入阻力值，精确至10N；记下从开始加水拌和起所经过的时间(精确至1min)及环境温度(精确至0.5℃)。

本条规定了测针贯入速度，贯入速度过快或过慢都会影响贯入阻力测试值。

4.2 测定时，每个试样筒每次测1~2个点，各测点的间距不小于15mm，测点与试样筒壁的距离不小于25mm。

4.3 每个试样的贯入测试不少于6次，直至单位面积贯入阻力大于28MPa为止。

本条规定了贯入测试次数。为了保证凝结时间曲线的准确性，测点应均匀分布在单位面积贯入阻力测试值为0.2~28MPa的范围内，因此有最少测试点的要求。

4.4 根据砂浆凝结状况，在测试过程中应以测针承压面积从大到小顺序更换测针，一般当砂浆表面测孔边出现微裂缝时，应更换较小截面积的测针。更换测针应按表T 0527-1的规定选用。

表T 0527-1 测针选用规定

单位面积贯入阻力(MPa)	0.2~3.5	3.5~20.0	20.0~28.0
平头测针圆面积(mm^2)	100	50	20

5 结果计算

5.1 单位面积贯入阻力,按式(T 0527-1)计算:

$$f_{PR} = \frac{P}{A} \quad (\text{T } 0527\text{-}1)$$

式中:f_{PR}——单位面积贯入阻力(MPa);

P——测针贯入深度为25mm时的贯入压力(N);

A——贯入测针截面面积(mm^2)。

结果计算精确至0.1MPa。

5.2 凝结时间宜按式(T 0527-2)通过线性回归方法确定。根据式(T 0527-2),当单位面积贯入阻力为3.5MPa时,对应的时间应为初凝时间;单位面积贯入阻力为28MPa时,对应的时间应为终凝时间。

$$\ln t = a + b \ln f_{PR} \quad (\text{T } 0527\text{-}2)$$

式中:t——单位面积贯入阻力对应的测试时间(min);

a、b——线性回归系数。

5.3 凝结时间也可用绘图拟合方法确定。应以单位面积贯入阻力为纵坐标,测试时间为横坐标,绘制单位面积贯入阻力与测试时间关系曲线。经3.5MPa及28MPa画两条平行于横坐标的直线,则直线与曲线相交点的横坐标即为初凝及终凝时间,如图 T 0527-2 所示。

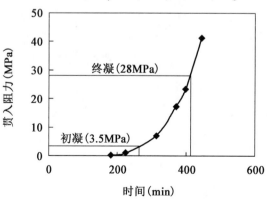

图 T 0527-2 时间-贯入阻力曲线

本条规定了绘制单位面积贯入阻力与测试时间关系曲线的方法。

5.4 以3个试样的初凝时间和终凝时间的算术平均值作为此次试样初凝时间和终凝时间的试验结果,凝结时间用 h:min 表示,并精确至5min。3个测值中的最大值或最小值,若有一个与中间值之差超过中间值的10%,则应以中间值为试验结果;若最大值和最小值与中间值之差均超过中间值的10%,则此试验无效,应重新试验。

6 试验报告

试验报告应包括下列内容:

(1)要求检测的项目名称、执行标准;

(2)原材料的品种、规格和产地以及混凝土配合比;

(3)试验日期及时间;

(4)仪器设备的名称、型号及编号;

(5)环境温度和湿度;

(6)每次贯入阻力试验时对应的环境温度、时间、贯入压力、测针面积和计算出来的贯入阻力值;

(7)时间-贯入阻力曲线、初凝时间和终凝时间;

(8)要说明的其他内容。

条文说明

本方法参照《普通混凝土拌合物性能试验方法标准》(GB/T 50080—2016)和 Standard Test Method for Time of Setting of Concrete Mixtures by Penetration Resistance(ASTM C 403/C)修订,但在所使用测针方面,没有采用 ASTM C 403/C 的横截面积(654mm^2、323mm^2、161mm^2、65mm^2、32mm^2、16mm^2),而是采用100mm^2、50mm^2、20mm^2系列。本方法和 ASTM C 403 都认为在贯入试样25mm时,压力与面积比为3.5MPa时达到初凝,压力与面积比为28MPa时达到终凝。

本方法砂浆试样应从被测混凝土拌合物中筛出,不得配制同配合比的砂浆来替代。另外,测试过程中环境温度对试验结果影响较大,有一个稳定的测试环境是保证凝结时间测试精度的必要条件。如果试验室环境温度达不到要求,可以将砂浆试样筒放置在混凝土标准养护室内进行测试。

本方法将原规程以坍落度不大于70mm和大于70mm分别进行振动台密实和人工插捣密实,调整为分别按照坍落度不大于90mm和大于90mm进行密实,这也与《普通混凝土拌合物性能试验方法标准》(GB/T 50080—2016)相一致,并根据混凝土拌合物的状态规定了对应的密实方法。

从加水拌和时算起,常温下普通混凝土在2~3h后开始测定,以后每次间隔为0.5h;掺早强剂的混凝土宜在1~2h后开始测定,以后每隔0.5h测一次;掺缓凝剂的混凝土宜在4~6h后开始测定,以后每隔2h测一次。在临近初凝、终凝时可增加测定次数。

T 0529—2005 水泥混凝土拌合物配合比分析试验方法

1 目的、适用范围和引用标准

本方法规定了水泥混凝土拌合物配合比分析的试验方法。

本方法适用于用水洗分析法测定普通水泥混凝土拌合物中四组分(水泥、水、砂、石)的含量,但不适用于集料含泥量波动较大以及用特细砂和机制砂配制的水泥混凝土。

引用标准:

《公路工程集料试验规程》(JTG E42)

水泥混凝土拌合物的拌和与现场取样方法(T 0521)

水泥混凝土拌合物体积密度试验方法(T 0525)

水泥密度试验方法(T 0503)

2 仪具与材料

2.1 广口瓶:容积为2 000mL的玻璃瓶,并配有玻璃盖板。

2.2 台秤:量程50kg,感量10g。

2.3 电子秤:量程不小于5kg,感量不大于1g。

2.4 试样筒:符合T 0525要求的容积为5L和10L的试样筒并配有玻璃盖板。

2.5 标准筛:孔径为4.75mm和0.15mm标准筛各一个。

2.6 水泥密度:应按T 0503的规定进行测定。

2.7 粗集料、细集料的表观密度:应按现行《公路工程集料试验规程》(JTG E42)的规定进行测定。

2.8 细集料修正系数按下述方法测定:

向广口瓶中注水至筒口,再一边加水一边徐徐推进玻璃板,注意玻璃板下不带有任何气泡,盖严后擦净板面和广口瓶壁的余水,如玻璃板下有气泡,必须排除。测定广口瓶、玻璃板和水的总质量。取具有代表性的两个细集料试样,每个试样的质量为2kg,精确至1g。分别倒入盛水的广口瓶中,充分搅拌、排气后浸泡约30min;然后向广口瓶中注水至筒口,再一边加水一边徐徐推进玻璃板,注意玻璃板下不得带有任何气泡,盖严后擦净板面和瓶壁的余水,称得广口瓶、玻璃板、水和细集料的总质量。则细集料在水中的质量按式(T 0529-1)计算:

$$m_{ys} = m_{ks} - m_p \quad (T\ 0529\text{-}1)$$

式中:m_{ys}——细集料在水中的质量(g);

m_{ks}——细集料和广口瓶、水及玻璃板的总质量(g);

m_p——广口瓶、玻璃板和水的总质量(g)。

应以两个试样试验结果的算术平均值作为测定值,结果计算精确至1g。

用0.15mm的标准筛将细集料过筛,用以上同样的方法测得大于

0.15mm细集料在水中的质量,见式(T 0529-2):

$$m_{ysl} = m_{ksl} - m_p \qquad (T\ 0529\text{-}2)$$

式中:m_{ysl}——大于0.15mm的细集料在水中的质量(g);

　　　m_{ksl}——大于0.15mm的细集料和广口瓶、水及玻璃板的总质量(g);

　　　m_p——广口瓶、玻璃板和水的总质量(g)。

应以两个试样试验结果的算术平均值作为测定值,结果计算精确至1g。

细集料修正系数,按式(T 0529-3)计算:

$$C_s = \frac{m_{ys}}{m_{ysl}} \qquad (T\ 0529\text{-}3)$$

式中:C_s——细集料修正系数。

结果计算精确至0.01。

3　试验取样

3.1　水泥混凝土拌合物的取样应按 T 0521 的规定进行。

3.2　当水泥混凝土中粗集料的最大粒径不大于37.5mm时,混凝土拌合物的取样量不小于50kg;粗集料的最大粒径大于37.5mm时,混凝土拌合物的取样量不小于100kg。

3.3　进行混凝土配合比(水洗法)分析时,当混凝土中粗集料的最大粒径不大于37.5mm时,每份取12kg试样;当混凝土中粗集料的最大粒径大于37.5mm时,每份取15kg试样。剩余的混凝土拌合物试样,按 T 0525 的规定进行拌合物密度的测定,并测量其体积 V。

4　试验步骤

4.1　整个试验过程的环境温度应在15~25℃,从最后加水至试验结束,温差不应超过2℃;试验至少进行两次。

4.2　用试样筒称取质量为 m_0 的混凝土拌合物试样,精确至10g。

混凝土拌合物的体积,按式(T 0529-4)计算:

$$V = \frac{m_0}{\rho_h} \quad (T\ 0529\text{-}4)$$

式中：V——试样的体积(cm^3)；

　　　m_0——试样的质量(g)；

　　　ρ_h——混凝土拌合物的密度(g/cm^3)。

4.3　把试样筒中混凝土拌合物和水的混合物全部移到4.75mm筛上水洗过筛。水洗时，要用水将筛上粗集料仔细冲洗干净，粗集料上不得粘有砂浆，筛子应备有不透水的底盘，以收集全部冲洗过筛的砂浆与水的混合物，称量洗净的粗集料试样质量m_g。

4.4　将冲洗过筛的砂浆与水的混合物全部移到试样筒中，加水至试样筒2/3高度，用棒搅拌，以排除其中的空气；若水面上有不能破裂的气泡，可以加入少量的异丙醇试剂以消除气泡；让试样静止10min，以使固体物质沉积于容器底部。加水至满，再一边加水一边徐徐推进玻璃板，注意玻璃板下不得带有任何气泡，盖严后应擦净板面和筒壁的余水。称出砂浆与水的混合物和试样筒、水及玻璃板的总质量。应按式(T 0529-5)计算砂浆在水中的质量：

$$m'_m = m_k - m_D \quad (T\ 0529\text{-}5)$$

式中：m'_m——砂浆在水中的质量(g)；

　　　m_k——砂浆与水的混合物和试样筒、水及玻璃板的总质量(g)；

　　　m_D——试样筒、玻璃板和水的总质量(g)。

结果计算精确至1g。

4.5　将试样筒中的砂浆与水的混合物在0.15mm筛上冲洗，然后将在0.15mm筛上洗净的细集料全部移至广口瓶中，加水至满，再一边加水一边徐徐推进玻璃板，注意玻璃板下不得带有任何气泡，盖严后应擦净板和瓶壁的余水；称出细集料试样、广口瓶、水及玻璃板总质量，应按式(T 0529-6)计算集料在水中的质量：

$$m'_s = C_s(m_{ks} - m_p) \quad (T\ 0529\text{-}6)$$

式中：m'_s——细集料在水中的质量(g)。

结果计算精确至1g。

5 结果计算

5.1 混凝土拌合物试样中四种组分的质量应按下列公式计算：

(1) 试样中的水泥质量，按式(T 0529-7)计算：

$$m_c = (m'_m - m'_s) \times \frac{\rho_c}{\rho_c - 1} \qquad (\text{T } 0529\text{-}7)$$

式中：m_c——试样中水泥的质量(g)；

ρ_c——水泥的密度(g/cm³)。

结果计算精确至1g。

(2) 试样中细集料的质量，按式(T 0529-8)计算：

$$m_s = m'_s \times \frac{\rho_s}{\rho_s - 1} \qquad (\text{T } 0529\text{-}8)$$

式中：m_s——试样中细集料的质量(g)；

ρ_s——处于干燥状态下的细集料的密度(g/cm³)。

结果计算精确至1g。

(3) 试样中水的质量，按式(T 0529-9)计算：

$$m_w = m_0 - (m_g + m_s + m_c) \qquad (\text{T } 0529\text{-}9)$$

式中：m_w——试样中水的质量(g)；

m_0——拌合物试样质量(g)；

m_g——试样中粗集料的质量(g)。

结果计算精确至1g。

(4) 混凝土拌合物试样中粗集料的质量 m_g 应按式(T 0529-9)计算，单位为g。

5.2 混凝土拌合物中水泥、水、粗集料、细集料的单位用量，应分别按式(T 0529-10)~式(T 0529-13)计算：

$$C = \frac{m_c}{V} \times 1\,000 \qquad (T\,0529\text{-}10)$$

$$W = \frac{m_w}{V} \times 1\,000 \qquad (T\,0529\text{-}11)$$

$$G = \frac{m_g}{V} \times 1\,000 \qquad (T\,0529\text{-}12)$$

$$S = \frac{m_s}{V} \times 1\,000 \qquad (T\,0529\text{-}13)$$

式中：C、W、G、S——分别为水泥、水、粗集料、细集料的单位用量（kg/m^3）。

以上结果计算精确至$1kg/m^3$。

5.3 以两个试样试验结果的算术平均值作为测定值，两个试验结果差值的绝对值应符合下列规定：水泥为$\leqslant 6kg/m^3$；水为$\leqslant 4kg/m^3$；细集料为$\leqslant 20kg/m^3$；粗集料为$\leqslant 30kg/m^3$。否则，此次试验无效。

6 试验报告

试验报告应包括下列内容：

(1) 要求检测的项目名称、执行标准；

(2) 原材料的品种、规格和产地；

(3) 仪器设备的名称、型号及编号；

(4) 环境温度和湿度；

(5) 试样的质量；

(6) 水泥的密度；

(7) 粗集料和细集料的表观密度；

(8) 试样中水泥、水、细集料和粗集料的质量；

(9) 水泥混凝土拌合物中水泥、水、粗集料和细集料的单位用量；

(10) 水泥混凝土拌合物水灰比；

(11) 要说明的其他内容。

T 0538—2020 水泥混凝土拌合物水溶性氯离子含量快速试验方法

本方法为新增内容。本方法基于《水工混凝土试验规程》(DL/T 5150—2017),并参照《混凝土中氯离子含量检测技术规程》(JGJ/T 322—2013)编制。其原理是用氯离子选择电极和甘汞电极置于液相中,测得的电极电位 E 与液相中氯离子浓度 C 的对数呈线性关系,即 $E = K - 0.0591 \times \lg C$。因此,可根据测得的电极电位值(2个点)来绘制"电位-氯离子浓度"关系曲线。

本方法适用于施工现场或试验室条件下快速推算混凝土拌合物中氯离子含量。

1 目的、适用范围和引用标准

本方法规定了水泥混凝土拌合物水溶性氯离子含量的快速试验方法。

本方法适用于现场快速检验水泥混凝土拌合物中的氯离子含量。

引用标准:

水泥混凝土试件制作与硬化水泥混凝土现场取样方法(T 0551)

2 仪具与材料

2.1 氯离子选择电极:测量范围宜为 $5 \times 10^{-5} \sim 1 \times 10^{-2}$ mol/L;响应时间不得大于2min;温度范围宜为 $5 \sim 35$℃;pH 范围:$2 \sim 12$。

本条规定了氯离子电极的规格。

2.2 参比电极:双盐桥饱和甘汞电极,盐桥充 0.1mol/L KNO_2 溶液或 0.1mol/L $NaNO_3$ 溶液。

2.3 电位测量仪器:分辨值为 1mV 的酸度计、恒电位仪、伏特计或电位差计,输入阻抗不得小于7MΩ。

2.4 活化液:应使用浓度为 0.001mol/L 的 NaCl 溶液。

2.5 标准液:应使用浓度分别为 5.5×10^{-4}mol/L 和 5.5×10^{-3}mol/L 的 NaCl 标准溶液。

3 试验步骤

3.1 建立电位-氯离子浓度关系曲线

(1)氯离子选择电极应放入活化液中活化2h。

(2)用蒸馏水配制 5.5×10^{-3}mol/L 和 5.5×10^{-4}mol/L 两种 NaCl 标准溶液,各250mL。

本条规定了采用蒸馏水配制标准溶液,避免饮用水或矿泉水中离子含量的影响。

(3)应将氯离子选择电极和参比电极插入温度为20℃±2℃、浓度为 5.5×10^{-4} mol/L 的 NaCl 标准溶液中,经2min后,应采用电位测量仪测两极之间电位值(图T 0538-1);然后应按相同操作步骤测得温度为20℃±2℃、浓度为 5.5×10^{-3} mol/L 的 NaCl 标准溶液的电位值。应将分别测得的两种浓度 NaCl 标准溶液的电位值标在 $E\text{-}lgC$ 坐标上,其连线即为电位-氯离子浓度关系曲线。

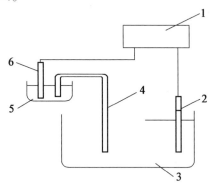

图 T 0538-1 测量示意图
1-电位测量仪;2-氯离子选择电极;3-被测液;4-盐桥;5-NaCl 溶液;6-甘汞电极

本条规定了电位测量仪测两极之间电位值的试验方法。注意试验环境温度应为20℃±2℃,温度差异会引起溶液中离子浓度差异,从而影响试验准确性。

(4)在测试每个 NaCl 标准溶液电位值前,均应采用蒸馏水对氯离子选择电极和参比电极进行充分清洗,并用滤纸擦干。

(5)当标准液温度超出 20℃±2℃ 时,应对电位-氯离子浓度关系曲线进行温度校正。

3.2 水泥混凝土拌合物中氯离子含量测定步骤

(1)应采用筛孔直径为 4.75mm 的筛子对水泥混凝土拌合物进行筛分,获得不少于 1 000g 的砂浆,称取两份 500.0g 砂浆试样,并向每份砂浆试样中加入 500.0g 蒸馏水,充分摇匀后获得两份悬浊液,密封待测。悬浊液的获取应自水泥混凝土加水搅拌 2h 内完成。

本条规定了被测试水泥混凝土拌合物的处理方法,砂浆试样是水泥混凝土拌合物通过直径为 4.75mm 的筛子筛分而得,因此,结果计算时应注意配合比中的砂粒径(0~4.75mm)。若使用天然砂时存在一定的超径现象(粒径大于 4.75mm),应予以扣除。

(2)测试前应先将氯离子选择电极浸入活化液中活化 1h。

(3)将获得的两份悬浊液分别摇匀后,以快速定量滤纸过滤,获取两份不少于 100mL 的悬浊液于烧杯中。

(4)分别测量两份滤液的电位值:将氯离子选择电极和参比电极掺入滤液中,经 2min 后测定滤液的电位值。

(5)测量每份滤液前应采用蒸馏水对氯离子选择电极和参比电极进行充分清洗,并用滤纸擦干。应分别测量两份滤液的温度,并对建立的电位-氯离子浓度关系曲线进行温度校正。

(6)根据测定的电位值,分别从 $E\text{-}\lg C$ 曲线上推算两份滤液的氯离子浓度,并将两份滤液的氯离子浓度的平均值作为滤液氯离子浓度的测定结果。

4 结果计算

4.1 每立方米水泥混凝土拌合物中水溶性氯离子的质量,按式

(T 0538-1)计算：

$$m_{Cl^-} = C_{Cl^-} \times 0.03545 \times (m_B + m_S + m_W) \quad (T\ 0538\text{-}1)$$

式中：m_{Cl^-}——每立方米水泥混凝土拌合物中水溶性氯离子的质量(kg)；

C_{Cl^-}——滤液的氯离子浓度(mol/L)；

m_B——混凝土配合比中每立方米混凝土的胶凝材料用量(kg)；

m_S——混凝土配合比中每立方米混凝土的砂用量(kg)；

m_W——混凝土配合比中每立方米混凝土的水用量(kg)。

结果计算精确至0.01kg。

需要注意的是，本规程中的式(T 0538-1)有误，遗漏 m_W 前的系数2。具体公式推导过程可参照《混凝土中氯离子含量检测技术规程》(JGJ/T 322—2013)。

4.2 水泥混凝土拌合物中水溶性氯离子含量占水泥质量的百分比，按式(T 0538-2)计算：

$$w_{Cl^-} = \frac{m_{Cl^-}}{m_C} \times 100 \quad (T\ 0538\text{-}2)$$

式中：w_{Cl^-}——水泥混凝土拌合物中水溶性氯离子占水泥质量的百分比(%)；

m_C——混凝土配合比中每立方米混凝土的水泥用量(kg)。

结果计算精确至0.001%。

5 试验报告

试验报告应包括下列内容：

(1)原材料的品种、规格和产地；

(2)仪器设备的名称、型号及编号；

(3)环境温度和湿度；

(4)依据标准；

(5)每立方米水泥混凝土拌合物中水溶性氯离子的质量 m_{Cl^-}；

(6)水泥混凝土拌合物中水溶性氯离子占水泥质量的百分比 w_{Cl^-}；

(7)要说明的其他内容。

条文说明

本方法参照《混凝土中氯离子含量检测技术规程》(JGJ/T 322—2013)编制。本方法基本原理：用氯离子选择电极和甘汞电极置于液相中，测得的电极电位 E 与液相中氯离子浓度 C 的对数呈线性关系，即 $E = K - 0.0591 \times \lg C$。因此，可以根据测得的电极电位值来推算出氯离子浓度。

采用砂浆与蒸馏水质量比1:1混合后的滤液进行测试，其原因为：①氯离子选择电极和参比电极(其敏感膜)与溶液接触的良好程度直接关系到测量精度，而砂浆由于其非液态特性，有碍于氯离子在其中的自由扩散，使得电极敏感膜表面的氯离子浓度因扩散受限而小于实测值，直接插入砂浆中测量将难以保证其良好接触；②砂浆中存在大量杂质颗粒，有损氯离子选择电极和参比电极的敏感膜，将严重损害电极的使用寿命；③以滤液作为测试对象能较好地避免以上两个问题，而且测试状态与电位-氯离子浓度曲线标定的状态一致。

试验所用的浓度分别为 5.5×10^{-3} mol/L 和 5.5×10^{-4} mol/L 的两种 NaCl 标准溶液参照《化学试剂 标准滴定溶液的制备》(GB/T 601—2016)中 NaCl 标准滴定溶液的相关规定配制。

T 0539—2020 水泥混凝土拌合物绝热温升试验方法

本方法为新增内容，参照 Standard Test Method for Temperature of Freshly Mixed Hydraulic-cement Concrete (ASTM C1064/1064M-12)和《普通混凝土拌合物性能试验方法标准》(GB/T 50080—2016)修订。

混凝土绝热温升是混凝土重要的物理参数。水泥水化放热在混凝土内部积聚引起温度梯度导致温度裂缝是大体积混凝土工程中的主要问题之一，因此混凝土绝热温升是大体积混凝土温度控制的一个重要参数指标。最直接的方法是直接测定混凝土的绝热温升值。

1 目的、适用范围和引用标准

本方法规定了水泥混凝土拌合物绝热温升的试验方法。

本试验适用于在绝热条件下,测定水泥混凝土拌合物在水化过程中的温度变化及最高温升值。

引用标准:

《混凝土热物理参数测定仪》(JG/T 329)

2 仪具与材料

2.1 绝热温升测定仪:应符合现行《混凝土热物理参数测定仪》(JG/T 329)的规定,原理如图 T 0539-1 所示。该测定仪器由绝热养护箱和控制记录仪两部分组成,温度控制记录仪的测量范围应为 0~100℃,分度值 0.05℃;试验容器宜采用钢板制成,顶盖宜具有橡胶密封圈,容器尺寸应大于粗集料最大粒径的 3 倍。

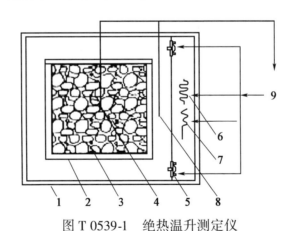

图 T 0539-1 绝热温升测定仪

1-绝热试验箱;2-试样容器;3-混凝土试样;4、8-温度传感器;5-风扇;6-制冷器;7-制热器;9-温度控制记录仪

该仪器的关键是热量的精确补偿,确保设备内保温桶和外保温桶几乎不存在热量交换。试验时,绝热试验箱内空气的平均温度与试样中心温度的差值应保持不大于 ±0.1℃,超出 ±0.1℃时,系统自动进行补偿

调整。

2.2 捣棒及放测温探头的紫铜测温管或玻璃管等:管的尺寸要求为内径稍大于测温探头直径,长度为试件高的1/2。

2.3 成型室:20℃±2℃,相对湿度不小于50%。

3 试验步骤

3.1 绝热温升试验装置应进行绝热性检验,即试样容器内装与绝热温升试验试样体积相同的水,水温分别为40℃和60℃左右,在绝热温度跟踪状态下运行72h,试样容器内的水温变动值应不大于±0.05℃。试验时,绝热试验箱内空气的平均温度与试样中心温度的差值应保持不大于±0.1℃,超出±0.1℃时,对仪器进行调整。重复上述试验,直至满足要求。

本条规定了绝热温升试验装置的绝热性检验方法,试验前应检查设备的精确度。

3.2 试验前24h应将混凝土拌和用原材料放在20℃±2℃的室内,使其温度与室温一致。对拌合物浇筑温度有专门要求时,则按要求控制拌合物的初始温度。

本条规定了试验用材料的温度控制要求。混凝土拌合物的初始温度影响水泥水化进程,因此应注意初始温度的要求。当模拟实际工程混凝土浇筑温度时,可调整相应的原材料温度以达到混凝土初始温度的要求。

3.3 应按T 0551拌制混凝土拌合物,拌和均匀后分两层装入容器中,每层捣实后高度约为1/2容器高度;每层装料后由边缘向中心均匀地插捣25次,捣棒应插透本层至下一层的表面;每一层捣完后用橡皮锤沿容器外壁敲击5~10次,进行振实,直至拌合物表面插捣孔消失为止;在容器中心埋入一根紫铜测温管或玻璃测温管,测温管中应盛入少许液压油,然后盖上容器上盖,保持密封。

3.4 试样容器送入绝热室内,将测温元件(温度传感器或温度计)

装入测温管中,测得混凝土拌合物的初始温度(θ_0)。

3.5 开始试验,控制绝热室温度与试样中心温度相差不应大于±0.1℃。试验开始后应每0.5h记录一次试样中心温度,历时24h后每1h记录一次,7d后可3~6h记录一次。试验历时7d后可结束,也可根据需要确定试验周期。

已有试验数据表明,常见的水泥混凝土(通过硅酸盐水泥制备的混凝土)7d后的绝热温升值增长较小,如C50混凝土7d测试的绝热温升值与28d最终绝热温升值相差1.5℃。为此,本条规定了混凝土绝热温升试验可在7d后结束,可缩短时间周期,提高试验效率。如有试验需要,也可根据试验要求确定试验周期。

3.6 试件从拌和、成型到开始测读温度,应在30min内完成。

4 结果计算

4.1 绝热温升值,按式(T 0539-1)计算:

$$\theta_n = \alpha(\theta'_n - \theta_0) \quad (T\ 0539\text{-}1)$$

式中:θ_n——n天龄期混凝土绝热温升值(℃);

θ'_n——n天龄期仪器记录的温度(℃);

θ_0——混凝土拌合物的初始温度(℃);

α——试验设备绝热温升修正系数。

结果计算精确至0.1℃。

本条规定了混凝土绝热温升简化后的计算公式,其中α的取值大于1,其值由试验设备厂家提供。

4.2 以时间为横坐标、温升为纵坐标绘制混凝土温升过程线,根据曲线即可查得不同龄期的混凝土绝热温升值。

5 试验报告

试验报告应包括下列内容:

(1)原材料的品种、规格和产地;

(2)仪器设备的名称、型号及编号;
(3)环境温度和湿度;
(4)测试龄期内水泥混凝土的绝热温升值;
(5)要说明的其他内容。

条文说明

本方法参照《普通混凝土拌合物性能试验方法标准》(GB/T 50080—2016)编制。

混凝土绝热温升是混凝土重要的物理参数,水泥水化放热在混凝土内部积聚引起温度梯度导致温度裂缝,是大体积混凝土工程中的主要问题之一。混凝土绝热温升是衡量混凝土本身放热能力的根本依据,也是大体积混凝土温度控制的一个重要参数指标,最直接的方法是直接测定混凝土的绝热温升值。

由于近年来测试设备技术和精度的提高,考虑完全的绝热试验条件难以实现,即使在高精度试验环境条件下,绝热温升试验过程中,混凝土与外界仍存在一定的热交换,故采纳《普通混凝土拌合物性能试验方法标准》(GB/T 50080—2016)中绝热温升的简化公式,而未采用《水工混凝土试验规程》(DL/T 5150—2017)中的绝热温升计算公式。简化后公式仍然能够表征混凝土的绝热温升值,而且可操作性大大提高。

5 硬化水泥混凝土性能试验

原规程第5章有试验方法20项,本规程第5章有试验方法34项,增加试验方法14项,分别为:水泥混凝土与钢筋握裹力试验方法、水泥混凝土早期开裂敏感性试验方法(平板法)、水泥混凝土收缩试验方法(接触法)、水泥混凝土收缩试验方法(非接触法)、水泥混凝土限制膨胀率试验方法、水泥混凝土线膨胀系数试验方法(光杠杠法)、水泥混凝土徐变试验方法、水泥混凝土抗氯离子渗透试验方法(RCM法)、水泥混凝土抗氯离子渗透试验方法(电通量法)、水泥混凝土碳化试验方法、水泥混凝土抗硫酸盐侵蚀试验方法、水泥混凝土抗盐冻试验方法(单面法)、水泥混凝土气泡间距系数试验方法(导线法)和水泥混凝土透水系数试验方法。本章分为试件制作、力学性能试验、体积稳定性、耐久性和其他等5部分。

5.1 试件制作

T 0551—2020 水泥混凝土试件制作与硬化水泥混凝土现场取样方法

1 目的、适用范围和引用标准

本方法规定了在常温环境中室内试验时水泥混凝土试件制作与硬化水泥混凝土现场取样方法。

本方法适用于普通水泥混凝土及喷射水泥混凝土硬化后试件的现场取样方法,但因其特殊性所引起的对试验设备及方法的特殊要求,均应按对这些水泥混凝土试件制作和取样的有关技术规定进行。

引用标准:

《混凝土试验用搅拌机》(JG 244)

《混凝土试验用振动台》(JG/T 245)

《混凝土试模》(JG 237)

《混凝土坍落度仪》(JG/T 248)

《钻芯法检测混凝土强度技术规程》(JGJ/T 384)

水泥混凝土拌合物的拌和与现场取样方法(T 0521)

2 仪具与材料

2.1 强制搅拌机:应符合现行《混凝土试验用搅拌机》(JG 244)的规定。

2.2 振动台:应符合现行《混凝土试验用振动台》(JG/T 245)的规定。

2.3 试模

(1)非圆柱试模:应符合现行《混凝土试模》(JG 237)的规定。

(2)圆柱试模:直径误差小于$1/200d$,高度误差应小于$1/100h$(d为直径,h为高度)。试模的底板平面度公差不超过0.02mm。组装试模时,圆筒纵轴与底板应成直角,允许公差为0.5°。

(3)喷射混凝土试模:尺寸为450mm×450mm×120mm(长×宽×高),模具一侧边为敞开状。

2.4 试件尺寸

常用的几种试件尺寸(试件内部尺寸)和最大粒径规定见表T 0551-1。所有试件承压面的平面度公差不超过$0.0005d$(d为边长)。

表 T 0551-1 试 件 尺 寸

试件名称	标准尺寸(集料最大粒径)(mm)	非标准尺寸(集料最大粒径)(mm)
立方体抗压强度试件	150×150×150(31.5)	100×100×100(26.5) 200×200×200(53)
圆柱轴心抗压强度试件 (高径比2:1)	φ150×300(31.5)	φ100×200(26.5) φ200×400(53)

续表 T 0551-1

试 件 名 称	标准尺寸（集料最大粒径）（mm）	非标准尺寸（集料最大粒径）（mm）
钻芯样抗压强度试件（高径比 1:1）	$\phi 150 \times 150 (31.5)$	$\phi 100 \times 100 (26.5)$ $\phi 75 \times 75 (19)$
棱柱体轴心抗压强度试件	$150 \times 150 \times 300 (31.5)$	$200 \times 200 \times 400 (53)$ $100 \times 100 \times 300 (26.5)$
立方体劈裂抗拉强度试件	$150 \times 150 \times 150 (31.5)$	$100 \times 100 \times 100 (26.5)$
圆柱劈裂抗拉强度试件	$\phi 150 \times L_m (31.5)$	$\phi 100 \times L_m (26.5)$ $\phi 200 \times L_m (53)$
钻芯样劈裂强度试件	$\phi 150 \times L_m (31.5)$	$\phi 100 \times L_m (26.5)$ $\phi 75 \times L_m (19)$
抗压弹性模量试件	$150 \times 150 \times 300 (31.5)$	$200 \times 200 \times 400 (53)$ $100 \times 100 \times 300 (26.5)$
圆柱轴心抗压弹性模量试件（高径比 2:1）	$\phi 150 \times 300 (31.5)$	$\phi 100 \times 200 (26.5)$ $\phi 200 \times 400 (53)$
抗弯拉强度试件	$150 \times 150 \times 550 (31.5)$	$100 \times 100 \times 400 (26.5)$
抗弯拉弹性模量试件	$150 \times 150 \times 550 (31.5)$	$100 \times 100 \times 400 (26.5)$
喷射混凝土试件	$100 \times 100 \times 100$ 或 $\phi 100 \times 100$	—
混凝土动弹性模量试件	$100 \times 100 \times 400 (31.5)$	$L/a = 3、4、5$ 的其他尺寸，其中 a 为宽度，不小于 $100 mm; L$ 为长度（mm）
混凝土收缩试件（接触法）	$\phi 100 \times 400 (31.5)$	—
混凝土收缩试件（非接触法）	$100 \times 100 \times 515 (31.5)$	$150 \times 150 \times 515 (31.5)$ $200 \times 200 \times 515 (50)$
混凝土限制膨胀率试件	$100 \times 100 \times 400 (31.5)$	—
混凝土抗冻试件（快冻法）	$100 \times 100 \times 400 (31.5)$	—
混凝土耐磨试件	$150 \times 150 \times 150 (31.5)$	$\phi 150 \times L_m$ 芯样试件
抗渗试件	上口直径 175mm，下口直径 185mm，高 150mm 的锥台	上、下直径与高度均为 150mm 的圆柱体
抗氯离子渗透试件	$\phi 100 \times 50 (26.5)$	—

注：括号中的数字为试件中集料最大粒径，单位为 mm。标准试件的最小尺寸不宜小于粗集料最大粒径的 3 倍。

2.5 捣棒:为直径16mm、长约600mm,并具有半球形端头的钢质圆棒。

2.6 压板:用于圆柱试件的顶端处理,一般为厚6mm以上的毛玻璃,压板直径应比试模直径大25mm以上。

2.7 橡皮锤:带有质量约250g的橡皮锤头。

2.8 钻孔取样机:钻机一般用金刚石钻头,从结构表面垂直钻取,钻机应具有足够的刚度,保证钻取的芯样周面垂直且表面损伤最少。钻芯时,钻头应做无显著偏差的同心运动。

2.9 游标卡尺:量程不小于300mm,分度值为0.02mm。

2.10 锯:用于切割适于抗弯拉试验的试件。

3 非圆柱体试件成型

3.1 水泥混凝土的拌和应按T 0521的规定进行。成型前试模内壁涂一薄层矿物油。

3.2 取拌合物的总量至少应比所需量多20%以上,并取出少量混凝土拌合物代表样,在5min内进行坍落度或维勃试验,认为品质合格后,应在15min内开始制件或做其他试验。

3.3 当坍落度小于25mm时,可采用ϕ25mm的插入式捣棒成型。将混凝土拌合物一次装入试模,装料时应用抹刀沿各试模壁插捣,并使混凝土拌合物高出试模口;振捣时捣棒距底板10~20mm,且不要接触底板。振动直到表面出浆为止,且应避免过振,以防止混凝土离析,一般振捣时间为20s。捣棒拔出时要缓慢,拔出后不得留有孔洞。用刮刀刮去多余的混凝土,在临近初凝时,用抹刀抹平。试件抹面与试模边缘高低差不得超过0.5mm。

本条规定了坍落度小于25mm混凝土拌合物的装模过程、振捣方式及时间。

3.4 当坍落度大于25mm且小于90mm时,用标准振动台成型。将试模放在振动台上夹牢,防止试模自由跳动,将拌合物一次装满试模并稍有富余,开启振动台至混凝土表面出现乳状水泥浆时为止,振动过程中随时添加混凝土使试模常满,记录振动时间(约为维勃秒数的2~3倍,一般不超过90s)。振动结束后,用金属直尺沿试模边缘刮去多余混凝土,用抹刀将表面初次抹平,待试件收浆后,再次用抹刀将试件仔细抹平,试件表面与试模边缘的高低差不得超过0.5mm。

3.5 当坍落度大于90mm时,用人工成型。拌合物分厚度大致相等的两层装入试模。捣固时按螺旋方向从边缘到中心均匀地进行。插捣底层混凝土时,捣棒应到达模底;插捣上层时,捣棒应贯穿上层后插入下层20~30mm处。插捣时应用力将捣棒压下,保持捣棒垂直,不得冲击,捣完一层后,用橡皮锤轻轻击打试模外端面10~15下,以填平插捣过程中留下的孔洞。每层插捣次数100cm^{2}面积内不少于12次。试件抹面与试模边缘高低差不得超过0.5mm。

3.6 当试样为自密实混凝土时,在新拌混凝土不离析的状态下,将自密实混凝土搅拌均匀后直接倒入试模内,不得使用振动台和插捣方式成型,但可以采用橡皮锤辅助振动。试样一次填满试模后,可用橡皮锤沿着试模中线位置轻轻敲击6次/侧面。用抹刀将试件仔细抹平,使表面略低于试模边缘1~2mm。

4 圆柱体试件制作

4.1 水泥混凝土的拌和应按T 0521的规定进行。成型前试模内壁涂一薄层矿物油。

4.2 取拌合物的总量至少应比所需量多20%以上,并取出少量混凝土拌合物代表样,在5min内进行坍落度或维勃试验,认为品质合格后,应在15min内开始制件或做其他试验。

4.3 当坍落度小于25mm时,可采用φ25mm的插入式捣棒成型。拌合物分厚度大致相等的两层装入试模。以试模的纵轴为对称轴,呈对称方式填料。插入密度为每层分3次插入。插捣底层时,捣棒距底板10~20mm且不要接触底板;振捣上层时,捣棒插入该层底面下15mm深。振动直到表面出浆为止,且应避免过振,以防止混凝土离析。一般振捣时间为20s。捣完一层后,如有棒坑留下,可用橡皮锤敲击试模侧面10~15下。捣棒拔除时要缓慢。用刮刀刮去多余的混凝土,在临近初凝时,用抹刀抹平,使表面略低于试模边缘1~2mm。

4.4 当坍落度大于25mm且小于90mm时,用标准振动台成型。将试模放在振动台上夹牢,防止试模自由跳动,将拌合物一次装满试模并稍有富余,开启振动台至混凝土表面出现乳状水泥浆时为止,振动过程中随时添加混凝土使试模常满,记录振动时间(约为维勃秒数的2~3倍,一般不超过90s)。振动结束后,用金属直尺沿试模边缘刮去多余混凝土,用抹刀将表面初次抹平,待试件收浆后,再次用抹刀将试件仔细抹平,使表面略低于试模边缘1~2mm。

4.5 当坍落度大于90mm时,用人工成型。

对于试件直径为200mm的试模,拌合物分厚度大致相等的三层装入试模。以试模的纵轴为对称轴,呈对称方式填料。每层插捣25下,捣固时按螺旋方向从边缘到中心均匀地进行。插捣底层时,捣棒到达模底;插捣上层时,捣棒插入该层底面下20~30mm处。插捣时应用力将捣棒压下,不得冲击,捣完一层后,如有棒坑留下,可用橡皮锤敲击试模侧面10~15下。用抹刀将试件仔细抹平,使表面略低于试模边缘1~2mm。

而对于试件直径为100mm或150mm的试模,分两层装料,每层厚度大致相等。试件直径为150mm时,每层插捣15下;试件直径为100mm时,每层插捣8下。捣固时按螺旋方向从边缘到中心均匀地进行。插捣底层时,捣棒应到达模底;插捣上层时,捣棒插入该层底面下15mm深。用抹刀将试件仔细抹平,使表面略低于试模边缘1~2mm。

4.6 当试样为自密实混凝土时,在新拌混凝土不离析的状态下,将自密实混凝土搅拌均匀后直接倒入试模内,不得使用振动台和插捣方式成型，但可以采用橡皮锤辅助振动。试样一次填满试模后，可用橡皮锤沿着试模中线位置均匀轻轻敲击25次。用抹刀将试件仔细抹平，使表面略低于试模边缘1～2mm。

4.7 对端面应进行整平处理，但加盖层的厚度应尽量薄。

（1）拆模前当混凝土具有一定强度后，用水洗去上表面的浮浆，并用干抹布吸去表面水之后，抹上干硬性水泥净浆，用压板均匀地盖在试模顶部。加盖层应与试件的纵轴垂直。为防止压板和水泥浆之间的黏结，应在压板下垫一层薄纸。

（2）对于硬化的试件端面的处理，可采用硬石膏或硬石膏和水泥的混合物，加水后平铺在端面，并用压板进行整平，也可采用下面任一方法：①使用硫黄与矿质粉末的混合物（如耐火黏土粉、石粉等）在180～210℃间加热（温度更高时将使混合物烘成橡胶状，使强度变弱），摊铺在试件顶面，用试模钢板均匀按压，放置2h以上即可进行强度试验；②用环氧树脂拌水泥，根据需要硬化时间加入乙二胺，将此浆膏在试件顶面大致摊平，在钢板面上垫一层薄塑料膜，再均匀地将浆膏压平；③在有充分时间时，也可用水泥浆膏抹顶，使用矾土水泥的养护时间在18h以上，使用硅酸盐水泥的养护时间在3d以上。

（3）对不采用端部整平处理的试件，可采用切割的方法达到端面和纵轴垂直。整平后的端面应与试件的纵轴相垂直，端面的平整度公差在±0.1mm以内。

5 养护

5.1 试件成型后，用湿布覆盖表面（或其他保持湿度办法），在室温20℃±5℃、相对湿度大于50%的情况下，静放1～2个昼夜，然后拆模并做第一次外观检查、编号。对有缺陷的试件应除去，或加工补平。

5.2 将完好试件放入标准养护室进行养护，标准养护室温度为20℃±2℃，相对湿度在95%以上，试件宜放在铁架或木架上，间距至少

10～20mm。试件表面应保持一层水膜,并避免用水直接冲淋。当无标准养护室时,将试件放入温度20℃±2℃的饱和氢氧化钙溶液中养护。

5.3 标准养护龄期为28d(以搅拌加水开始),非标准龄期为1d、3d、7d、60d、90d、180d。

6 硬化普通水泥混凝土现场试样的钻取或切割取样

6.1 芯样的钻取

(1)钻取位置:在钻取前应考虑由于钻芯可能导致对结构产生不利影响,应尽可能避免在靠近混凝土构件的接缝或边缘处钻取,且不应带有钢筋。

(2)芯样尺寸:芯样直径宜为混凝土所用集料最大粒径的3倍以上,不宜小于最大粒径的2倍,一般为$\phi150mm \pm 10mm$或$\phi100mm \pm 10mm$,特殊部位可采用$\phi75mm$芯样。

(3)标记:钻出后的每个芯样应立即清楚地编号,并记录芯样在混凝土结构中的位置。

6.2 切割取样

对于现场取样的不规则混凝土试块,可按表T 0551-1所列棱柱体尺寸进行切割,以满足不同试验的需求。

6.3 检查与测量

(1)外观检查

每个芯样应详细描述有关裂缝、接缝、分层、麻面或离析等不均匀性,必要时应记录下列事项:

集料情况:估计集料的最大粒径、形状及种类,粗、细集料的比例与级配。

密实性:检查并记录存在的气孔、气孔的位置、尺寸与分布情况,必要时应拍下照片。

(2)测量

平均直径:在芯样高度的中间及两个1/4处,每处垂直测量2次。6

个测值的算术平均值为 d_m，精确至 1.0mm。

平均长度：芯样直径两端侧面测定钻取后芯样的长度及加工后的长度，其尺寸差应在 0.25mm 之内，取平均值作为试件平均长度 L_m，精确至 1.0mm。

平均长、高、宽：对于切割棱柱体，分别量取所有边长，精确至 1.0mm。

7 硬化喷射水泥混凝土试件的现场取样方法

7.1 喷射水泥混凝土抗压强度标准试块应采用从现场施工的喷射水泥混凝土板件上切割或钻芯法制取。

7.2 标准试块制作符合下列步骤：

(1) 在喷射作业面附近，将模具敞开一侧朝下，以 80°（与水平面的夹角）左右置于墙脚。

(2) 先在模具外的边墙上喷射，待操作正常后将喷头移至模具位置，由下而上逐层向模具内喷满水泥混凝土。

(3) 将喷满水泥混凝土的模具移至安全地方，用三角抹刀刮平混凝土表面。

(4) 在潮湿环境中养护 1d 后脱模。将混凝土板件移至标养室，在标准养护条件下养护 7d，用切割机去掉周边和上表面（底面不可切割）后加工成边长 100mm 的立方体试块或钻芯成 $\phi100mm \times 100mm$ 的圆柱体试件，立方体试块的边长允许偏差应为 ±10mm，直角允许偏差应为 ±2°。喷射水泥混凝土板件周边 120mm 范围内的混凝土不得用作试件。

7.3 加工后的试块应继续在标准条件下养护至 28d 龄期，进行抗压强度试验。

8 水下不分散混凝土试件的水下成型方法

8.1 将水下成型用的试模置于水箱中，将水加至该试模上限以上 150mm 处，水温应保持在 20℃ ±3℃。

8.2 用手铲将水下不分散混凝土拌合物从水面处向水中落下，浇入试模中。每次投料量为试模容积的1/10左右,投料应连续操作,料量应超出试模表面,每个试模的投料时间为0.5~1min。水下浇注方式如图 T 0551-1所示。

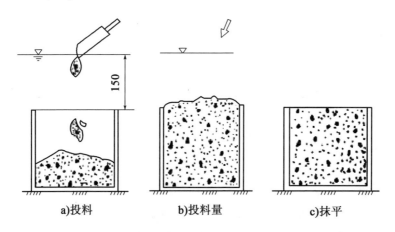

图 T 0551-1　水下不分散混凝土浇注方式(尺寸单位:mm)

8.3　将试模从水中取出,静置5~10min,使混凝土自流平、自密实而达到平稳状态。

8.4　用木锤轻敲试模的两个侧面以促进排水,超量浇注的混凝土在初凝之前用抹刀抹平,然后将其放回水中。

8.5　放置2d拆模,在水中进行标准养护,试件之间应保持一定距离,每一龄期以3个试件为一组。

8.6　当达到预定龄期时,将试件从水中取出,进行测试。

条文说明

为规范混凝土试件的制作过程,特制定本方法。本方法规定了非圆柱试件和圆柱试件的试件尺寸,并规定标准试件的横截面最短尺寸应大于最大粒径3倍。

在试件成型时,根据混凝土坍落度的不同,按坍落度小于25mm、25~90mm、大于90mm、自密实混凝土,分别提出不同成型方法。

本方法参照《岩土锚杆与喷射混凝土支护工程技术规范》(GB 50086—2015)中喷射水泥混凝土试件现场取样方法。

使用小直径芯样试件可能会造成样本的标准差增大,其强度可按《钻芯法检测混凝土强度技术规程》(JGJ/T 384—2016)的规定进行计算与推定。建议使用标准芯样试件确定水泥混凝土抗压强度值。

T 0552—2005 碾压混凝土抗弯拉试件的制作方法

1 目的、适用范围和引用标准

本方法规定了碾压混凝土抗弯拉试件的制作方法。

本方法适用于路面碾压混凝土抗弯拉试件成型。

引用标准:

《混凝土试模》(JG 237)

《混凝土试验用振动台》(JG/T 245)

2 仪具与材料

2.1 改进平板振动器:频率50Hz±3Hz,振幅1mm,功率1.1kW,质量25kg,如图T 0552-1所示。平板振动器下的压板应具有一定的刚度,其边长比试模尺寸小约5mm。

2.2 试模:应符合现行《混凝土试模》(JG 237)的规定。内壁尺寸150mm×150mm×550mm。

2.3 套模:铸铁或钢制成,内轮廓尺寸与试模相同,高度约100mm,不易变形并能固定于试模上。

2.4 压板:如图T 0552-2所示。板的长度与宽度分别比试模内壁尺寸小约5mm,厚度不小于15mm,上部焊有限位杆(可用钢筋或角钢)。

5 硬化水泥混凝土性能试验

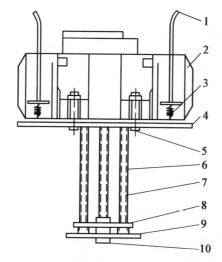

图 T 0552-1 改进平板振动器的结构示意图

1-扶手;2-振捣器;3-弹簧;4-底板;5-螺栓;6-套管;7-螺杆;8-弹簧成型板;9-成型压板;10-压板连接螺栓

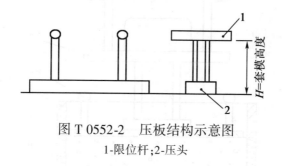

图 T 0552-2 压板结构示意图

1-限位杆;2-压头

3 试件制作

3.1 试验准备

（1）检查改进平板振动器等试验器具,确认其具有良好的工作状态。

（2）检查试模外形,应采用外形整齐并能拼装紧固的试模;将试模和套模擦净,内壁涂一薄层矿物油,并将套模紧固在试模上。

（3）将试模编号,测定、记录试模内腔(长、宽、深)尺寸,应以 3 个不同部位(中间和两端)的平均值为结果,测量精确至0.1mm。

(4)根据碾压混凝土的理论密度及试模内腔容积,按95%的压实率计算成型一个试件所需的试样质量。

3.2 试件成型

(1)量取有代表性的碾压混凝土试样,将试样分两层装入试模。装模时,应注意不使试样产生离析。每次试样入模后,先用抹刀沿试模内壁上下插捣一周,再用捣棒每层插捣100下。插捣按螺旋方向从边缘到中间均匀地进行。插捣下层时应插捣至模底,插捣上层时应插入下层20mm左右。插捣时应用力均匀,不得冲击。

(2)将压板置于试样表面,把改进平板振动器放在压板上,打开振动器开关,振至试样与试模口齐平为止,如图T0552-3所示。

(3)去掉压板和套模,用抹刀将试样表面抹光。

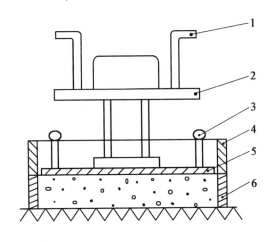

图T0552-3 试件成型示意图

1-把手;2-平板振捣器;3-限位杆;4-套模;5-压板;6-试模

3.3 试件压实率

进行试件强度试验前,用游标卡尺测定其尺寸,高度和宽度至少测量3处取平均值,长度至少测量两处取平均值,用尺寸的平均值求出试件体积;将试件称重,最后求出试件的实测压实率,见式(T0552-1)。

$$P = \frac{G}{V \cdot \rho_0} \times 100 \qquad (T\ 0552\text{-}1)$$

式中：P——试件实测压实率(%)；

G——试件质量(kg)；

V——试件体积(m^3)；

ρ_0——碾压混凝土理论密度(kg/m^3)。

结果计算精确至0.1%。

如果试件的实测压实率与设计值(95%)的误差超过1%，应适当调整试样，以使试件实测压实率达到规定要求。

本条规定了碾压混凝土压实率的计算公式及取值方式。碾压混凝土的强度与压实度有很大关系，因此强调对压实率的计算。

条文说明

由于碾压混凝土抗弯拉试件的制作方法有所不同，特别强调在一定压实率下的试件成型，所以将其单独列为一个方法。同时对于其他成型方法可参照现行《使用振动台在筒模中制作碾压混凝土》(ASTM C 1176)和《使用振动台测定碾压混凝土的稠度和密度的试验方法》(ASTM C 1170)。

5.2 力学性能试验

T 0553—2005 水泥混凝土抗压强度试验方法

1 目的、适用范围和引用标准

本方法规定了水泥混凝土抗压强度的试验方法。

本方法适用于各类水泥混凝土立方体试件的抗压强度试验，高径比为1:1的钻芯试件也可参照本方法。

本条规定了方法的适用条件，即各类立方体水泥混凝土试件和高径比1∶1钻芯试件,但是正文试验步骤中未对现场钻芯试件的制作、计算和结果修约进行规定,具体内容可参照《公路路基路面现场测试规程》(JTG 3450—2019)和《钻芯法检测混凝土强度技术规程》(JGJ/T 384—2016)。

引用标准：

《试验机通用技术要求》(GB/T 2611)

《液压式万能试验机》(GB/T 3159)

水泥混凝土试件制作与硬化水泥混凝土现场取样方法(T 0551)

2 仪具与材料

2.1 压力机或万能试验机：压力机应符合现行《液压式万能试验机》(GB/T 3159)及《试验机通用技术要求》(GB/T 2611)的规定,其测量精度为±1%,试件破坏荷载应大于压力机全程的20%且小于压力机全程的80%。压力机同时应具有加荷速度指示装置或加荷速度控制装置,上下压板平整并有足够刚度,可均匀地连续加荷卸荷,可保持固定荷载,开机停机均灵活自如,能够满足试件破型吨位要求。

本条规定了试验所用压力机的技术要求。为了减少压力机的示值相对误差和加荷速率等因素的影响,试件破坏荷载的量程应控制在20%~80%范围之内。压力机具有加荷速度显示装置或加荷速度控制装置,是为了试验人员按要求控制加荷速度,减少人工误差。压力机使用多年以后,上下压板有磨损现象,因此要求上下压板要平整并有足够刚度,压板的平整度会影响到测试混凝土的抗压强度值。

2.2 球座：钢质坚硬,面部平整度要求在100mm距离内的高低差值不超过0.05mm,球面及球窝粗糙度$R_a = 0.32\mu m$,研磨、转动灵活。不应在大球座上做小试件破型,球座宜放置在试件顶面(特别是棱柱试件),并凸面朝上,当试件均匀受力后,不宜再敲动球座。

本条规定了球座的材质及平整度要求。球座应转动灵活,有利于及时调整试件的平整度。

2.3 混凝土强度等级大于或等于C50时,试件周围应设置防崩裂网罩。

本条规定了试件周围应设置防护网罩,高强混凝土试件在加载破坏时,容易突然崩裂出碎块伤人。目前市面上销售的压力机大多数都安装了防护网罩,如原厂未提供,试验室也可自行定制防护网罩。

3 试件制备和养护

3.1 试件制备和养护应符合 T 0551 的规定。

3.2 试件尺寸应符合 T 0551 中表 T 0551-1 的规定。

3.3 集料最大粒径应符合 T 0551 中表 T 0551-1 的规定。

3.4 混凝土立方体抗压强度试件应同龄期者为一组,每组为 3 个同条件制作和养护的混凝土试块。

4 试验步骤

4.1 至试验龄期时,自养护室取出试件,应尽快试验,避免其湿度变化。

试件应尽快试验,为保持试件湿润状态,可采用湿毛巾等覆盖。

4.2 取出试件,检查其尺寸及形状,相对两面应平行。量出棱边长度,精确至1mm。试件受力截面积按其与压力机上下接触面的平均值计算。在破型前,保持试件原有湿度,在试验时擦干试件。

4.3 以成型时侧面为上下受压面,试件中心应与压力机几何对中。圆柱体应对端面进行处理,确保端面的平行度。

本条规定了试件中心应与压力机上下压板中心位置对中,避免试件出现偏心受压现象,从而影响抗压强度试验结果。为方便操作,可在下压板上画出固定试件位置的对中线。

4.4 混凝土强度等级小于 C30 时,取 0.3~0.5MPa/s 的加荷速度;混凝土强度等级大于或等于 C30 且小于 C60 时,取 0.5~0.8MPa/s 的加荷速度;混凝土强度等级大于或等于 C60 时,取 0.8~1.0MPa/s 的加荷速度。当试件接近破坏而开始迅速变形时,应停止调整试验机油门,直至试件破坏,记下破坏极限荷载 F。

本条规定了不同强度等级的加载速度。《混凝土物理力学性能试验方法标准》(GB/T 50081—2019)规定试验过程应连续、均匀加荷,加荷速度应取 0.3~1.0MPa/s。

5 结果计算

5.1 混凝土试件抗压强度,按式(T 0553-1)计算:

$$f_{cu} = \frac{F}{A} \qquad (T\ 0553\text{-}1)$$

式中:f_{cu}——混凝土立方体抗压强度(MPa);
F——极限荷载(N);
A——受压面积(mm^2)。

结果计算精确至 0.1MPa。

5.2 混凝土强度等级小于 C60 时,用非标准试件的抗压强度应乘以尺寸换算系数(表 T 0553-1),并应在报告中注明。

表 T 0553-1 立方体抗压强度尺寸换算系数

试件尺寸	尺寸换算系数
100mm × 100mm × 100mm	0.95
150mm × 150mm × 150mm	1.00
200mm × 200mm × 200mm	1.05

本条规定了混凝土强度等级小于 C60 时使用非标准试件的尺寸换算系数,不同强度等级的混凝土尺寸换算系数是基于大量的 C20~C60 混凝土试件抗压强度的试验数据统计值,尺寸换算系数与强度等级高低的相关性较差,且波动性大。随着工程塑料试模的使用,目前多数施工单位和混凝土生产单位采用 150mm × 150mm × 150mm 的标准尺寸的试模成型混凝土试件。

5.3 当混凝土强度等级大于或等于C60时,宜采用150mm×150mm×150mm标准试件;使用非标准试件时,换算系数由试验确定。

本条规定了混凝土强度等级大于或等于C60时的非标准试件尺寸换算系数应根据试验确定。要点如下:①试模的要求应符合《混凝土试模》(JG 237—2008)中的规定,宜采用钢模;②不同尺寸的立方体试件同时振捣成型,保证振捣过程一致;③养护条件为标准养护条件;④加载速度应取0.8~1.0MPa/s;⑤确定尺寸换算系数的试件组数尽量多,至少大于20组。

5.4 以3个试件测量值的算术平均值为测定值,结果精确至0.1MPa。3个试件测量值的最大值或最小值中如有一个与中间值之差超过中间值的15%,则取中间值为测定值;如最大值和最小值与中间值的差值均超过中间值的15%,则该组试验结果无效。

6 试验报告

试验报告应包括下列内容:
(1)要求检测的项目名称和执行标准;
(2)原材料的品种、规格和产地;
(3)仪器设备的名称、型号及编号;
(4)环境温度和湿度;
(5)水泥混凝土抗压强度值;
(6)要说明的其他内容。

条文说明

《混凝土结构设计规范》(GB 50010—2010)将普通水泥混凝土按立方体抗压标准值分为C15、C20、C25、C30、C35、C40、C45、C50、C55、C60、C65、C70、C75、C80共14个等级。

根据调研,当前压力机仪表盘上显示的加荷速度的单位多为kN/s,而本规程给出的加荷速度的单位为MPa/s。为了方便读者使用,本方法根据试件受压截面的尺寸,列出了不同截面试件加荷速度单位 MPa/s 与 kN/s 的换算关系,详见表 T 0553-2。

表 T 0553-2 不同截面立方体抗压试件的加荷速度单位 MPa/s 与 kN/s 的换算关系

试件受压截面尺寸	f_{cu} < C30		C30 ≤ f_{cu} < C60		f_{cu} ≥ C60	
	MPa/s	kN/s	MPa/s	kN/s	MPa/s	kN/s
100mm×100mm		3.0~5.0		5.0~8.0		8.0~10.0
150mm×150mm	0.3~0.5	6.8~11.3	0.5~0.8	11.3~18.0	0.8~1.0	18.0~22.5
200mm×200mm		12.0~20.0		20.0~32.0		32.0~40.0

T 0554—2005 水泥混凝土圆柱体轴心抗压强度试验方法

1 目的、适用范围和引用标准

本方法规定了水泥混凝土圆柱体轴心抗压强度的试验方法。

本方法适用于高径比 2∶1 的水泥混凝土圆柱体试件极限轴心抗压强度试验。

原规程中非标准钻芯试件与标准钻芯试件之间的换算关系争议较多,本次修订在大量验证样品的基础上,结合《公路路基路面现场测试规程》(JTG 3450—2019)和《钻芯法检测混凝土强度技术规程》(JGJ/T 384—2016),经审议决定删除了原规程表 T 0554-2 的内容。同时,本规程明确规定了本方法适用于高径比 2∶1 的水泥混凝土圆柱体试件极限轴心抗压强度试验。

引用标准:
水泥混凝土抗压强度试验方法(T 0553)
水泥混凝土试件制作与硬化水泥混凝土现场取样方法(T 0551)

2 仪具与材料

2.1 压力机或万能试验机:应符合 T 0553 中 2.1 的规定。

2.2 球座:应符合 T 0553 中 2.2 的规定。

2.3 混凝土轴心抗压强度等级大于或等于 C50 时,试件周围应设置防崩裂网罩。

2.4 游标卡尺:量程不小于 300mm,分度值为 0.02mm。

3 试件制备和养护

3.1 试件制备和养护应符合 T 0551 的相关规定。

3.2 试件尺寸应符合 T 0551 中表 T 0551-1 的规定。

3.3 集料最大粒径应符合 T 0551 中表 T 0551-1 的规定。

3.4 混凝土圆柱体轴心抗压强度试件应同龄期者为一组,每组为 3 个同条件制作和养护的混凝土试块。

4 试验步骤

4.1 圆柱体试件在试验前,务必进行顶端整平。

4.2 在破型前,保持试件原有湿度,在试验时擦干试件。测量其尺寸及外观。首先测量沿试件高度中央部位相互垂直的两个方向的直径,分别记为 d_1、d_2;再分别测量相互垂直的两个方向的 4 个高度。

本条规定了试件应保持原有湿度,擦干是指试件表面无明水。本条还规定了测试圆柱体试件中央部位相互垂直的两个方向的直径和相互垂直的两个方向的 4 个高度,用于准确计算试件截面积和高度。

4.3 将试件置于上下压板之间,试件轴中心应与压力机几何对中。

4.4 混凝土强度等级小于 C30 时,取 0.3~0.5MPa/s 的加荷速度;混凝土强度等级大于或等于 C30 且小于 C60 时,取 0.5~0.8MPa/s 的加荷速度;混凝土强度等级大于或等于 C60 时,取 0.8~1.0MPa/s 的加荷速度。当试件接近破坏而开始迅速变形时,应停止调整试验机油门,直至试件破坏,记下破坏极限荷载 F。

5 结果计算

5.1 混凝土圆柱体试件轴心抗压强度,按式(T 0554-1)计算:

$$f_{cc} = \frac{4F}{\pi d^2} \qquad (T\ 0554\text{-}1)$$

式中：f_{cc}——混凝土圆柱试件轴心抗压强度(MPa)；

　　　F——极限荷载(N)；

　　　d——试件计算直径(mm)。

结果计算精确至 0.1MPa。

其中 d 按式(T 0554-2)计算：

$$d = \frac{d_1 + d_2}{2} \qquad (T\ 0554\text{-}2)$$

式中：d_1、d_2——两个垂直方向的直径(mm)。

结果计算精确至 0.1mm。

5.2 混凝土强度等级小于 C60 时，用非标准试件的圆柱体轴心抗压强度应乘以尺寸换算系数（表 T 0554-1），并应在报告中注明。

表 T 0554-1　圆柱体抗压强度尺寸换算系数

试 件 尺 寸	尺寸换算系数
φ100mm×200mm	0.95
φ150mm×300mm	1.00
φ200mm×400mm	1.05

5.3　当混凝土轴心抗压强度等级大于或等于 C60 时，宜用 φ150mm×300mm 标准试件；使用非标准试件时，换算系数由试验确定。

5.4　以 3 个试件测量值的算术平均值为测定值，结果精确至 0.1MPa。如果 3 个测量值的最大值或最小值中有一个与中间值之差超过中间值的 15%，则取中间值为测定值；如最大值和最小值与中间值之差均超过中间值的 15%，则该组试验结果无效。

6　试验报告

试验报告应包括下列内容：

(1) 要求检测的项目名称、执行标准；
(2) 原材料的品种、规格和产地；
(3) 仪器设备的名称、型号及编号；
(4) 环境温度和湿度；
(5) 混凝土圆柱体轴心抗压强度值；
(6) 要说明的其他内容。

条文说明

本方法参照 ASTM C 39 和 ASTM C 42 编制。对于圆柱试件目前有 ASTM C 39 和 ISO 4012 两种方法。为了和立方体抗压试件的试验方法一致，本方法采用 ISO 4012 中的加荷速度，而 ASTM C 39 的加荷速度较慢，为 0.14～0.34MPa/s。但基本上 ISO 4012 的加荷速度范围包括了 ASTM C 39 的加荷速度。

为了方便读者使用，本方法根据试件受压截面的尺寸，列出了不同截面圆柱体轴心抗压试件的加荷速度单位 MPa/s 与 kN/s 的换算关系，详见表 T 0554-2。我国将标准立方体试件的抗压强度作为混凝土评定等级的唯一依据。

表 T 0554-2　不同截面圆柱体轴心抗压试件的加荷速度单位 MPa/s 与 kN/s 的换算关系

试件受压截面尺寸	$f_{cc} <$ C30		C30$\leq f_{cc} <$ C60		$f_{cc} \geq$ C60	
	MPa/s	kN/s	MPa/s	kN/s	MPa/s	kN/s
φ100mm	0.3～0.5	2.4～3.9	0.5～0.8	3.9～6.3	0.8～1.0	6.3～7.9
φ150mm		5.3～8.8		8.8～14.1		14.1～17.7
φ200mm		9.4～15.7		15.7～25.1		25.1～31.4

为了便于读者理解，本手册将国内部分标准中的相关水泥混凝土现场钻芯试样试验方法差异进行比较，具体见表 5-1。

表 5-1 国内部分标准中的相关水泥混凝土现场钻芯试样试验方法差异

关键参数	JTG E30—2005	TB 10426—2019	JGJ/T 384—2016	DL/T 5150—2017	JTG 3420—2020
标准试件尺寸（mm）	φ150(31.5)	φ100(26.5)	φ100(26.5)	φ100(26.5)	φ150(31.5)
	直径不宜小于集料最大粒径的3倍，且不得小于集料最大粒径的2倍				
非标准试件尺寸(mm)	φ100 和 φ200	不得小于φ70	不得小于φ70	φ150 和 φ200	φ100 和 φ70
高径比	2:1	1:1	1:1	1:1	1:1
抗压试验标准	圆柱体轴向抗压强度	GB/T 50081 圆柱体2:1	GB/T 50081 立方体	GB/T 50081 立方体	GB/T 50081 立方体
标准与非标试件的换算系数	有(存在争议)	无	无	1.04(φ150)；1.18(φ200)	见 JTG 3450—2019

T 0555—2005 水泥混凝土棱柱体轴心抗压强度试验方法

1 目的、适用范围和引用标准

本方法规定了水泥混凝土棱柱体轴心抗压强度的试验方法。

本方法适用于各类水泥混凝土的棱柱体试件。

引用标准：

水泥混凝土抗压强度试验方法(T 0553)

水泥混凝土试件制作与硬化水泥混凝土现场取样方法(T 0551)

2 仪具与材料

2.1 压力机或万能试验机：应符合 T 0553 中 2.1 的规定。

2.2 球座：应符合 T 0553 中 2.2 的规定。

2.3 钢尺：分度值为 1mm。

2.4 混凝土棱柱体强度等级大于或等于 C50 时,试件周围应设置防崩裂网罩。

3 试件制备和养护

3.1 试件制备和养护应符合 T 0551 的相关规定。

3.2 试件尺寸应符合 T 0551 中表 T 0551-1 的规定。

3.3 集料最大粒径应符合 T 0551 中表 T 0551-1 的规定。

3.4 混凝土棱柱体轴心抗压强度试件以同龄期者为一组,每组为 3 根同条件制作和养护的混凝土试件。

4 试验步骤

4.1 至试验龄期时,自养护室取出试件,用湿布覆盖,避免其湿度变化。在试验时擦干试件,测量其高度和宽度,精确至 1mm。

4.2 在压力机下压板上放好试件,几何对中。

4.3 混凝土强度等级小于 C30 时,取 0.3~0.5MPa/s 的加荷速度;混凝土强度等级大于或等于 C30 且小于 C60 时,取 0.5~0.8MPa/s 的加荷速度;混凝土强度等级大于或等于 C60 时,取 0.8~1.0MPa/s 的加荷速度。当试件接近破坏而开始迅速变形时,应停止调整试验机油门,直至试件破坏,记下破坏极限荷载 F。

5 结果计算

5.1 混凝土棱柱体轴心抗压强度,按式(T 0555-1)计算:

$$f_{cp} = \frac{F}{A} \quad \quad (T\ 0555\text{-}1)$$

式中:f_{cp}——混凝土棱柱体轴心抗压强度(MPa);

F——极限荷载(N);

A——受压面积(mm^2)。

结果计算精确至 0.1MPa。

5.2 采用非标准尺寸试件测得的棱柱体轴心抗压强度,应乘以尺寸换算系数:对于200mm×200mm截面试件,尺寸换算系数为1.05;对于100mm×100mm截面试件,尺寸换算系数为0.95。当混凝土强度等级大于或等于C60时,宜用150mm×150mm截面的标准试件。

5.3 以3个试件测量值的算术平均值为测定值,结果精确至0.1MPa。3个试件测量值的最大值或最小值中如有一个与中间值之差超过中间值的15%,则取中间值为测定值;如最大值和最小值与中间值的差值均超过中间值的15%,则该组试验结果无效。

6 试验报告

试验报告应包括下列内容:
(1)要求检测的项目名称、执行标准;
(2)原材料的品种、规格和产地;
(3)仪器设备的名称、型号及编号;
(4)环境温度和湿度;
(5)混凝土棱柱体轴心抗压强度值;
(6)要说明的其他内容。

条文说明

水泥混凝土棱柱体轴心抗压强度值用于抗压弹性模量试验,不能用于混凝土强度等级评定。一般轴心抗压强度值小于立方体抗压强度值。

T 0556—2005 水泥混凝土棱柱体抗压弹性模量试验方法

1 目的、适用范围和引用标准

本方法规定了水泥混凝土在静力作用下的抗压弹性模量试验方法,水泥混凝土的抗压弹性模量取1/3轴心抗压强度对应的弹性模量。

本方法适用于各类水泥混凝土的直角棱柱体试件。

引用标准：

《指示表(指针式、数显式)》(JJG 34)

水泥混凝土抗压强度试验方法(T 0553)

水泥混凝土试件制作与硬化水泥混凝土现场取样方法(T 0551)

水泥混凝土棱柱体轴心抗压强度试验方法(T 0555)

2 仪具与材料

2.1 压力机或万能试验机：应符合 T 0553 中 2.1 的规定。

2.2 球座：应符合 T 0553 中 2.2 的规定。

2.3 微变形测量仪：应符合现行《指示表(指针式、数显式)》(JJG 34)的规定，分度值为 0.001mm。

2.4 微变形测量仪固定架两对，标距为 150mm，如图 T 0556-1 和图 T 0556-2 所示。

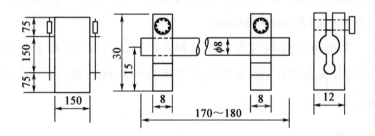

图 T 0556-1 千分表座示意图(一对)(尺寸单位：mm)

2.5 其他：钢尺(量程 600mm，分度值为 1mm)、502 胶水、铅笔和秒表等。

3 试件制备

3.1 试件尺寸与棱柱体轴心抗压强度试件相同，应符合 T 0551 中表 T 0551-1 的规定。

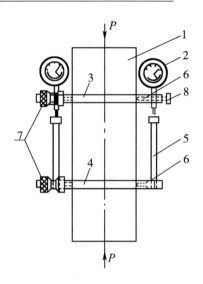

图 T 0556-2 框式千分表座示意图(一对)

1-试件;2-量表;3-上金属环;4-下金属环;5-接触杆;6-刀口;7-金属环;8-千分表固定螺栓

本条规定了试件尺寸,具体见表 T 0551-1 的规定。采用的标准试件尺寸为 150mm×150mm×300mm。

3.2 每组为同龄期同条件制作和养护的试件 6 根,其中 3 根用于测定棱柱体轴心抗压强度,提出弹性模量试验的加荷标准,另 3 根则做弹性模量试验。

4 试验步骤

4.1 试件取出后,用湿毛巾覆盖并及时进行试验,保持试件干湿状态不变。

4.2 擦净试件,量出尺寸并检查外形,尺寸量测精确至 1mm。试件不得有明显缺损,端面不平时须预先抹平。

4.3 取 3 根试件,应按 T 0555 进行轴心抗压强度试验,计算轴心抗压强度 f_{cp}。

4.4 取另 3 根做抗压弹性模量试验,微变形量测仪应安装在试件两侧的中线上并对称于试件两侧。

本条规定了微变形量测仪的安装位置,微变形量测仪安装应非常仔细,如有偏移会严重影响试验数据。

4.5 将试件移于压力机球座上,几何对中。加荷方法如图 T 0556-3 所示。

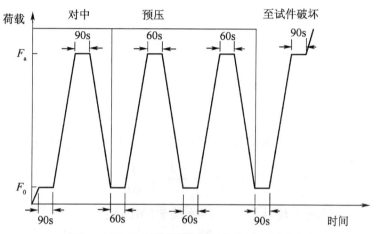

图 T 0556-3 弹性模量加荷方法示意图

注:1.90s 包括60s 持荷时间,30s 读数时间。
2.60s 为持荷时间。

4.6 调正试件位置,开动压力机,当上压板与试件接近时,调整球座,使接触均衡。加荷至基准应力为 0.5MPa 对应的初始荷载值 F_0,并记录两侧变形量测仪的读数 $\varepsilon_0^{左}$、$\varepsilon_0^{右}$。应立即以 0.6MPa/s ± 0.4MPa/s 的加荷速度连续均匀加荷至1/3 棱柱体轴心抗压强度 f_{cp} 对应的荷载值 F_a,保持恒载60s 并在以后的30s 内记录两侧变形量测仪的读数 $\varepsilon_a^{左}$、$\varepsilon_a^{右}$。

4.7 以上读数和它们的平均值相差应在20%以内,否则应重新对中试件后重复4.6 中的步骤。如果无法使差值降低到20%以内,则此次试验无效。

4.8 预压。确认4.7 后,以相同的速度卸荷至基准应力 0.5MPa 对应的初始荷载值 F_0 并持荷60s。以相同的速度加荷至荷载值 F_a,再保持60s 恒载,最后以相同的速度卸荷至初始荷载值 F_0,至少进行两次预压循环。

4.9 测试。在完成最后一次预压后,保持60s初始荷载值F_0,在后续的30s内记录两侧变形量测仪的读数$\varepsilon_0^{左}$、$\varepsilon_0^{右}$。以同样的加荷速度加荷至荷载值F_a,再保持60s恒载,并在后续的30s内记录两侧变形量测仪的读数$\varepsilon_a^{左}$、$\varepsilon_a^{右}$。

4.10 卸除微变形量测仪,以同样的速度加荷至破坏,记下破坏极限荷载F。如果试件的轴心抗压强度与f_{cp}之差超过f_{cp}的20%,应在报告中注明。

5 结果计算

5.1 混凝土棱柱体抗压弹性模量,按式(T 0556-1)计算:

$$E_c = \frac{F_a - F_0}{A} \times \frac{L}{\Delta n} \qquad (T\ 0556\text{-}1)$$

式中:E_c——混凝土棱柱体抗压弹性模量(MPa);

F_a——终荷载(N)(1/3f_{cp}时对应的荷载值);

F_0——初荷载(N)(0.5MPa时对应的荷载值);

L——测量标距(mm);

A——试件承压面积(mm^2);

Δn——最后一次加荷时,试件两侧在F_a及F_0作用下变形差平均值(mm),$\Delta n = (\varepsilon_a^{左} + \varepsilon_a^{右})/2 - (\varepsilon_0^{左} + \varepsilon_0^{右})/2$;

ε_a——F_a时标距间试件变形(mm);

ε_0——F_0时标距间试件变形(mm)。

结果计算精确至100MPa。

5.2 以3根试件试验结果的算术平均值为测定值,结果精确至100MPa。如果其循环后的任一根轴心抗压强度与循环前轴心抗压强度与之差超过后者的20%,则弹性模量值按另两根试件试验结果的算术平均值计算;如有两根试件试验结果超出规定,则试验结果无效。

6 试验报告

试验报告应包括下列内容：

(1)要求检测的项目名称、执行标准；

(2)原材料的品种、规格和产地；

(3)试验日期及时间；

(4)仪器设备的名称、型号及编号；

(5)环境温度和湿度；

(6)水泥混凝土棱柱体抗压弹性模量值；

(7)要说明的其他内容。

条文说明

抗压试验中假定试件处于纯单向受压状态，但实际上由于试件端部与支撑板的摩擦作用，在试件顶端产生"约束"作用，而试件仅在中间一小段真正处于单向受压状态。为减少顶端产生"约束"作用，可适当增加试件高度，即加长单向受压区间，那么在此段量测应力、应变之间的关系也就变简单了。在粗略估计材料模量时，可以采用顶面法，即认为整个试件处于纯单向受压状态，从而忽略"约束"作用。

T 0557—2005 水泥混凝土圆柱体抗压弹性模量试验方法

1 目的、适用范围和引用标准

本方法规定了在静力作用下确定水泥混凝土圆柱体抗压弹性模量的试验方法，水泥混凝土的抗压弹性模量取轴心抗压强度1/3时对应的弹性模量。

本方法适用于各类水泥混凝土的圆柱体试件。

引用标准：

《指示表(指针式、数显式)》(JJG 34)

水泥混凝土抗压强度试验方法(T 0553)

水泥混凝土试件制作与硬化水泥混凝土现场取样方法(T 0551)

水泥混凝土圆柱体轴心抗压强度试验方法(T 0554)

2 仪具与材料

2.1 压力机或万能试验机:应符合 T 0553 中 2.1 的规定。

2.2 球座:应符合 T 0553 中 2.2 的规定。

2.3 微变形测量仪:应符合现行《指示表(指针式、数显式)》(JJG 34)的规定,分度值为 0.001mm。

2.4 微变形测量仪固定架两对,标距为 150mm。

2.5 其他:钢尺(量程600mm,分度值为1mm)、502胶水、铅笔和秒表等。

3 试件制备

3.1 试件尺寸与圆柱体抗压强度试件相同,应符合 T 0551 中表 T 0551-1 的规定。

本条规定了试件尺寸,当集料最大粒径不超过 31.5mm 时,混凝土圆柱体抗压弹性模量试件的标准尺寸为 $\phi 150\text{mm} \times 300\text{mm}$。

3.2 每组为 6 根同龄期同条件制作和养护的试件,其中 3 根用于测定圆柱体抗压强度,提出弹性模量试验的加荷标准,另 3 根用于弹性模量试验。

4 试验步骤

4.1 试件取出后,用湿毛巾覆盖并及时进行试验,保持试件干湿状态不变。

4.2 擦净试件,量出尺寸并检查外形。首先测量沿试件高度中央部位和互相垂直的两个方向的直径,分别记为 d_1、d_2,再分别测量相互垂直两个方向直径端点的 4 个高度。试件不得有明显缺损,端面必须预先进行端部处理。

4.3 取3根试件,应按T 0554进行圆柱体抗压强度试验,计算圆柱体抗压强度f_{cc}。

4.4 取另3根做抗压弹性模量试验,变形量测仪应安装在试件两侧的母线上。

4.5 将试件移于压力机球座上。

4.6 对中开动压力机,当上压板与试件接近时,调整球座,使接触均衡。加荷至基准应力为0.5MPa对应的初始荷载值F_0,保持恒载60s并在以后的30s内记录两侧变形量测仪的读数$\varepsilon_0^{左}$、$\varepsilon_0^{右}$。应立即以0.6MPa/s±0.4MPa/s的加荷速度连续均匀加荷至1/3圆柱体轴心抗压强度f_{cc}对应的荷载值F_a,保持恒载60s并在以后的30s内记录两侧变形量测仪的读数$\varepsilon_a^{左}$、$\varepsilon_a^{右}$。

4.7 以上读数和它们的平均值相差应在20%以内,否则应重新对中试件后重复4.6中的步骤。如果无法使差值降低到20%以内,则此次试验无效。

4.8 预压。确认4.7后,以0.6MPa/s±0.4MPa/s的速度卸荷至基准应力0.5MPa对应的初始荷载值F_0并持荷60s。以相同的速度加荷至荷载值F_a,再保持60s恒载,最后以相同的速度卸荷至初始荷载值F_0。至少进行两次预压循环。

本条规定了加荷和卸荷的速度及保持时间,试验应严格按照操作步骤进行。

4.9 测试。在完成最后一次预压后,保持60s初始荷载值F_0,在后续的30s内记录两侧变形量测仪的读数$\varepsilon_0^{左}$、$\varepsilon_0^{右}$,以0.6MPa/s±0.4MPa/s的加荷速度加荷至荷载值F_a,再保持60s恒载,并在后续的30s内记录两侧变形量测仪的读数$\varepsilon_a^{左}$、$\varepsilon_a^{右}$。

4.10 卸除变形量测仪,以0.6MPa/s±0.4MPa/s速度加荷至破坏,记下破坏极限荷载F。如果试件的轴心抗压强度与f_{cc}之差超过f_{cc}的

20%,应在报告中注明。

5 结果计算

5.1 试件直径,按式(T 0557-1)计算:

$$d = \frac{d_1 + d_2}{2} \quad (\text{T 0557-1})$$

式中:d——试件直径(mm);

d_1、d_2——两个垂直方向的直径(mm)。

结果计算精确至0.1mm。

5.2 混凝土圆柱体抗压弹性模量,按式(T 0557-2)计算:

$$E_c = \frac{4(F_a - F_0)}{\pi d^2} \times \frac{L}{\Delta n} \quad (\text{T 0557-2})$$

式中:E_c——混凝土圆柱体抗压弹性模量(MPa);

F_a——终荷载(N)($1/3 f_{cc}$时对应的荷载值);

F_0——初荷载(N)(0.5MPa时对应的荷载值);

L——测量标距(mm);

d——试件的计算直径(mm);

Δn——最后一次加荷时,试件两侧在F_a及F_0作用下变形差平均值(mm),$\Delta n = (\varepsilon_a^{左} + \varepsilon_a^{右})/2 - (\varepsilon_0^{左} + \varepsilon_0^{右})/2$;

ε_a——F_a时标距间试件变形(mm);

ε_0——F_0时标距间试件变形(mm)。

结果计算精确至100MPa。

5.3 以3根试件试验结果的算术平均值为测定值,结果精确至100MPa。如果其中有一根试件轴心抗压强度与用以确定检验控制荷载的轴心抗压强度值之差超过后者的20%,则弹性模量值按另两根试件试验结果的算术平均值计算;如有两根试件试验结果超出规定,则试验结果无效。

6 试验报告

试验报告应包括下列内容：
(1)要求检测的项目名称、执行标准；
(2)原材料的品种、规格和产地；
(3)试验日期及时间；
(4)仪器设备的名称、型号及编号；
(5)环境温度和湿度；
(6)混凝土圆柱体抗压弹性模量值；
(7)要说明的其他内容。

条文说明

ASTM C 496 和 ISO 6784 也有圆柱体抗压模量测试方法,为比较两者的差异,见表 T 0557-1。

表 T 0557-1 ASTM C 496 与 ISO 6784 圆柱体抗压模量加载差异

项 目	ASTM C 496	ISO 6784
加载程序	以 0.24MPa/s 的速度加载。需加载两次,第一次预加载不记录,第二次以 241kPa/s ± 34kPa/s 一直加载；分别记录纵向变形为 50 个微应变时的荷载以及 40% 极限荷载时的应变	以 0.6MPa/s ± 0.4MPa/s 加载到破坏荷载的 1/3,保持 60s,记录后续 30s 的应变,再卸载。至少循环两次,如果两次试验结果偏差大于 20%,应作废
模量	极限强度的 40% 和 50 个微应变之间的割线模量	初荷载(预压 0.5MPa),1/3 极限强度对应的模量即为所求模量

T 0558—2005 水泥混凝土抗弯拉强度试验方法

本方法为原规程内容。水泥混凝土的抗弯拉强度是公路工程设计中重要的参数之一。道路路面或机场跑道混凝土主要以抗弯拉强度作为强度指标,以抗压强度作为参考指标。水泥混凝土抗弯拉强度的测试龄期为标准养护条件下28d。

1 目的、适用范围和引用标准

本方法规定了水泥混凝土抗弯拉强度的试验方法。

本条规定了水泥混凝土抗弯拉强度试验方法,抗弯拉强度也称抗折强度。

本方法适用于各类水泥混凝土棱柱体试件。

引用标准:

水泥混凝土抗压强度试验方法(T 0553)

水泥混凝土试件制作与硬化水泥混凝土现场取样方法(T 0551)

2 仪具与材料

2.1 压力机或万能试验机:应符合T 0553中2.1的规定。

2.2 抗弯拉试验装置(即三分点处双点加荷和三点自由支承式混凝土抗弯拉强度与抗弯拉弹性模量试验装置),如图T 0558-1所示。

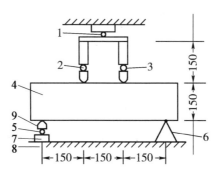

图T 0558-1 抗弯拉试验装置图(尺寸单位:mm)

1、2-一个钢球;3、5-两个钢球;4-试件;6-固定支座;7-活动支座;8-机台;9-活动船形垫块

本条规定了抗弯拉试验装置的规格及尺寸,抗弯拉试验装置对抗弯拉强度的试验影响较大,试验应使用符合规定的装置,避免试验装置的质量导致试验误差。

3 试件制备和养护

3.1 试件尺寸应符合 T 0551 中表 T 0551-1 的规定,同时在试件长向中部 1/3 区段内表面不得有直径超过 5mm、深度超过 2mm 的孔洞。

3.2 混凝土抗弯拉强度试件应以同龄期者为一组,每组为 3 根同条件制作和养护的试件。

4 试验步骤

4.1 试件取出后,用湿毛巾覆盖并及时进行试验,保持试件干湿状态不变。在试件中部量出其宽度和高度,精确至 1mm。

本条规定了试件应保持湿润且无明水,试验前可用钢尺测量试件尺寸及安装位置点,并用记号笔标记,放置试件时可按标记位置一一对应。

4.2 调整两个可移动支座,将试件安放在支座上,试件成型时的侧面朝上,几何对中后,应使支座及承压面与活动船形垫块的接触面平稳、均匀,否则应垫平。

4.3 加荷时,应保持均匀、连续。当混凝土的强度等级小于 C30 时,加荷速度为 $0.02 \sim 0.05$ MPa/s;当混凝土的强度等级大于或等于 C30 且小于 C60 时,加荷速度为 $0.05 \sim 0.08$ MPa/s;当混凝土的强度等级大于或等于 C60 时,加荷速度为 $0.08 \sim 0.10$ MPa/s。当试件接近破坏而开始迅速变形时,不得调整试验机油门,直至试件破坏,记下破坏极限荷载 F。

本条规定了不同强度等级混凝土试件的加荷速度,宜根据抗压强度范围选择。

4.4 记录下最大荷载和试件下边断裂的位置。

5 结果计算

5.1 当断面发生在两个加荷点之间时,试件的抗弯拉强度按式(T 0558-1)计算:

$$f_\mathrm{f} = \frac{FL}{bh^2} \qquad (\text{T } 0558\text{-}1)$$

式中:f_f——试件的抗弯拉强度(MPa);

F——极限荷载(N);

L——支座间距离(mm);

b——试件宽度(mm);

h——试件高度(mm)。

结果计算精确至0.01MPa。

5.2 采用100mm×100mm×400mm非标准试件时,在三分点加荷的试验方法同前,但所取得的抗弯拉强度值应乘以尺寸换算系数0.85。当混凝土强度等级大于或等于C60时,应采用150mm×150mm×550mm标准试件。

本条规定了试件尺寸及尺寸换算系数,在具体试验条件下,混凝土强度等级小于C60时,也优先采用标准试件。

5.3 以3个试件测量值的算术平均值为测定值。3个试件测量值的最大值或最小值中如有一个与中间值之差超过中间值的15%,则把最大值和最小值舍去,以中间值作为试件的抗弯拉强度。如有两个测量值与中间值的差值均超过15%,则该组试验结果无效。

本条规定了试件测量结果的处理方法,与抗压强度的处理方法一致。

5.4 3个试件中如有一个断裂面位于加荷点外侧,则混凝土抗弯拉强度按另外两个试件的试验结果计算。如这两个测量值的差值不大于这两个测量值中最小值的15%,则以两个测量值的平均值为测试结果,否则结果无效。如有两个试件均出现断裂面位于加荷点外侧,则该组结果无效。

6 试验报告

试验报告应包括下列内容:

(1)要求检测的项目名称、执行标准;

(2) 原材料的品种、规格和产地；

(3) 试验日期及时间；

(4) 仪器设备的名称、型号及编号；

(5) 环境温度和湿度；

(6) 水泥混凝土抗弯拉强度值；

(7) 要说明的其他内容。

条文说明

在路面结构设计中，常用到抗弯拉强度指标。在本方法中，仅采用 ISO 4013 中的加荷点为两个的加载法，将梁一分为三。同时 ISO 4013 中还有一个在梁顶面单点加载的方法，将梁一分为二。ASTM C 78 也采用了加荷点为两个的加载法，将梁一分为三。

抗弯拉试验装置对于抗弯拉试验结果有显著影响，在试验过程中需使用符合规定的装置，使所有加荷头与试件均匀接触，并避免产生扭矩，使得试件不是折坏，而是折、扭复合破坏。

断面位置在试件断块短边一侧的底面中轴线上量得。

T 0559—2005 水泥混凝土抗弯拉弹性模量试验方法

1 目的、适用范围和引用标准

本方法规定了水泥混凝土抗弯拉弹性模量的试验方法，抗弯拉弹性模量以 1/2 极限抗弯拉强度时的加荷模量为准。

本方法适用于各类水泥混凝土棱柱小梁试件。

引用标准：

《指示表(指针式、数显式)》(JJG 34)

水泥混凝土抗弯拉强度试验(T 0558)

水泥混凝土试件制作与硬化水泥混凝土现场取样方法(T 0551)

2 仪具与材料

2.1 压力机、抗弯拉试验装置:应符合 T 0558 的规定。

2.2 千分表:应符合现行《指示表(指针式、数显式)》(JJG 34)的规定,分度值为 0.001mm。

2.3 千分表架:1 个。图 T 0559-1 为金属刚性框架,正中为千分表插座,两端有 3 个圆头长螺杆,可以调整高度。

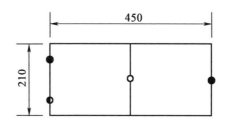

图 T 0559-1　千分表架(尺寸单位:mm)

2.4 毛玻璃片(每片约 $1.0cm^2$)、502 胶水、平口刮刀、丁字尺、直尺、钢卷尺、铅笔等。

3 试件制备

3.1 试件尺寸应符合 T 0551 中表 T 0551-1 的规定,同时在试件长向中部 1/3 区段内表面不得有直径超过 5mm、深度超过 2mm 的孔洞。

3.2 每组为 6 根同龄期同条件制作的试件,3 根用于测定抗弯拉强度,3 根用于做抗弯拉弹性模量试验。

4 试验步骤

4.1 至试验龄期时,自养护室取出试件,用湿布覆盖,避免其湿度变化。清除试件表面污垢,修平与装置接触的试件部分(对抗弯拉强度试件即可进行试验)。在其上下面(即成型时两侧面)划出中线和装置位置线,在千分表架共4个脚点处用干毛巾先擦干水分,再用502胶水粘牢小玻璃片,量出试件中部的宽度和高度,精确至1mm。

4.2 将试件安放在支座上,使成型时的侧面朝上,千分表架放在试件上,压头及支座线垂直于试件中线且无偏心加载情况,而后缓缓加上约1kN压力,停机检查支座等各接缝处有无空隙(必要时应加金属薄垫片),应确保试件不扭动,而后安装千分表,其脚点及表架脚点稳立在小玻璃片上,如图 T 0559-2 所示。

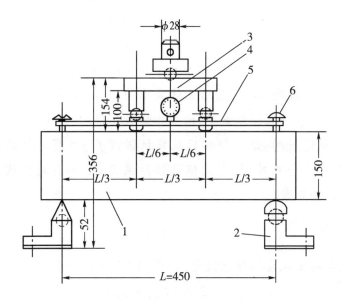

图 T 0559-2 抗弯拉弹性模量试验装置示意图(尺寸单位:mm)
1-试件;2-可移动支座;3-加荷支座;4-千分表;5-千分表架;6-螺杆

4.3 取抗弯拉极限荷载平均值的1/2为抗弯拉弹性模量试验的荷载标准(即$F_{0.5}$),进行5次加卸荷载循环,由1kN起,以0.15~0.25kN/s的速度加荷,至3kN刻度处停机(设为F_0),保持约30s(在此段加荷时间中,千分表指针应能启动,否则应提高F_0至4kN等),记下千分表读数Δ_0,而后继续加至$F_{0.5}$,保持约30s,记下千分表读数$\Delta_{0.5}$;再以同样速度卸荷至1kN,保持约30s。如此为第一次循环,如图 T 0559-3 所示。

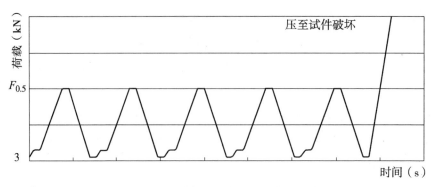

图 T 0559-3　抗弯拉弹性模量试验加荷示意图

4.4　同第一次循环，共进行 5 次循环，以第五次循环的挠度值为准。如第五次与第四次循环挠度值相差大于 0.5μm，则应进行第六次循环，直到两次相邻循环挠度值之差符合上述要求为止，以最后一次挠度值为准。

4.5　当最后一次循环完毕，检查各读数无误后，立即去掉千分表，继续加荷直至试件折断，记下循环后抗弯拉强度 f'_f，观察断裂面形状和位置。如断面在三分点外侧，则此根试件结果无效；如有两根试件结果无效，则该组试验无效。

5　结果计算

5.1　混凝土抗弯拉弹性模量，按式（T 0559-1）计算：

$$E_f = \frac{23L^3(F_{0.5} - F_0)}{1\,296 J |\Delta_{0.5} - \Delta_0|} \quad (\text{T 0559-1})$$

式中：E_f——混凝土抗弯拉弹性模量（MPa）；

$F_{0.5}$、F_0——终荷载及初荷载（N）；

$\Delta_{0.5}$、Δ_0——对应 $F_{0.5}$ 及 F_0 的千分表读数（mm）；

L——试件支座间距离，取 450mm；

J——试件断面转动惯量（mm⁴），$J = \frac{1}{12}bh^3$。

结果计算精确至 100MPa。

5.2　以 3 个试件测量值的算术平均值为测定值，结果精确至

100MPa。3个试件测量值的最大值或最小值中如有一个与中间值之差超过中间值的15%,则把最大值和最小值舍去,以中间值作为试件的抗弯拉弹性模量。如有两个测量值与中间值的差值均超过15%,则该组试验结果无效。

5.3 3个试件中如有一个断裂面位于加荷点外侧,则混凝土抗弯拉弹性模量按另外两个试件的试验结果计算。如果这两个测量值的差值不大于这两个测量值中最小值的15%,则两个测量值的平均值为测试结果,否则结果无效。如果有两个试件均出现断裂面位于加荷点外侧,则该组结果无效。

6 试验报告

试验报告应包括下列内容:
(1)要求检测的项目名称、执行标准;
(2)原材料的品种、规格和产地,试验日期及时间;
(3)仪器设备的名称、型号及编号;
(4)环境温度和湿度;
(5)抗弯拉弹性模量;
(6)要说明的其他内容。

条文说明

本方法沿用原规程中规定的水泥混凝土抗弯拉弹性模量试验和计算采用抗弯拉极限荷载平均值的1/2为抗弯拉弹性模量试验的标准荷载,并经反复加荷变形稳定后的割线模量。常见水泥混凝土抗弯拉弹性模量见表 T 0559-1。

表 T 0559-1 水泥混凝土抗弯拉弹性模量

水泥混凝土抗弯拉强度(MPa)	4.0~4.5	4.5~5.5
水泥混凝土抗弯拉弹性模量(MPa)	27 000~31 000	28 000~35 000

T 0560—2005 水泥混凝土立方体劈裂抗拉强度试验方法

1 目的、适用范围和引用标准

本方法规定了水泥混凝土立方体试件劈裂抗拉强度的试验方法。

本方法适用于各类水泥混凝土的立方体试件。

引用标准：

水泥混凝土抗压强度试验方法(T 0553)

水泥混凝土试件制作与硬化水泥混凝土现场取样方法(T 0551)

2 仪具与材料

2.1 压力机或万能试验机:应符合 T 0553 中 2.1 的规定。

2.2 劈裂钢垫条和三合板垫层(或纤维板垫层)，如图 T 0560-1 所示。钢垫条顶面为半径 75mm 弧形，长度不短于试件边长。木质三合板或硬质纤维板垫层的宽度为 20mm，厚 3~4mm，长度不小于试件长度，垫层不得重复使用。

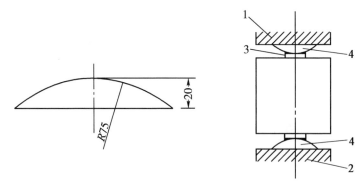

图 T 0560-1 劈裂试验用钢垫条(尺寸单位：mm)

1-上压板；2-下压板；3-垫层；4-压条

本条规定了劈裂抗拉强度试验用劈裂钢垫条和三合板垫层的尺寸。应使用符合规定的装置，试验操作应放置垫条后进行，带垫条和不带垫条的试验结果是不存在可比性的。通常采用纤维板的密度不小于900kg/m³，表面应砂光。

2.3 钢尺：分度值为1mm。

3 试件制备和养护

3.1 试件尺寸应符合 T 0551 中表 T 0551-1 的规定。

3.2 本试件应同龄期者为一组，每组为3个同条件制作和养护的混凝土试块。

4 试验步骤

4.1 至试验龄期时，从标准养护室取出试件，用湿布覆盖，避免其湿度变化。检查外观，在试件中部划出劈裂面位置线，劈裂面与试件成型时的顶面垂直，尺寸测量精确至1mm。

4.2 试件放在球座上，几何对中，放妥垫层垫条，其方向与试件成型时顶面垂直。

4.3 当混凝土的强度等级小于C30时，加荷速度为0.02~0.05MPa/s；当混凝土的强度等级大于或等于C30且小于C60时，加荷速度为0.05~0.08MPa/s；当混凝土的强度等级大于或等于C60时，加荷速度为0.08~0.10MPa/s。当试件接近破坏而开始迅速变形时，不得调整试验机油门，直至试件破坏，记下破坏极限荷载 F。

5 结果计算

5.1 混凝土立方体劈裂抗拉强度，按式(T 0560-1)计算：

$$f_{ts} = \frac{2F}{\pi A} = 0.637 \frac{F}{A} \qquad (\text{T 0560-1})$$

式中：f_{ts}——混凝土立方体劈裂抗拉强度(MPa)；

F——极限荷载(N)；

A——试件劈裂面面积(mm^2)，为试件横截面面积。

结果计算精确至 0.01MPa。

5.2 以 3 个试件测量值的算术平均值为测定值,结果精确至 0.01MPa。3 个试件测量值的最大值或最小值中如有一个与中间值之差超过中间值的 15%,则取中间值为测定值;如最大值和最小值与中间值的差值均超过中间值的 15%,则该组试验结果无效。

6 试验报告

试验报告应包括下列内容:
(1)要求检测的项目名称、执行标准;
(2)原材料的品种、规格和产地;
(3)试验日期及时间;
(4)仪器设备的名称、型号及编号;
(5)环境温度和湿度;
(6)立方体试件的劈裂抗拉强度值;
(7)要说明的其他内容。

条文说明

本方法参照 ISO 4108 编制。由于直接拉伸试验对中困难,所以采用间接拉伸法(劈裂拉伸)得到混凝土的抗拉强度,一般其劈裂强度高于直接拉伸强度。

T 0561—2005 水泥混凝土圆柱体劈裂抗拉强度试验方法

1 目的、适用范围和引用标准

本方法规定了圆柱体试件和现场钻芯试件的劈裂抗拉强度的试验方法。

本方法适用于各类水泥混凝土圆柱体试件的劈裂抗拉强度试验,对于高径比1:1的钻芯试件也可使用。

引用标准:

水泥混凝土抗压强度试验方法(T 0553)

水泥混凝土试件制作与硬化水泥混凝土现场取样方法(T 0551)

2 仪具与材料

2.1 压力机或万能试验机:应符合T 0553中2.1的规定。

2.2 劈裂夹具、木质三合板垫层、钢垫条,如图T 0561-1所示。钢垫条为平面,厚度不小于10mm,长度不短于试件边长。木质三合板或硬质纤维板垫层的宽度为20mm,厚3~4mm,长度不小于试件长度,垫层不得重复使用。支架为钢支架。

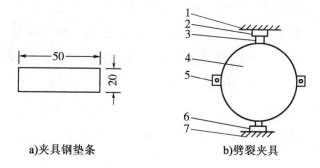

图T 0561-1 圆柱体芯样劈裂抗拉试验装置示意图(尺寸单位:mm)

1、7-压力机压板;2、6-夹具钢垫条;3-木质或纤维垫层;4-试件;5-侧杆

2.3 钢尺:分度值为1mm。

3 试件制备和养护

3.1 试件尺寸应符合T 0551中表T 0551-1的规定。

3.2 本试件应同龄期者为一组,每组为3个同条件制作和养护的混凝土试件。

3.3 对于现场芯样,高径比为1:1的芯样在进行强度试验前需进行调湿,一般应在标准养护室养护24h。

4 试验步骤

4.1 至试验龄期时,从标准养护室取出试件,用湿布覆盖,避免其湿度变化。测量出直径、高并检查外形,尺寸测量精确至1mm。

本条规定了试件从养护室取出后的存放方式,湿布覆盖是为了防止试件内部湿度发生变化。

4.2 在试件中部划出劈裂面位置线。圆柱体的母线公差为0.15mm。这两条母线应位于同一轴向平面内,彼此相对,两条线的末端在试件的端面上相连,应为通过圆心的直径,以明确标明承压面。将试件、劈裂夹具、垫条和垫层如图 T 0561-1b)所示放在压力机上,借助夹具两侧杆,将试件对中。开动压力机,当压力机压板与夹具垫条接近时,调整球座使压力均匀接触试件。当压力到5kN时,将夹具的侧杆抽掉。

4.3 当混凝土的强度等级小于C30时,加荷速度为0.02~0.05MPa/s;当混凝土的强度等级大于或等于C30且小于C60时,加荷速度为0.05~0.08MPa/s;当混凝土的强度等级大于或等于C60时,加荷速度为0.08~0.10MPa/s。当试件接近破坏而开始迅速变形时,不得调整试验机油门,直至试件破坏,记下破坏极限荷载F。

5 结果计算

5.1 圆柱体劈裂抗拉强度,按式(T 0561-1)计算:

$$f_{ct} = \frac{2F}{\pi d_m l_m} \quad \text{(T 0561-1)}$$

式中:f_{ct}——圆柱体劈裂抗拉强度(MPa);

F——极限荷载(N);

d_m——圆柱体截面的平均直径(mm);

l_m——圆柱体平均长度(mm)。

结果计算精确至0.01MPa。

5.2 以 3 个试件测值的算术平均值为测定值，结果精确至 0.01MPa。如 3 个试件的最大值或最小值中有一个与中间值的差值超过中间值的 15%，则取中间值为测定值；如有两个测量值与中间值的差值均超过上述规定，则该组试验结果无效。

6 试验报告

试验报告应包括下列内容：
(1) 要求检测的项目名称、执行标准；
(2) 原材料的品种、规格和产地；
(3) 试验日期及时间；
(4) 仪器设备的名称、型号及编号；
(5) 环境温度和湿度；
(6) 圆柱体劈裂抗拉强度值；
(7) 要说明的其他内容。

条文说明

对于水泥混凝土路面而言，由于设计中采用抗弯拉强度，而在施工过程中却常常通过钻芯得到圆柱体试件的劈裂强度，因此迫切需要得到抗弯拉强度和劈裂强度之间的换算关系。但目前在试件尺寸、加载速度等方面，世界范围内还不统一，所以得到的抗弯拉强度和劈裂强度之间的换算关系还较离散，尚不能得出确定的换算关系。为此，希望各有关部门积累相关数据，待条件成熟后，再给出抗弯拉强度和劈裂强度之间的换算关系。

T 0562—2005 水泥混凝土抗弯拉试件断块抗压强度试验方法

1 目的、适用范围和引用标准

本方法规定了水泥混凝土抗弯拉试件断块抗压强度的试验方法。

本方法适于各种水泥混凝土抗弯拉试件断块的抗压强度测定。

引用标准：

水泥混凝土抗压强度试验方法(T 0553)

2 仪具与材料

2.1 压力机或万能试验机：应符合 T 0553 中 2.1 的规定。

2.2 球座：应符合 T 0553 中 2.2 的规定。

2.3 试件压板：如图 T 0562-1 所示，上压板为 150mm 见方的钢板，厚度大于或等于 40mm，淬火并刨平（$R_a = 2.5 \mu m$）；导向轴使上下压板两侧对准在一个垂直面上；下压板长度应能使两侧板与试件间保留 10～13mm 的空隙，厚度、硬度等与上压板相同。

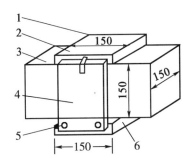

图 T 0562-1　试件压板(尺寸单位：mm)

1-上压板；2-导向轴；3-试件；4-导向侧板；5-定位螺栓；6-下压板

3 试件制备

3.1 本试件为进行抗弯拉强度试验后小梁的断块，其长度较梁高至少长 50mm，无显著裂纹及凹凸不平等缺陷。

3.2 以成型时的两侧面作为破型时上下加压面。

4 试验步骤

4.1 在完成抗弯拉试验后，应尽快试验，并对试件进行编号，描述断块情况。

4.2 试件安置在压板中(图 T 0562-1),将压板放置在机台上,几何对中。

4.3 混凝土的强度等级小于 C30 时,取 0.3~0.5MPa/s 的加荷速度;混凝土的强度等级大于或等于 C30 且小于 C60 时,取 0.5~0.8MPa/s 的加荷速度;混凝土的强度等级大于或等于 C60 时,取 0.8~1.0MPa/s 的加荷速度。当试件接近破坏而开始迅速变形时,不得调整试验机油门,直至试件破坏,记下破坏极限荷载 F。

5 结果计算

5.1 混凝土断块抗压强度,按式(T 0562-1)计算:

$$f' = \frac{F}{A} \qquad (T\ 0562\text{-}1)$$

式中:f'——混凝土断块抗压强度(MPa);

F——极限荷载(N);

A——上压板面积(mm^2)。

结果计算精确至 0.1MPa。

5.2 每根试件两个断块试验结果的平均值为该根试件的抗压强度。每组3根试件抗压强度测定值的计算及异常数据取舍原则为:以3根试件测量值的算术平均值为测定值,结果精确至 0.1MPa。3根试件测量值的最大值或最小值中如有一个与中间值之差超过中间值的 15%,则取中间值为测定值;如最大值和最小值与中间值的差值均超过中间值的 15%,则该组试验结果无效。

6 试验报告

试验报告应包括下列内容:

(1)要求检测的项目名称、执行标准;

(2)原材料的品种、规格和产地;

(3)仪器设备的名称、型号及编号；

(4)环境温度和湿度；

(5)断块抗压强度值；

(6)要说明的其他内容。

条文说明

本方法参照 AASHTO T140 编制。需要特别说明的是,为完成本试验,需有试验压板,上下压板保持平行,压板两侧对准在一个垂直面上,确保受压面积为 150mm×150mm。

T 0563—2005 水泥混凝土强度快速试验方法 (1h 促凝压蒸法)

1 目的、适用范围和引用标准

本方法规定了 1h 促凝压蒸法快速测定水泥混凝土强度的试验方法。

本方法适用于通用硅酸盐水泥、道路硅酸盐水泥及指定采用本方法的其他品种水泥和掺加常用外加剂的质量均匀的新拌水泥混凝土。

引用标准：

水泥混凝土抗压强度试验方法(T 0553)

水泥混凝土试件制作与硬化水泥混凝土现场取样方法(T 0551)

水泥混凝土抗弯拉强度试验方法(T 0558)

2 仪具与材料

2.1 压力机或万能试验机:应符合 T 0553 中 2.1 的规定。

2.2 混凝土湿筛砂浆振动筛分、成型两用机(简称两用机)。由机体、筛子、振动台、下料漏斗等部件组成,如图 T 0563-1 和图 T 0563-2 所示。

5 硬化水泥混凝土性能试验

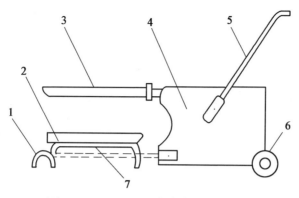

图 T 0563-1　两用机筛分工作状态

1-筛分支撑;2-接料盘;3-筛子;4-机体;5-成型支撑;6-胶轮;7-接料盘架

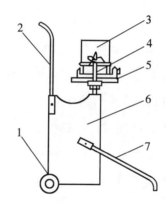

图 T 0563-2　两用机成型工作状态

1-胶轮;2-筛分支撑;3-下料漏斗;4-试模;5-振动台面;6-机体;7-成型支撑

机体由 0.5kW 电机带动凸轮产生连续简谐振动,频率为 2 800 ~ 3 000次/min,振幅为 1mm ± 0.1mm。筛子孔径为 ϕ4.75mm。

将机体平放,装上筛子(图 T 0563-1),可筛分混凝土中的砂浆;卸下筛子,将机体翻转 90° 使之直立,装上振动台面、试模及下料漏斗(图 T 0563-2),可振动成型湿筛砂浆试件。

2.3　专用压蒸仪:

(1)采用装有压力表的 ϕ240mm 压蒸锅,如图 T 0563-3 所示。压力表表盘尺寸为 ϕ55mm,量程为 0 ~ 250kPa。

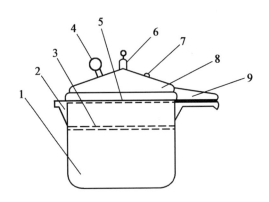

图 T 0563-3　专用压蒸仪结构

1-锅体;2-小手柄;3-蒸屉;4-压力表;5-密封圈;6-限压阀;7-易熔塞;8-锅盖;9-把手

(2)压蒸仪配用1.5kW电炉加热。将试件带模放入盛有沸水的压蒸仪内压蒸养护时,正常情况下,加盖安全阀约15min后,锅内蒸汽压力达到并稳定在100kPa±10kPa,温度约为120℃。

2.4　湿筛砂浆专用试模:包括可装卸的三联钢模和钢盖板。钢模组装后内壁互相垂直,有效尺寸为31.6mm×31.6mm×50mm。试模结构如图 T 0563-4 所示,尺寸精度要求见表 T 0563-1。

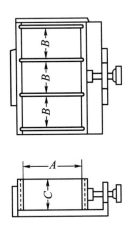

图 T 0563-4　试模结构

5 硬化水泥混凝土性能试验

表 T 0563-1 试模尺寸

符号	制造尺寸(mm)	磨损后允许尺寸(mm)
A	50	—
B	31.6 − 0.1	31.6 + 0.1
C	31.6 + 0.1	31.6 − 0.1

本条规定了湿筛砂浆专用试模的尺寸,与通常砂浆试模尺寸不同,试验人员应注意。

2.5 台秤:量程不小于5kg,感量不大于5g。

2.6 天平:量程不小于100g,感量不大于0.1g。

2.7 砂浆搅拌锅、拌和铲、小刀、方形搪瓷盘(或铁皮制作的料盘,尺寸约250mm×400mm)、秒表等。

2.8 专用促凝剂。CS 或 CAS 专用促凝剂,每次试验用量5g,采用分析纯或化学纯的化学试剂按 T 0512 中表 T 0512-2 的配方配成。一般情况下用 CS 促凝剂,当混凝土掺用粉煤灰或缓凝型外加剂时,可用 CAS 促凝剂。为提高促凝剂的均匀分散性,应事先将所用化学试剂(白色颗粒)分别研细,再按一次用量以塑料袋密封分装,应在阴凉干燥处存放,防止受潮结块。

本条规定了专用促凝剂技术要求。CS 专用促凝剂由采用化学试剂无水碳酸钠(Na_2CO_3)和无水硫酸钠(Na_2SO_4)按 3:1 的质量比合成,见表 5-2。为提高促凝剂的分散均匀性,宜事先将所用化学试剂研细,再采用塑料袋按每次试验用量5g密封分装,于阴凉干燥处保存,防止受潮结块。化学试剂的规格:化学纯或分析纯均可。

表 5-2 促凝剂配方表(质量比例)

名称	Na_2CO_3(%)	Na_2SO_4(%)	Na_2AlO_2(%)
CS	75	25	—
CAS	60	25	15

3 试验步骤

3.1 试验准备

(1)将试模擦净,四周模板与底座的接触面上涂抹黄油,紧密装配,防止漏浆。试模内壁均匀刷一薄层机油。

(2)压蒸锅内加水至离蒸屉约20mm的高度,将水烧沸并检查压蒸锅是否漏汽。如漏汽,须采取相应改善措施(更换密封圈等)。

3.2 筛取新拌混凝土的湿筛砂浆试样

(1)在现场或试验室成型标准养护28d龄期混凝土(抗压、抗弯拉强度)试件的同时,采用有代表性的新拌混凝土试样4~5kg均匀摊放在两用机的筛子中。筛面及其他用具的表面均应事先用湿布擦拭。

(2)开动两用机,手持小铲轻轻翻拌筛内的混凝土拌合物,筛至粗集料表面不粘砂浆并基本不见砂浆落入接料盘为止。为防止试样中水分损失,筛分工作应力求快速。

(3)混凝土筛分完毕后,立即将接料盘中的湿筛砂浆试样拌匀,并用经湿布擦拭的拌和锅称取500g砂浆试样。

3.3 在砂浆试样中加入促凝剂

将砂浆试样摊平,均匀撒入规定量的促凝剂,按动秒表开始计时并立即用湿布擦过的拌和铲迅速将砂浆翻拌、拨压30s。翻拌时,锅沿逆时针方向转动,铲沿顺时针方向翻拌、拨压,每翻拌一次,拨压3~4次,共反复15次左右。

3.4 成型试件

(1)将加有促凝剂的湿筛砂浆试样通过两用机的下料漏斗一次加入试模中。

(2)开动两用机,振动成型试件。振动成型时间根据表 T 0563-2选定。

(3)从两用机上取下试模,用小刀将高出试模的砂浆轻轻刮去、抹平并盖上事先刷过机油的钢盖板。

表 T 0563-2　振动成型时间选用参考表

混凝土坍落度(cm)	0~5	6~10	11~15	>15
试件振动成型时间(s)	60	50	40	30

3.5　试件压蒸养护

(1)从加入促凝剂起至 5min 时,将带模的试件放入水已烧沸的压蒸仪内压蒸养护。压蒸时间从加盖、压阀后起计,一般为 1h。采用快硬水泥时,可缩短为 30~40min;使用缓凝型外加剂或掺粉煤灰混合料时,可延长至 1.5h。适宜的压蒸时间应通过试验确定。

(2)记录压蒸过程中的升压时间(加盖锅盖后至蒸汽压力达到 100kPa±10kPa 并且开始释放蒸汽时)各次试验应基本相同,为 15min 左右。如发现异常,应查找原因并及时处理,所做试验无效。

(3)压蒸养护到规定时间(允许误差为 ±2min)时,切断电源,将压蒸锅从电炉上搬下,去阀放汽,在确认锅内无蒸汽压力后,开盖取出试模,立即拆模进行试件抗压强度试验。

3.6　测定快硬砂浆抗压强度

(1)检查并放正压力机球座,球座应转动灵活,防止试件局部或偏心受压。

(2)清除试件端面和压力机加压板上的砂粒或杂物,将试件直立放在加压板的中心,均匀加荷,直至试件破坏。

4　结果计算

4.1　快硬砂浆抗压强度,按式(T 0563-1)计算:

$$f_{1h} = \frac{P}{A} \qquad (\text{T 0563-1})$$

其中:f_{1h}——促凝压蒸 1h 快硬湿筛砂浆抗压强度(MPa),压蒸养护时间为 0.5h 或 1.5h 时,强度相应记为 $f_{0.5h}$ 或 $f_{1.5h}$;

P——破坏荷载(N);

A——试件受压面积($1\,000\,\text{mm}^2$);

结果计算精确至0.01MPa。

以3个试件测值的算术平均值作为试验结果。如任一测值与中间值的差值超过中间值的15%,则取中间值为试验结果;当有两个测值与中间值的差值超过上述规定时,该组试验结果无效。

4.2 推定混凝土强度

(1)采用事先建立且推定精度满足使用要求的混凝土抗压、抗弯拉强度推定经验式[式(T 0563-2)~式(T 0563-5)],根据快硬湿筛砂浆抗压强度试验结果f_{1h},推定标准养护28d龄期的混凝土抗压强度f_{28}及抗弯拉强度f_{f28}。

$$\hat{f}_{28} = a_1 + b_1 f_{1h} \qquad (\text{T 0563-2})$$

$$\hat{f}_{f28} = a_2 + b_2 f_{1h} \qquad (\text{T 0563-3})$$

或

$$\hat{f}_{28} = A_1 f_{1h}^{B_1} \qquad (\text{T 0563-4})$$

$$\hat{f}_{f28} = A_2 f_{1h}^{B_2} \qquad (\text{T 0563-5})$$

式中: $\hat{f}_{28}$——混凝土试件标准养护28d龄期的抗压强度(MPa);

$\hat{f}_{f28}$——混凝土试件标准养护28d龄期的抗弯拉强度(MPa);

f_{1h}——促凝压蒸1h的快硬湿筛砂浆试件抗压强度(MPa);

a_1、b_1、a_2、b_2或A_1、B_1、A_2、B_2——待定系数,与原材料性质有关,通过试验确定。

注:进行预备试验建立混凝土强度推定经验式的方法应符合本方法附录A

的规定。

(2)推定标准养护28d抗压、抗弯拉强度时,快硬湿筛砂浆强度的测值应在预备试验所得强度经验式的回归线范围内,不得外推。

5 试验报告

试验报告应包括下列内容:
(1)要求检测的项目名称、执行标准;
(2)原材料的品种、规格和产地;
(3)仪器设备的名称、型号及编号;
(4)环境温度和湿度;
(5)1h快硬强度和推定28d龄期时的强度;
(6)要说明的其他内容。

附录 T 0563 A 混凝土强度推定经验式的建立方法及精度要求

A.1 目的和适用范围

建立混凝土(抗压、抗弯拉)强度推定经验式,用于1h促凝压蒸法快速推定混凝土强度试验。

A.2 仪器设备与材料

A.2.1 T 0563所用仪器设备及促凝剂。

A.2.2 T 0553、T 0558所用仪器设备。

A.3 试验步骤

A.3.1 在试验室采用与现场混凝土相同的原材料,设计4~6种灰水比(如1.50、1.75、2.00、2.25、2.50等)的混凝土配合比。最大、最小灰水比之差不应小于1,且现场混凝土的灰水比必须包括在此灰水比范围中。

混凝土的石子用量或砂率适中,坍落度与施工要求相同。

A.3.2 按设计配合比相继拌制各级混凝土,每种配合比均同时取样,分别按本规程测定促凝压蒸 1h 湿筛砂浆抗压强度 f_{1h}、混凝土 28d 抗压强度 f_{28} 及抗弯拉强度 f_f。一般情况下,建立一个推定经验式的数据不宜少于 30 组,因此,各个配合比的重复试验次数不宜少于 5 次。

如直接取现场混凝土进行预备试验,应注意取样混凝土的强度等级范围(尽量取不同强度等级)及材料的均一性。

A.4 试验结果计算

A.4.1 建立混凝土强度推定经验式

将各组快硬湿筛砂浆抗压强度及相应的混凝土 28d 抗压、抗弯拉强度试验结果汇总,进行数据回归分析,得出直线型 $(Y = a + bX)$ 或幂函数型 $(y = AX^B)$ 混凝土抗压、抗弯拉强度推定经验式。

所建混凝土强度推定式的相关性必须高度显著(一般情况下,室内试验的相关系数可达 0.95 左右,现场试验可达 0.85 左右;在现场混凝土强度等级单一的情况下,相关系数有可能达不到显著性程度),回归离差系数一般不应超过 10%,最大不应超过 15%。

A.4.2 验证混凝土强度经验式的推定精度

所建混凝土强度推定经验式须经现场试用验证其推定精度,在确认推定精度满足要求后方可正式采用。使用中的经验式,也须经常校核推定精度。

(1)在现场成型标准养护 28d 龄期混凝土抗压、抗弯拉强度试件的同时,取相同混凝土试样进行湿筛砂浆促凝压蒸 1h 快硬强度试验,根据所建强度经验式推定混凝土 28d 抗压强度或抗弯拉强度。

(2)统计 28d 龄期混凝土强度实测值与快速推定值的平均误差百分率 $\bar{v}$。

(3) 在现场试验数据不少于 20~30 组的条件下，$\bar{v}$ 不宜超过 10%，最大不应超过 15%。否则，应分析原因，必要时对所建经验式进行适当修正或重新建立新的强度经验式。

A.4.3 统计试验误差

在试验数据不少于 20~30 组的条件下，混凝土强度及湿筛砂浆快硬强度的平均组内试验误差 $\bar{v}_t$ 不应大于 5%，平均多天试验变异系数 $\bar{v}_d$ 不应大于 10%。否则，应分析原因，采取相应改进措施。

条文说明

1983 年国家计划委员会将此方法列为施工新技术重点推广项目之一，并下达交通部公路科研所"1h 推定混凝土强度新技术应用的研究"课题任务。在 1983—1987 年的应用研究工作中，通过推广应用并不断总结经验，以及着重进行完善试验方法、提高混凝土强度推定精度的试验研究，研制成混凝土湿筛砂浆振动筛分、成型两用机（简称两用机），改手工筛分、成型湿筛砂浆为机械操作，减轻了试验劳动强度并显著提高了试验精度。同时，还研制成 JQY-20 型可携式轻便压力机，为施工现场采用此方法加强混凝土质量控制创造了方便条件。

在事先已建立同材料的水泥混凝土强度推定式的条件下，通过测定新拌水泥混凝土湿筛砂浆试样促凝压蒸 1h 后的快硬强度，可即时预测出该水泥混凝土试样潜在的标准养护 28d 龄期（抗压和抗弯拉）强度，用于水泥混凝土现场质量管理或配合比设计及其调整。湖北省公路局在 316、107 国道等水泥混凝土路面工程施工中将此法用于推定混凝土 28d 抗弯拉强度，1989 年通过鉴定获得专家好评；广西第五建筑工程公司于 1989 年 12 月至 1990 年 5 月在南宁机场道面混凝土施工中将此法用于推定混凝土抗弯拉强度，平均推定误差仅 3%，施工中混凝土 28d 抗弯拉强度平均值为 6.59MPa，离差系数仅 3.4%。实践证明，此法用于推定混凝土的抗弯拉强度不仅推定精度好，而且在一定条件下提高了施工质量的控制水平。

T 0564—2005 水泥混凝土动弹性模量试验方法
（共振仪法）

本方法为原规程内容。动弹性模量是表征水泥混凝土在各种因素作用下内部结构的变化情况的技术指标,是混凝土快冻法试验中的检测指标值。

本规程规定的测试动弹性模量的方法为共振法,原理是使混凝土试件在一个可调频率的周期性外力作用下产生受迫振动。当该外力的频率与混凝土试件的基频振动频率相同时,就会产生共振,混凝土试件的振幅达到最大。这样测得试件的基频频率后再由质量及几何尺寸等因素计算得出动弹性模量值。

1 目的、适用范围和引用标准

本方法规定了采用共振仪测定水泥混凝土动弹性模量的试验方法。

本方法适用于测定水泥混凝土的动弹性模量,以检验水泥混凝土在经受冻融或其他侵蚀作用后遭受破坏的程度,评定其耐久性能。

引用标准：

水泥混凝土试件制作与硬化水泥混凝土现场取样方法(T 0551)

2 仪具与材料

2.1 共振法混凝土动弹性模量测定仪(简称共振仪)：输出频率可调范围为100Hz~20kHz,输出功率应能激励试件产生受迫振动,以便能用共振的原理测定出试件的基频振动频率。在无专用仪器的情况下,可将各类仪器组合进行试验。

共振仪输出频率的可调范围应与所测试件的尺寸、密度及混凝土品种相匹配,一般为100Hz～20kHz,输出功率也应能激励试件产生受迫振动,其基本原理示意如图T 0564-1所示。

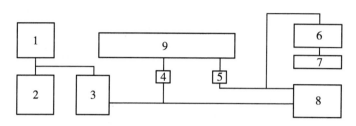

图T 0564-1　共振法混凝土动弹性模量测定工作原理
1-振荡器;2-频率计;3-放大器;4-激振换能器;5-拾振换能器;6-放大器;7-微安表;8-示波器;9-试件

2.2　试件支承件:硬橡胶韧型支座或约20mm厚的软泡沫塑料垫。

2.3　台称:量程不小于20kg,感量不大于10g。

3　试件制备

本试验采用截面为100mm×100mm的棱柱体试件,其长宽比一般为3～5。标准试件尺寸为100mm×100mm×400mm。

4　试验步骤

4.1　试验前测定试件的质量和尺寸。3个试件的质量与其平均值的允许偏差为±0.5%,尺寸与其平均值的允许偏差为1%。每个试件的长度和截面尺寸均取3个部位的平均值。

4.2　将试件安放在支承体上,并定出以共振法测量试件横向基频振动频率时,激振换能器和拾振器的位置,如图T 0564-2所示。将激振器和拾振器的测杆轻轻地压在试件的表面上(测杆与试件接触面一般涂一薄层黄油或凡士林),测杆压力的大小以不出现噪声为宜。

4.3　用共振仪进行测定时,可根据试件共振频率的大小,选择相应的频率测量范围。调整激振功率和接受增益旋钮至适当位置,以粗调迅速找到试件的共振点后,再进行细调。当微安表和示波器指示的幅度值一致增加,达到最大的幅度时即为共振。此时,从数字计数器上读出的频率就是试件的自振频率。

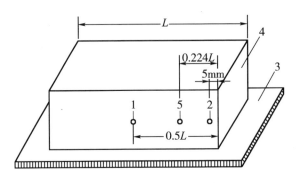

图 T 0564-2 测示位置示意图

1-激振器位置;2-拾振器位置;3-泡沫塑料垫;4-试件(测量时试件成型面朝上);5-节点

共振法混凝土动弹性模量测定仪一般在市场上都能够买到专用产品。本条规定了共振仪的操作步骤,根据混凝土试件的共振频率选择合适的频率范围。

4.4 用组合仪器进行测定时,采用示波器作为显示仪器,示波器的图形调成一个正圆时的频率作为共振频率。当仪器同时具有指示电表和示波器时,以电表指针达到最大值时的频率作为共振频率。

本条规定了组合仪器的使用方法,为原规程内容。基于有单位仍使用该设备,因此本规程保留了本条内容。

4.5 观测时,应重复测试两次,测试结果的波动范围宜小于±0.5%。以两次试验的平均值作为该试件的测值。

在测试过程中,如发现两个以上的峰值,建议采用下列方法找出真实共振峰:

(1)将输出功率固定,反复调整仪器输出频率,从微安表上比较幅值的大小,幅值最大者为真实的共振峰。

(2)可把拾振器测杆移至节点处(距端部 0.224 倍的试件长度),如微安表指针为零,即为真实共振峰。

5 结果计算

混凝土动弹性模量,按式(T 0564-1)计算:

$$E_d = 9.46 \times 10^{-4} \times \frac{WL^3 f^2}{a^4} \times K \qquad (\text{T 0564-1})$$

式中:E_d——混凝土动弹性模量(MPa);
a——正方形截面试件的边长(mm);
L——试件的长度(mm);
W——试件的质量(kg);
f——试件横向振动时的基振频率(Hz);
K——试件尺寸修正系数:$L/a = 3$ 时,$K = 1.68$;$L/a = 4$ 时,$K = 1.40$;$L/a = 5$ 时,$K = 1.26$。

混凝土动弹性模量以 3 个试件的平均值作为试验结果,结果计算精确至 100MPa。

6 试验报告

试验报告应包括下列内容:
(1)要求检测的项目名称、执行标准;
(2)原材料的品种、规格和产地;
(3)仪器设备的名称、型号及编号;
(4)环境温度和湿度;
(5)混凝土动弹性模量;
(6)要说明的其他内容。

条文说明

本规程参照《普通混凝土长期性能和耐久性能试验方法标准》

（GB/T 50082—2009）与 ASTM C 215 编制。动弹性模量测量是一种无损检测方法，对于持续的化学侵蚀、重复的冻融循环、老化及其他一些因素而导致的模量逐渐变化的测量极为有效。动弹性模量测量的原理是借助在混凝土中传播的波，在泊松比、密度和材料长度不变的条件下，波速（基频＝波速/材料长度）和材料的弹性模量符合一定函数关系。于是通过共振法测得材料的基频，就可以推导出材料的弹性模量，为区别于常规的弹性模量，则称之为动弹性模量。普通的动弹性模量在 14 000～42 000MPa 之间。除了本规程测得的横向基频外，采用类似的方法也可测得纵向基频，详见 ASTM C 215。

T 0566—2020　水泥混凝土与钢筋握裹力试验方法

本方法为新增。混凝土与钢筋握裹力是混凝土抵抗钢筋滑移能力的物理量，握裹强度是指沿钢筋与混凝土接触面上的剪应力。本方法参考《水工混凝土试验规程》（DL/T 5150—2017）和《混凝土物理力学性能试验方法标准》（GB/T 50081—2019）编制。

1　目的、适用范围和引用标准

本方法规定了水泥混凝土与钢筋握裹力试验方法。

本方法适用于测定水泥混凝土与钢筋握裹力，以检验水泥混凝土与钢筋的握裹强度。

引用标准：

《钢筋混凝土用钢　第 1 部分：热轧光圆钢筋》（GB/T 1499.1）

《钢筋混凝土用钢　第 2 部分：热轧带肋钢筋》（GB/T 1499.2）

《水工混凝土试验规程》（DL/T 5150）

水泥混凝土试件制作与硬化水泥混凝土现场取样方法（T 0551）

水泥混凝土抗压强度试验方法（T 0553）

2 仪具与材料

2.1 试模:规格为150mm×150mm×150mm,如图T 0566-1所示,试模应能埋设一水平钢筋,水平钢筋轴线距离模底75mm。埋入的一端恰好嵌入模壁,予以固定,另一端由模壁伸出,作为加力之用。

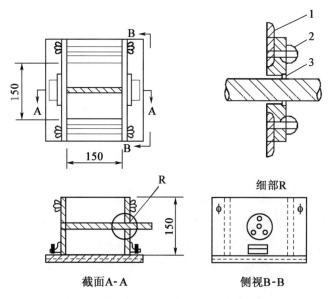

图T 0566-1 握裹力试模装置(尺寸单位:mm)
1-模板;2-固定圈;3-橡皮圈堵塞

2.2 试件夹具:如图T 0566-2所示,试件夹具是两块面积为250mm×150mm、厚度为30mm的钢板。用4根直径约18mm的HRB400钢筋穿入。上端钢板附有直径为25mm的拉杆,拉杆下端套入钢板并呈球面相接,上端供万能机夹持。另附150mm×150mm×10mm钢垫板一块;中心开有直径40mm的圆孔,垫于试件与夹头下端钢板之间。

2.3 千分表:精度为0.001mm。

2.4 量表固定架:金属制成,横跨试件表面,并可用止动螺栓固定在试件上。上部中央有孔,可夹持千分表,使之直立,量杆朝下。

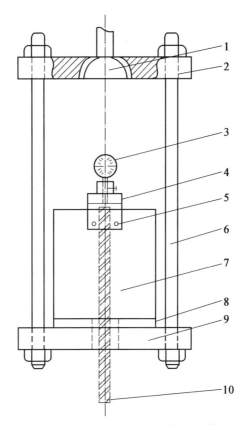

图 T 0566-2 握裹力试验装置示意图

1-带球座拉杆;2-上端钢板;3-千分表;4-量表固定架;5-止动螺栓;6-钢杆;7-试件;8-垫板;
9-下端钢板;10-埋入试件的钢筋

2.5 万能试验机:应符合 T 0553 的规定。

3 试验步骤

3.1 试验用带肋 HRB400 钢筋,性能应符合现行《钢筋混凝土用钢 第 2 部分:热轧带肋钢筋》(GB/T 1499.2)的规定,其公称直径为 20mm (内径 18mm,外径 22mm)。为了使钢筋具有足够的长度以供万能机夹持和装置量表,一般长度可取 500mm,试验中采用的钢筋尺寸和形状均应相同。成型前钢筋应用钢丝刷刷净,并用丙酮或乙醇擦拭,不得有锈屑和油污存在。钢筋的自由端顶面应光滑平整,并与试模预留孔吻合。确有必要时,也可用符合现行《钢筋混凝土用钢 第 1 部分:热轧光圆钢筋》(GB/T 1499.1)要求的公称直径为 20mm 的 HPB300 热轧光圆钢筋或工程中实际使用的其他钢筋,其要求和处理方法同带肋钢筋。

本条规定了钢筋规格及尺寸,钢筋表面应洁净,避免铁屑、油污等物质影响与混凝土接触面的握裹力。

本条需要注意的是,钢筋为带肋 HRB400 钢筋,确有必要时,可根据实际工程需要钢筋进行试验,但公称直径不宜大于 20mm,如果钢筋直径过大则部分数据无法采集。例如,钢筋直径大于 32mm 钢筋,滑动变形 0.08mm 以上,拉力过大,混凝土容易拉裂,或者滑动过快,拉力记录不全。

3.2 按 T 0551 的有关规定制作试件,以 6 个试件为一组。混凝土集料最大粒径不得超过 30mm。

3.3 试件成型后直至试验龄期,特别在拆模时,不得碰动钢筋,拆模时间以两昼夜为宜。拆模时应先取下橡皮固定圈,再将套在钢筋上的试模小心取下。

3.4 到试验龄期时,将试件从养护室取出,擦拭干净,检查外观(试件不得有明显缺损或钢筋松动、歪斜),并应尽快试验。

3.5 将试件套上中心有孔的垫板,然后装入已安装在万能机上的试验夹具中,使万能机的下夹头将试件的钢筋夹牢。

3.6 在试件上安装量表固定架和千分表,使千分表杆端垂直向下,与略伸出试件表面的钢筋顶面相接触。

3.7 加荷前应检查千分表量杆与钢筋顶面接触是否良好,千分表是否灵活,并进行适当的调整。

3.8 记下千分表的初始读数后,开动万能试验机,以不超过 400N/s 的加荷速度拉拔钢筋。荷载每加 1 000 ~ 5 000N,记录相应的千分表读数。

3.9 到达下列任何一种情况时应停止加荷:

(1) 钢筋达到屈服点；

(2) 混凝土发生破裂；

(3) 钢筋的滑动变形超过 0.1mm。

4 结果计算

4.1 将各级荷载下的千分表读数减去初始读数，即得该荷载下的滑动变形。

4.2 当采用带肋钢筋时，以 6 个试件在各级荷载下滑动变形的算术平均值为横坐标，以荷载为纵坐标，绘出荷载-滑动变形关系曲线。当滑动变形为 0.01mm、0.05mm、0.10mm 时，在曲线上查出相应的荷载。

4.3 钢筋握裹强度，按式(T 0566-1)和式(T 0566-2)计算。

$$\tau = \frac{F_1 + F_2 + F_3}{3A} \quad \text{(T 0566-1)}$$

$$A = \pi D L \quad \text{(T 0566-2)}$$

式中：τ——钢筋握裹强度(MPa)；

F_1——滑动变形为 0.01mm 时的荷载(N)；

F_2——滑动变形为 0.05mm 时的荷载(N)；

F_3——滑动变形为 0.10mm 时的荷载(N)；

A——埋入混凝土的钢筋表面积(mm^2)；

D——钢筋的计算直径(mm)；

L——钢筋埋入的长度(mm)。

4.4 当采用光面钢筋时，可取 6 个试件拔出试验时最大荷载的平均值除以埋入混凝土中的钢筋表面积，即得钢筋握裹强度，计算结果精确至 0.01MPa。

4.5 光面钢筋拔出试验可绘出荷载-滑动变形关系曲线以供分析。

4.6 采用工程中实际使用的其他钢筋时，应注明钢筋的类型、直径及混凝土配合比等条件。

5 试验报告

试验报告应包括下列内容：
(1)要求检测的项目名称、执行标准；
(2)仪器设备的名称、型号及编号；
(3)环境温度和湿度；
(4)混凝土配合比；
(5)钢筋的类型和直径；
(6)水泥混凝土与钢筋的握裹强度；
(7)停止加载情况说明；
(8)要说明的其他内容。

5.3 体积稳定性

本节是水泥混凝土体积稳定性相关试验方法，新增6个试验方法，分别为水泥混凝土早期开裂敏感性试验方法(平板法)、水泥混凝土收缩试验方法(接触法)、水泥混凝土收缩试验方法(非接触法)、水泥混凝土限制膨胀率试验方法、水泥混凝土线膨胀系数试验方法(光杠杆法)和水泥混凝土徐变试验方法。

T 0573—2020 水泥混凝土早期开裂敏感性试验方法（平板法）

本方法为新增。混凝土在约束条件下早期开裂性能试验方法，综合分为三大类：平板法、圆环法及棱柱体法。美国混凝土协会ACI-544推荐平板法，我国《普通混凝土长期性能和耐久性能试验方法标准》(GB/T 50082—2009)和《水工混凝土试验规程》(DL/T 5150—2017)中规定的混凝土早期抗裂性试验均采用平板法(也称刀口法)。在不同标准中，平板法的试验装置尺寸也有差异，请读者注意区别。本规程提出的"早期"是指水泥混凝土成型后24h。

1 目的、适用范围和引用标准

本方法规定了采用平板法测定水泥混凝土早期开裂敏感性的试验方法。

本方法适用于测试水泥混凝土在约束条件下的早期抗裂性能。

引用标准：

水泥混凝土拌合物的拌和与现场取样方法(T 0521)

2 仪具与材料

2.1 试模：采用尺寸为600mm×600mm×63mm的平面薄板型试件，每组包括至少2个试件。混凝土集料最大粒径不应超过31.5mm。

本条规定了试模的尺寸及每组试件数量，为保证试验准确性，试件数量至少2个。

2.2 混凝土早期抗裂试验装置：应采用钢制模具，详见图T 0573-1所示。试件尺寸为600mm×600mm×63mm，模具的四边（包括长侧板和短侧板）宜采用槽钢或者角钢焊接而成，侧板厚度不应小于5mm，模具四边与底板宜通过螺栓固定在一起。在模具每个边上用双螺帽固定两排共14个ϕ10mm×100mm螺栓（螺纹通长）伸向锚具内侧，两排螺栓相互交错，便于浇筑的混凝土能填充密实，混凝土用于浇筑试件的钢制模。底板应采用不小于5mm厚的钢板，并应在底板表面铺设聚乙烯薄膜或者聚四氟乙烯片作隔离层。

本条规定了早期抗裂试验装置的规格及尺寸。不同标准规定的试模尺寸不同，如《普通混凝土长期性能和耐久性能试验方法标准》（GB/T 50082—2009）和《水工混凝土试验规程》（DL/T 5150—2017）中规定的试模尺寸均为800mm×600mm×100mm，模具内应设有7根裂缝诱导器，裂缝诱导器可分别用50mm×50mm、40mm×40mm角钢与5mm×50mm钢板焊接组成，并应平行于模具短边，但周围无螺栓。《纤维混凝土试验方法》(CECS 13—2009)规定的平板法试件尺寸一样,但中间的螺栓布置和数量不同,其混凝土集料最大粒径为20mm。这些标准规定的试验装置和尺寸有明显差异,请读者注意区别。

当浇筑后的混凝土平板试件发生收缩时,采用四边约束的矩形平板能很好反映水泥混凝土收缩裂缝的形态,模具应保证边框具有足够的刚度,四周将受到这些螺栓的约束,采用底板表面铺设隔离层是为了减小混凝土与底板之间的摩擦力。

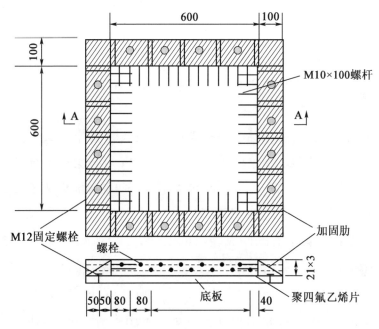

图 T 0573-1 平板试验模具示意图(尺寸单位:mm)

2.3 风机:风速应可调,并且应能够保证试件表面中心处的风速不小于5m/s。

2.4 温度计:精度不应低于±0.5℃。相对湿度计:精度不应低于±1%。风速计:精度不应低于±0.5m/s。

2.5 刻度放大镜:放大倍数不应小于40倍,分度值不应大于0.01mm。

2.6 照明装置:可采用手电筒或者其他简易照明装置。

2.7 钢直尺:分度值为1mm。

3 试验步骤

3.1 试验环境温度为30℃±2℃,相对湿度为60%±5%的恒温恒湿室中进行。

本条规定了环境温度为30℃±2℃,比标准条件试验室温度高,请读者注意区别。相对湿度对水泥混凝土裂缝产生也有重要影响,因此规定了相对湿度60%±5%的要求。

3.2 将混凝土浇筑至模具内以后,应立即将混凝土摊平,且表面应比模具边框略高。可使用平板表面式振捣器或者采用振捣棒插捣。应控制好振捣时间,并应防止过振和欠振。

3.3 在振捣后,应用抹子整平表面,应使集料不外露且使表面平实。

3.4 试件抹平后,立即用塑料薄膜覆盖,2h后将塑料薄膜取下,立即调节风扇位置和风速,使试件表面中心正上方100mm处风速为5m/s±0.5m/s,并应使风向平行于试件表面。

本条规定了混凝土试件成型后的处理方式,立即覆盖塑料薄膜,2h后再使用风扇。这种处理方式与《普通混凝土长期性能和耐久性能试验方法标准》(GB/T 50082—2009)中规定的"应在试件成型30min后,立即调节风机风速"不一致,读者应注意区别。采用风扇吹试件表面是为了加速水泥混凝土试件表面失水速率,使得收缩裂缝更容易产生。

3.5 开始观察平板表面的裂缝发生过程,应在24h±0.5h测量读取裂缝。裂缝长度应用钢直尺测量,并应取裂缝两端直线距离为裂缝长度。当一个刀口上有两条裂缝时,可将两条裂缝的长度相加,折算成一条裂缝。

本条规定了测量裂缝的时间为24h。混凝土在凝结硬化之前,因混凝土表面失水速率大于水分的泌出速率而产生收缩,该收缩变形在24h

后处于稳定状态。目前很多实际工程中的混凝土板式结构经常出现因塑性收缩引起的裂缝现象。

3.6 裂缝宽度应采用放大倍数至少40倍的读数显微镜进行测量，并应测量每条裂缝的最大宽度。

本条规定了观察裂缝的显微镜倍数。该仪器在市场上容易购买，价格便宜。

3.7 平均开裂面积、单位面积的裂缝数目和单位面积上的总开裂面积应根据混凝土浇筑24h±0.5h测量得到的裂缝数据来计算。

本条规定了3个开裂指标，分别为平均开裂面积、单位面积的裂缝数目和单位面积上的总开裂面积。

4 结果计算

4.1 每条裂缝的平均开裂面积，按式(T 0573-1)计算：

$$a = \frac{1}{2N}\sum_{i=1}^{N}(W_i \times L_i) \quad (\text{T 0573-1})$$

本条规定了计算每条裂缝的平均开裂面积，裂缝形状近似为三角形处理，因此公式中有系数1/2。

4.2 单位面积的裂缝数目，按式(T 0573-2)计算：

$$b = \frac{N}{A} \quad (\text{T 0573-2})$$

4.3 单位面积上的总开裂面积，按式(T 0573-3)计算：

$$c = a \cdot b \quad (\text{T 0573-3})$$

式中：W_i——第i条裂缝的最大宽度(mm)，精确到0.01mm；

L_i——第i条裂缝的长度(mm)，精确到1mm；

N——总裂缝数目(条)；

A——平板的面积(m^2)，精确到小数点后两位；

a——每条裂缝的平均开裂面积(mm^2/条)，精确到$1 \sim 2mm^2$/条；

b——单位面积的裂缝数目(条/m^2)，精确到0.1条/m^2；

c——单位面积上的总开裂面积(mm^2/m^2),精确到$1mm^2/m^2$。

本条规定了单位面积上的总开裂面积,一般采用该指标评价水泥混凝土的早期开裂敏感性。

4.4 每组应分别以两个或多个试件的平均开裂面积(单位面积的裂缝数目或单位面积上的总开裂面积)的算术平均值作为该组试件平均开裂面积(单位面积的裂缝数目或单位面积上的总开裂面积)的测定值。

5 试验报告

试验报告应包括下列内容:
(1)原材料的品种、规格和产地;
(2)仪器设备的名称、型号及编号;
(3)环境温度和湿度;
(4)总裂缝数目N;
(5)平板面积A;
(6)不同试件单位面积的裂缝数目b;
(7)不同试件单位面积上的总开裂面积c;
(8)试件平均开裂面积;
(9)要说明的其他内容。

条文说明

本方法参照日本笠井芳夫教授提出的平板试件抗裂性试验方法并作了修改,用以评价混凝土早期阶段抗裂性能。

试件早期的抗裂性评价准则见下列内容:①仅有非常细的裂纹;②平均裂开面积$<10mm^2$;③单位面积裂缝数目<10根$/m^2$;④单位面积上的总裂开面积$<100mm^2/m^2$。

按照上述4个准则,将抗裂性划分为5个等级:Ⅰ级:上述4个条件全部满足;Ⅱ级:满足上述4个条件中的3个;Ⅲ级:满足上述4个条件中的 2 个；Ⅳ级：满足上述 4 个条件中的 1 个；Ⅴ级：一个也不满足。

上述试验方法和步骤主要用来比较混凝土在早期塑性收缩下的抗裂性。如果延长覆盖养护时间，这时的裂缝可能会更多地反映干燥收缩和自收缩的影响。

T 0574—2020　水泥混凝土收缩试验方法（接触法）

本方法为新增，取代原规程水泥混凝土干缩性试验方法（T 0566—2005）。本方法可测试水泥混凝土自收缩和干燥收缩，适用于除外力和温度变化以外的因素所引起的混凝土试件长度变化，主要表征混凝土的收缩变形。本方法与《普通混凝土长期性能和耐久性能试验方法标准》（GB/T 50082—2009）中规定的收缩试验（接触法）不同，主要差异在混凝土试模形状及尺寸、试件成型后的处理方式和测试方法（立式）等方面，请读者注意区别。

1　目的、适用范围和引用标准

本方法规定了在恒温、恒湿条件下测定水泥混凝土轴向长度变形的试验方法。

本方法适用于不同水泥混凝土自收缩和干燥收缩的试验，本方法规定集料最大粒径不大于 31.5mm。

引用标准：

水泥混凝土试件制作与硬化水泥混凝土现场取样方法（T 0551）

2　仪具与材料

2.1　试模：规格为 ϕ100mm × 420mm 的聚氯乙烯（PVC）试模，PVC 管沿轴任意方向的一侧，预先切开一条通透缝，可撑开成 U 形。

本条规定了试模的尺寸及制作方法，预先切开一条通缝，方便试验结束后拆卸。

2.2 平整钢板:直径为100mm,厚度为20mm。

2.3 铁架:铁架台高度不小于500mm。

2.4 千分表:分度值为0.001mm。

2.5 玻璃片:尺寸为20mm×20mm。

2.6 钢尺:量程不小于500mm,分度值为1mm。

2.7 其他:保鲜膜、聚苯乙烯(EPX)泡沫板等。

3 试验环境

试验环境温度为20℃±2℃,相对湿度为60%±5%。室(箱)内配有温度、湿度自动记录仪,记录温度、湿度变化。

4 试验步骤

4.1 试模制备。将一侧预先切开的 $\phi100mm×420mm$ 的PVC管材内侧壁均匀涂抹润滑油,并将直径为100mm、厚度为20mm的平整钢板作为底座装入试模,用胶带将切口与底座黏结密封为一整体,并用保鲜膜将除顶口外的整个模具密封包裹,以防水分和浆体流出。

本条规定了试模的规格及尺寸。混凝土试件形状为圆柱体,与棱柱体试件(100mm×100mm×515mm的棱柱体为标准试件)不同。可采用胶带或黏结性强的结构防水胶黏结,试模的通裂缝一定要密封好,否则渗出水分或浆体会影响试验结果。

4.2 水泥、集料、水等原材料放置在温度为20℃±2℃的环境中24h后,方可拌和成型试件。

本条规定原材料应提前进行恒温处理,从而保证水泥混凝土拌合物初始温度为20℃±2℃,初始温度差异对测试混凝土收缩变形值影响较大。

4.3 收缩试验以3个试件为一组。混凝土的拌和、成型按照T 0551中圆柱体试件的规定进行。

4.4 试件成型后,表面抹平,用保鲜膜密封(用于自收缩测试)。

本条规定了试件成型后的处理方式,测试混凝土自收缩时,采用保鲜膜将混凝土试件密封,隔绝与外界水分交换。

4.5 将试模平稳地移入收缩室,竖直放置在用泡沫板材减振的铁架上,试件顶端保鲜膜上放置20mm×20mm的玻璃片,千分表测头与玻璃片相接触,用铁架台固定千分表。

本条规定按照千分表的方法,铁架应防置在水平地面或平台上,试件放置稳定,不出现晃动现象,千分表测头尽量顶至玻璃片中央位置,防止倾斜。

4.6 千分表安装完以后,即可开始记录收缩值。成型后,前8h每隔30min记录1次,第一次测量值记为L_{a0},精确至0.001mm;8h后每隔1h记录1次,成型1d后每2h记录1次,成型2d后每4h记录1次,记录直到3d为止,最后一次测量值记为L_{at},精确至0.001mm。

本条规定"千分表安装完以后,即可开始记录收缩值",是指混凝土达到终凝时刻开始记录收缩值,即为收缩测试零点(Time-zero)。水泥混凝土收缩零点存在争议,一些学者认为,以水泥基材料内部水蒸气相对湿度开始下降的时刻作为自收缩测试的零点;也有一些研究认为,以收缩曲线的转拐点(膨胀转向收缩)作为零点。ASTM C1698 建议采用以维卡仪测定的终凝时间作为零点。研究发现,无论是湿度下降、收缩与膨胀拐点,它们都分布在终凝时间左右,为此参照 ASTM C1689 以混凝土终凝为自收缩第一次测量时刻。

4.7 自收缩测试完毕后,除去试件表面的 PVC 管材、保鲜塑料薄膜,用钢尺测量试件的初始长度,初始长度应重复测定3次,取算术平均值作为基准长度的测定值D_{d0},精确至1mm。装上玻璃片和千分表,开始测试干燥收缩率,每天记录千分表读数一次,直到试验龄期为止。

4.8 测试过程中,收缩室温度和湿度始终保持在20℃±2℃和60%±5%,收缩室要求尽可能无过大振动和风或气流流动,不能碰撞表架及表杆,否则影响试验准确性。

4.9 每次读数应重复3次。

5 结果计算

5.1 混凝土自收缩率,按式(T 0574-1)计算:

$$\varepsilon_{\text{auto}} = \frac{|L_{a0} - L_{at}|}{400} \qquad (\text{T 0574-1})$$

式中:$\varepsilon_{\text{auto}}$——测试龄期为 t 时刻的混凝土自收缩率,t 从开始加水算起;

L_{a0}——自收缩测试试件第1次测量时的千分表读数值,精确至0.001mm;

L_{at}——自收缩测试试件 t 龄期时的千分表测量数值,精确至0.001mm;

400——自收缩测试试件原始长度,为400mm。

每组应取3个试件收缩率的算术平均值作为该组混凝土试件的自收缩率测定值,结果计算精确至 1.0×10^{-6}。

5.2 混凝土干燥收缩率,按式(T 0574-2)计算:

$$\varepsilon_{\text{dry}} = \frac{|L_{d0} - L_{dt}|}{D_{d0}} \qquad (\text{T 0574-2})$$

式中:ε_{dry}——测试龄期为 t 时刻的混凝土自收缩率,t 从开始加水算起;

L_{d0}——干燥收缩测试试件第1次测量时的千分表读数值(mm),精确至0.001mm;

L_{dt}——干燥收缩测试试件 t 龄期时的千分表测量数值(mm),精确至0.001mm;

D_{d0}——干燥收缩测试试件的初始长度(mm),精确至1mm。

以3个试件收缩率的算术平均值作为该组混凝土试件的干燥收缩率测定值,结果计算精确至 1.0×10^{-6}。

6 试验报告

试验报告应包括下列内容:

(1)要求检测的项目名称、执行标准；
(2)原材料的品种、规格和产地；
(3)仪器设备的名称、型号及编号；
(4)环境温度和湿度；
(5)自收缩率 ε_{auto} 和干燥收缩率 ε_{dry}；
(6)要说明的其他内容。

条文说明

在试模内侧壁均匀涂抹润滑油可以减小内壁与混凝土之间的摩擦力，从而减小自收缩试验误差。

T 0575—2020 水泥混凝土收缩试验方法(非接触法)

本方法为新增。非接触法适用于混凝土早龄期收缩变形的测试，混凝土早龄期(如前3d)的体积变形最为复杂，包括全部塑性沉降收缩，部分自收缩、部分化学收缩及表面失水产生的干燥收缩等。采用非接触法可以混凝土浇筑后立即采集试件变形数据，弥补了接触法必须在硬化后才能测试收缩变形的不足。非接触法的测试时间范围宜为混凝土自初凝开始至试验所需测试龄期之间的时间。

1 目的、适用范围和引用标准

本方法规定了非接触式传感器测试水泥混凝土收缩的试验方法。

本方法适用于测定早龄期混凝土的自由收缩变形，也可用于无约束状态下混凝土自收缩变形的测定，本方法应采用尺寸为100mm×100mm×515mm的棱柱体试件。

引用标准：

水泥混凝土试件制作与硬化水泥混凝土现场取样方法(T 0551)

本条规定了非接触法的适用范围及试件尺寸。试件断面尺寸根据混凝土中最大集料粒径来选择。通常情况下，100mm×100mm×515mm 的试件可以满足大多数试验需要，因此规定 100mm×100mm×515mm 为标准试件。

2 仪器设备

2.1 非接触式混凝土收缩变形测定仪：如图 T 0575-1 所示，应设计成整机一体化装置，并应具备自动采集和处理数据、设定采样时间间隔等功能。整个测试装置(含试件、传感器等)应固定于具有避振功能的固定式实验台面上。应有可靠方式将反射靶固定于试模上，使反射靶在试件成型浇筑振动过程中不会移位偏斜，且在成型完成后应能保证反射靶与试模之间的摩擦力尽可能小。试模应采用具有足够刚度的钢模，且本身的收缩变形应小。试模的长度应能保证混凝土试件的测量标距不小于 400mm。

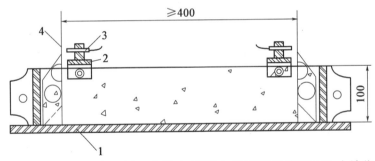

图 T 0575-1 非接触式混凝土收缩变形测定仪原理示意图(尺寸单位:mm)
1-试模;2-固定架;3-传感器测头;4-反射靶

本条规定了非接触式混凝土收缩变形测定仪的结构组成。混凝土早龄期收缩测试时间间隔短，测试频繁，为减少人工读数工作，试验仪器应具备自动采集和处理数据功能。为保证试验数据的准确性，测试仪应为一体机。试验应在没有振动的环境下进行，应将测试装置固定在试验台上，如采用磁力吸附装置固定于钢制试验台面上，或采用螺栓形式紧固于试验台面上。

测量标距过短会使得收缩绝对值过小,不易读数且影响试验准确性,因此,本规程规定试模的长度应能保证混凝土试件的测量标距不小于400mm。

2.2 传感器:测试量程不应小于试件测量标距长度的0.5%或量程不应小于1mm,测试精度不应低于0.002mm,零点漂移应小于0.01%/℃。应采用可靠方式将传感器测头固定,并应使测头在测量整个过程中与试模相对位置保持固定不变。试验过程中应保证反射靶能够随着混凝土收缩而同步移动。

本条规定了传感器的量程及测试精度。非接触法所用的位移传感器有多种类型,如激光测长仪、声能传感器和电涡流传感器等,传感器的安装方式也很多,选择的传感器只要达到测试精度要求即可。

3 试验步骤

3.1 试验应在温度为20℃±2℃、相对湿度为60%±5%的恒温恒湿条件下进行。非接触法收缩试验应带模进行测试。

本条规定了非接触法收缩试验应在恒温恒湿环境下进行。

3.2 试模准备时,应在试模内涂刷润滑油,然后应在试模内铺设两层塑料薄膜或放置一片聚四氟乙烯(PTEF)片,且应在薄膜或聚四氟乙烯片与试模接触的面上均匀涂抹一层润滑油。应将反射靶固定在试模两端。

本条规定了试模内部准备步骤。混凝土试件应在试模内自由变形。为减小混凝土与试模板之间的摩擦力,本条规定了采用塑料薄膜和PTFE片两种方法。

3.3 将混凝土拌合物浇筑入试模后,应振动成型并抹平,然后立即带模移入恒温恒湿室。成型试件的同时,应测定混凝土的初凝时间。混凝土初凝试验和早龄期收缩试验的环境应相同。当混凝土初凝时,应开始测读试件左右两侧的初始读数,此后应至少每隔1h或按设定的时间间隔测定试件两侧的变形读数。

本条规定了收缩试验测试方法,初始读数时间为混凝土的初凝时间,因此混凝土的初凝时间和收缩试验应在同一环境条件下进行。为得到混凝土收缩连续光滑的变形曲线,采集数据的时间间隔至少1h,时间间隔设置根据试验需求确定。

3.4 在整个测试过程中,试件在变形测定仪上放置的位置、方向均应始终保持固定不变。

3.5 需要测定混凝土自收缩值的试件,应在浇筑振捣后立即采用塑料薄膜作密封处理。

4 结果计算

4.1 混凝土收缩率,按式(T 0575-1)计算:

$$\varepsilon_{st} = \frac{(L_{10} - L_{1t}) + (L_{20} - L_{2t})}{L_0} \quad (\text{T 0575-1})$$

式中:ε_{st}——测试期为$t(h)$的混凝土收缩率,t从初始读数时算起;

L_{10}——左侧非接触式位移传感器初始读数(mm);

L_{1t}——左侧非接触式位移传感器测试期为$t(h)$的读数(mm);

L_{20}——右侧非接触式位移传感器初始读数(mm);

L_{2t}——右侧非接触式位移传感器测试期为$t(h)$的读数(mm);

L_0——试件测量标距(mm),等于试件长度减去试件中两个反射靶沿试件长度方向埋入试件中的长度之和。

本条规定了非接触式收缩试验测试结果计算方法。每个试件有两个测头,应分别读数,试验结果应根据两个测头读数之和来计算。

4.2 每组应取3个试件测试结果的算术平均值作为该组混凝土试件的早龄期收缩测定值,结果计算精确至1.0×10^{-6}。

本条规定了以3个试件得到的算术平均值作为混凝土早期收缩值。非接触法主要用于测试3d内的混凝土收缩值,3d后收缩值采用接触法测试。龄期从搅拌加水开始计算,早期收缩从混凝土初凝时间或接近初凝时间开始测试。

5 试验报告

试验报告应包括下列内容：
(1) 原材料的品种、规格和产地；
(2) 仪器设备的名称、型号及编号；
(3) 环境温度和湿度；
(4) 左侧非接触式位移传感器初始读数 L_{10}；
(5) 左侧非接触式位移传感器测试期为 $t(h)$ 的读数 L_{1t}；
(6) 右侧非接触式位移传感器初始读数 L_{20}；
(7) 右侧非接触式位移传感器测试期为 $t(h)$ 的读数 L_{2t}；
(8) 试件测量标距 L_0；
(9) 测试期为 $t(h)$ 的混凝土收缩率 ε_{st}；
(10) 要说明的其他内容。

条文说明

本方法参照《普通混凝土长期性能和耐久性能试验方法标准》(GB/T 50082—2009)编制。

近年来，由于水泥混凝土品种增多以及矿物掺合料、外加剂等的广泛使用，导致某些混凝土的早期收缩明显增大。混凝土早龄期(如前3d)的体积变形最为复杂，包括全部塑性沉降收缩，而自生收缩、水泥水化的化学收缩以及混凝土表面失水产生的干燥收缩在早龄期也占较大比例。因此若采用试件标准养护3d后测量变形的方法，就只能从标准养护室移入恒温恒湿室开始测量，试件的体积变化无法反映出早龄期(3d之内)水泥混凝土的体积变形性能。本方法采用非接触式的方法进行测试，可测量自初凝开始时混凝土的收缩变形，避免了混凝土未硬化时接触式方法无法测试的问题，可准确的反应混凝土早龄期的体积变形性能。

采用非接触式收缩变形测量装置也可以测试混凝土后期的收缩,但由于非接触法收缩变形测量仪在测试过程中始终处于监测状态,如果采用此方法来测试后期收缩,则一对位移传感器在整个测试过程(如28d、180d)只能固定用于测试一个试件,测试仪器利用效率非常低,因此非接触法一般只用于混凝土的早龄期收缩测试。

T 0576—2020 水泥混凝土限制膨胀率试验方法

本方法为新增。混凝土限制膨胀率是在混凝土的膨胀被钢筋等约束体限制时导入钢筋的应变值,用钢筋的单位长度伸长值表示。该指标用于评价补偿收缩混凝土在约束条件下的收缩变形,是工程设计指标。本方法参考《混凝土膨胀剂》(GB/T 23439—2017)中附录B的内容。

1 目的、适用范围和引用标准

本方法规定了测定水泥混凝土限制膨胀率的试验方法。

本方法适用于测定恒温恒湿条件下,水泥混凝土试件受纵向限制时的长度变化。

本方法源自《混凝土膨胀剂》(GB/T 23439—2017)附录B的内容,适用于测定恒温恒湿条件下,掺膨胀剂混凝土以及指定采用本方法的其他水泥混凝土受纵向限制时的长度变化。

引用标准:

水泥混凝土试件制作与硬化水泥混凝土现场取样方法(T 0551)

2 仪具与材料

2.1 试模:由铸铁或钢制作,尺寸为100mm×100mm×400mm。

2.2 纵向限制器:如图T 0576-1所示。所用钢筋和钢板应符合下列要求:钢筋采用HPB300,抗拉设计强度应不小于420N/mm^2,钢筋两侧铜焊12mm厚的Q235钢板,钢筋两端各8mm范围内为黄铜,测头呈球面状,半径为 3mm;钢板与钢筋焊接处的焊接强度不应低于 $260N/mm^2$。

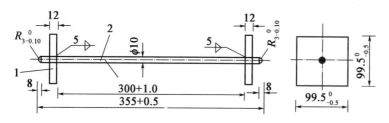

图 T 0576-1 纵向限制器(尺寸单位:mm)

1-钢板;2-钢筋

本条规定了纵向限制器的材质和规格要求。纵向限制器不应变形,一般检验可重复使用 3 次,纵向限制器的配筋率为 0.79%。

2.3 测量仪器:轴心收缩仪或外径千分卡尺,分度值为 0.001mm。

3 试验步骤

3.1 混凝土的拌和、成型应按 T 0551 的规定进行。

3.2 把纵向限制器放入试模中,将混凝土一次装入试模,把试模放在振动台上振动至表面呈现水泥浆为止,刮去多余的混凝土并抹平。然后把试件置于温度为 20℃±3℃ 的室内养护,试件表面用塑料布或湿布覆盖,以防止水分蒸发。

本条规定了混凝土装入试模的方式及环境温度。混凝土试件全长为 355mm,其中混凝土部分尺寸为 $100mm \times 100mm \times 300mm$。操作过程需要注意:试件成型后至拆模前,试件表面用塑料布或湿布覆盖,以防止水分蒸发,影响试件的初始长度。

3.3 当自由膨胀的混凝土抗压强度达到 $3\sim5N/mm^2$ 时拆模,测量试件初始长度。

本条规定了混凝土试件抗压强度达到 $3\sim5N/mm^2$($3\sim5MPa$)时拆模,脱模后 1h 内完成初始长度测量。不同强度等级的混凝土的强度发展速度不同,其混凝土的脱模时间存在差异,一般普通混凝土的拆模时间在成型后12~16h,最好办法是留置同条件试件进行预压判断。

3.4 将测定初始长度后的试件浸入20℃±2℃的水中养护,分别测定3d、7d、14d的长度;然后移入环境温度为20℃±2℃、相对湿度为60%±5%的恒温恒湿室养护,分别测定28d、90d和180d的长度。

本条规定了试件的测试龄期和养护条件。混凝土试件测试水中养护14d后转为干燥条件,测试龄期也可根据需要自行设定。

3.5 测量试件长度时,其方向和位置要固定一致,不得随意变动,测量每个试件长度,应重复3次,取其稳定值。

本条规定了试件测长方法及次数。测试准确性与试件摆放位置和人工误差有关。试件脱模后做好测试方向标记,每次测试按照一个方向并保证侧面位置固定。

3.6 每组3个试件,取其算术平均值作为长度变化,计算精确至0.001mm。

4 结果计算

混凝土的纵向限制膨胀率或纵向限制干缩率,按式(T 0576-1)计算:

$$\varepsilon_t = \frac{L_t - L_0}{L} \quad (\text{T 0576-1})$$

式中:ε_t——试件在龄期t时的纵向限制膨胀率或纵向限制干缩率;

L——试件的测量标距,取300mm;

L_0——试件长度的初始读数(mm);

L_t——试件在龄期t时的长度读数(mm)。

取3个试件收缩率的算术平均值作为补偿收缩混凝土试件的纵向限制膨胀率或纵向限制干缩率的测定值,结果计算精确至1.0×10^{-6}。

5 试验报告

试验报告应包括下列内容:

(1)原材料的品种、规格和产地;

(2)仪器设备的名称、型号及编号;
(3)环境温度和湿度;
(4)试件在龄期 t 时的长度读数 L_t;
(5)试件长度的初始读数 L_0;
(6)试件在龄期 t 时的纵向限制膨胀率或纵向限制干缩率 ε_t;
(7)要说明的其他内容。

T 0577—2020 水泥混凝土线膨胀系数试验方法 (光杠杆法)

本方法为新增。混凝土的热线膨胀系数是混凝土热膨胀性能的重要表征参数。在计算普通水泥混凝土路面温度翘曲应力、连续配筋混凝土路面横向裂缝平均间距、纵向配筋率时,均对线膨胀系数做了具体要求。本方法采用游标卡尺改进光杠杆法,通过测定一定温度变化下混凝土微小变形来计算水泥混凝土的线膨胀系数。

1 目的、适用范围和引用标准

本方法规定了光杠杆法测试水泥混凝土线膨胀系数的试验方法。
本试验用于测定水泥混凝土线膨胀系数。
引用标准:
水泥混凝土试件制作与硬化水泥混凝土现场取样方法(T 0551)

2 仪具与材料

2.1 自动恒温水箱:水箱温度可实现自动控制,精度不小于1℃。水箱容积可视一次试验试样的个数而定,并带有搅拌器,箱内水面应没过试样顶面50mm 以上。

2.2 量测仪器:

(1)光杠杆、镜、尺系统:如图 T 0577-1 所示,光杠杆前后脚之间的距离不大于20mm；

(2) 长杆温度计：测温范围 0~100℃，分度值不小于1℃；

(3) 内埋式温度传感器：测温范围 0~100℃，分度值不小于1℃；

(4) 温度采集仪：应与温度传感器配套。

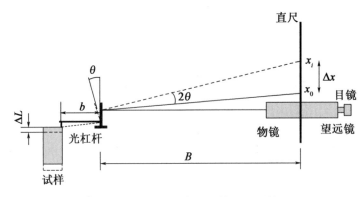

图 T 0577-1　光杠杆、镜、尺系统

2.3　石英玻璃棒：直径约为10mm，长度约为100mm，用于传递试样膨胀量。

2.4　试样、仪器固定架：如图 T 0577-2 所示，由殷钢制作的试样固定架，下部伸入恒温水箱内，用于稳定试样、避免箱内水流对其扰动，上部架立于恒温箱边缘，同时为光杠杆提供工作平台。

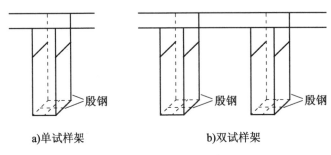

图 T 0577-2　试样架

3　试验步骤

3.1　应按 T 0551 的规定进行试样的制作和养护。制作试样时，将

内埋式温度传感器预置于试样中心,每组试样为2个。

3.2 将至少养护28d的试样竖直放入恒温水箱中的固定架内,使用少量胶水将石英玻璃棒竖直固定于试样上表面。

3.3 连接温度传感器和温度采集仪。

3.4 安装光杠杆、镜、尺系统,将光杠杆后脚置于石英玻璃棒中心;调整镜、尺系统,使其处于工作位置,且游标卡尺与反射镜面的间距 B 不小于5m;调节望远镜,使主尺示数清晰。

3.5 向恒温水箱内注水,水面应没过试件顶面50mm。

3.6 打开温控开关,设置恒温水箱的初始温度为10℃。为使箱内的水温均匀,须开动搅拌器。

3.7 控制水温使其恒定,即相隔1h温差不得超过0.1℃。不断记录温度采集仪和长杆温度计示数,当试件中心温度与水温一致时,微调望远镜,使主尺示数清晰,并移动游标卡尺,使游标卡尺的零刻度线移至"十"字线上侧,记录游标卡尺示数为 h_1,精确至0.01mm。

3.8 调整恒温水箱的温度控制器至终止温度50℃,恒温后,当试件中心温度与水温一致时,移动游标卡尺,使游标卡尺的零刻度线移至"十"字线上侧,记录游标卡尺示数为 h_2,精确至0.01mm。

4 结果计算

4.1 试样的膨胀量,按式(T 0577-1)计算:

$$\Delta L = \frac{\Delta x \cdot b}{\sqrt{2[(B^2 + \Delta x^2) + B\sqrt{(B^2 + \Delta x^2)}]}} \quad (\text{T 0577-1})$$

式中:ΔL——试样膨胀量(m);

Δx——游标卡尺的前后示数差(m);

B——游标卡尺与反射镜面的间距(m);

b——光杠杆前、后脚的间距(m)。

游标卡尺的前后示数差,按式(T 0577-2)计算:

$$\Delta x = h_2 - h_1 \qquad (\text{T }0577\text{-}2)$$

式中：h_1——水温恒定为10℃时游标卡尺的示数(m)；

h_2——水温恒定为50℃时游标卡尺的示数(m)。

4.2 混凝土的线膨胀系数，按式(T 0577-3)计算：

$$\alpha = \frac{\Delta L}{\Delta T} \qquad (\text{T }0577\text{-}3)$$

式中：α——混凝土线膨胀系数(1.0×10^{-6}/℃)；

ΔT——试验终止温度与初始温度之差，取40℃。

取两个试件测值的平均值作为试验结果，结果精确至1.0×10^{-6}/℃。

5 试验报告

试验报告应包括下列内容：

(1)原材料的品种、规格和产地；

(2)仪器设备的名称、型号及编号；

(3)环境温度和湿度；

(4)光杠杆、镜、尺系统的试验参数 Δx、B 和 b；

(5)试验初始温度、终止温度对应的游标卡尺示数 h_1、h_2；

(6)混凝土线膨胀系数 α；

(7)要说明的其他内容。

条文说明

随着高强混凝土的广泛应用，混凝土早期开裂问题日益突出，影响混凝土开裂性能的主要原因在于其自收缩和热膨胀引起的混凝土早期体积不稳定性。混凝土的热膨胀系数是混凝土热膨胀性能的重要表征参数，也是混凝土早期开裂敏感性分析的重要参数。《公路水泥混凝土路面设计规范》(JTG D40—2011)对普通混凝土路面中温度翘曲应力的计算和连续配筋混凝土路面中平均裂缝间距、配筋率的计算均明确提出了混凝土热膨胀系数的要求。

现有技术采用电阻应变计采集由恒温水浴引起的混凝土块热变形，进而计算混凝土的热膨胀系数，由于电阻应变计可靠性不高，且精度往往不能达到$10^{-6}/℃$，得到的混凝土热膨胀系数不精确。本方法通过控制温控试验箱内部液体的温度来控制其中放置的待测混凝土块的温度，可以保证待测混凝土块的受热均匀，同时采用光杠杆放大待测混凝土试块热变形尺寸，使望远镜尺寸测量系统测得的待测混凝土试块的变形更精确，从而得到精确的混凝土热膨胀系数。

T 0578—2020 水泥混凝土徐变试验方法

本方法为新增。徐变是指在长期荷载作用下产生的变形。混凝土在恒定荷载的长期作用下，沿着作用力方向的变形随着时间不断增长，一般要延续 2~3 年才逐渐趋向稳定。混凝土徐变的有利方面是可有效消除钢筋混凝土的内部应力集中，使得应力重新均匀分布，对大体积混凝土还可以消除一部分温度应力；混凝土徐变也有不利方面，是会使预应力混凝土结构中的钢筋预压压力受到损失，影响结构的承载能力。

1 目的、适用范围和引用标准

本方法规定了静压式水泥混凝土徐变的试验方法。
本方法适用于测定混凝土试件在长期恒定轴向压力作用下的变形性能。
引用标准：
水泥混凝土试件制作与硬化水泥混凝土现场取样方法（T 0551）

2 仪具与材料

2.1 徐变仪应符合下列规定：
（1）徐变仪应在要求时间范围内把所要求的压缩荷载加到试件上并应能保持该荷载不变。
本条规定了徐变仪的稳定性，应在至少 1 年以上连续施加荷载条件下保持荷载不变。

(2)常用徐变仪可选用弹簧式或液压式,其工作荷载范围应为180~500kN。

本条规定了徐变仪的型号及工作荷载。国内绝大多数采用弹簧式压缩徐变仪,这种形式的设备简单、可靠、占地少。国内不同厂家的弹簧持荷式徐变仪的具体结构、尺寸和层数有差异,但主要构造及质量满足试验要求即可,因此,本条不规定徐变仪的具体结构形式及尺寸,只规定了工作荷载范围。

(3)弹簧式压缩徐变仪(图T 0578-1)应包括上下压板、球座或球铰及其配套垫板、弹簧持荷装置以及2~3根承力丝杆。压板与垫板应具有足够的刚度。压板受压面的平整度偏差不应大于0.1mm/100mm,并应能保证对试件均匀加荷。弹簧及丝杆的尺寸应按徐变仪所要求的试验吨位而定。在试验荷载下,丝杆的拉应力不应大于材料屈服点的30%,弹簧的工作压力不应超过允许极限荷载的80%,且工作时弹簧的压缩变形不得小于20mm。

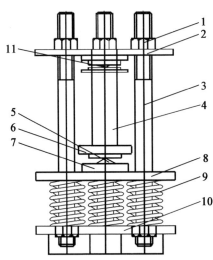

图T 0578-1 弹簧式压缩徐变仪

1-螺母;2-上压板;3-丝杆;4-试件;5-球铰;6-垫板;7-定心;8-下压板;9-弹簧;10-底盘;11-球铰

本条规定了徐变仪在试验过程的调试要求。为了降低徐变仪在试验过程中的应力松弛,要求丝杆的工作应力尽可能低,但也不得选择吨位过大的弹簧。如加荷时弹簧的压缩变形太小,使得试件所产生的变形造成很大的应力损失,且弹簧硬,调节性差。

(4)当使用液压式持荷部件时,可通过一套中央液压调节单元同时加荷几个徐变架。该单元应由储液器、调节器、显示仪表和一个高压源(如高压氮气瓶或高压泵)等组成。

(5)有条件时可采用几个试件串叠受荷,上下压板之间的总距离不得超过1 600mm。

本条对几个试件串叠受荷情况进行了规定。一般情况最多串叠2个试件,美国ASTM标准允许串叠3~5个试件。试件数量多,试件之间容易偏心,从而影响试验结果。

2.2 加荷装置应符合下列规定:

(1)加荷架应由接长杆及顶板组成。加荷时加荷架应与徐变仪丝杆顶部相连。

(2)油压千斤顶可采用一般的起重千斤顶,其吨位应大于所要求的试验荷载。

(3)测力装置可采用钢环测力计、荷载传感器或其他形式的压力测定装置。其测量精度应达到所加荷载的±2%,试件破坏荷载不应小于测力装置全量程的20%且不应大于测力装置全量程的80%。

2.3 变形量测装置应符合下列规定:

(1)变形量测装置可采用外装式、内埋式或便携式,其测量的应变值精度不小于0.001mm/m。

本条规定了变形量测装置的类型和精度要求,一般采用外装式或内埋式,便携式的接触式引伸仪对装置本身和技术人员操作水平要求较高。本规程的精度要求为0.001mm/m,这比国外标准的规定要求高,与《水工混凝土试验规程》(DL/T 5150—2017)的精度要求基本相同。

(2)采用外装式变形量测装置时,应至少测量不少于两个均匀布置在试件周边的基线的应变。测点应精确地布置在试件的纵向表面的纵轴上,应与试件端头等距,与相邻试件端头的距离不应小于一个截面边长。

(3)采用差动式应变计或钢弦式应变计等内埋式变形测量装置时,应在试件成型时可靠地固定该装置,使其量测基线位于试件中部并应与试件纵轴重合。

(4)采用接触法引伸仪等便携式变形量测装置时,测头应牢固附置在试件上。

(5)量测标距应大于混凝土集料最大粒径的3倍,且不少于100mm。

3 试件要求

3.1 试件尺寸

(1)徐变试验应采用棱柱体试件,试件的长度应为截面边长尺寸的3~4倍。

本条规定徐变试验采用棱柱体,其尺寸为100mm×100mm×400mm,要求水泥混凝土的粗集料最大粒径不大于31.5mm。国外标准允许采用圆柱体试件,试件截面尺寸至少为粗集料最大粒径的3倍。我国《水工混凝土试验规程》(DL/T 5150—2017)中采用的试模为圆柱体,其规格为 $\phi150mm \times 450mm$ 或 $\phi200mm \times 600mm$。

(2)当试件叠放时,应在每叠试件端头的试件和压板之间加装一个未安装应变量测仪表的辅助性混凝土垫块,其截面边长尺寸应与被测试件相同,且长度应至少等于其截面边长尺寸的一半。

本条规定了试件叠放时的安装要求,增加辅助性混凝土垫块是为了使叠放试件的端部约束条件一致。有研究结果发现棱柱体试件承压面约束区为距离端面试件边长一半的范围,因此,本条规定试件长度应比测量标距长出一个截面边长。

3.2 试件数量

(1)制作徐变试件时,应同时制作相应的棱柱体抗压试件及收缩试件。

(2)收缩试件应与徐变试件相同,并应装有与徐变试件相同的变形测量装置。

(3)每组抗压、收缩和徐变试件的数量宜各为3个。其中每个加荷龄期的每组徐变试件应至少为2个。

本条规定了试件的数量要求。同时制作至少3种试件:抗压试件、收缩试件和徐变试件,分别供确定荷载大小、测定收缩变形和测定徐变变形之用。规定收缩试件应与徐变试件安装相同的变形测量装置,目的是保证测量精度一致。

3.3 试件制备

(1)当要叠放试件时,宜磨平其端头。

本条规定了叠放试件端头处理方式。当多层叠放试件时,试件受压面的平整度和试件之间纵向表面垂直度对试件加载的对中影响很大,因此,试件端面的平整度处理应予以重视。

(2)徐变试件的受压面与相邻的纵向表面之间的角度与直角的偏差不应超过1mm/100mm。

本条规定了试件之间的角度公差,也是为了定量判断叠放试件之间的安装精度。

(3)采用外装式应变量测装置时,徐变试件两侧面应有安装量测装置的测头,测头宜采用埋入式,试模的侧壁应具有能在成型时使测头定位的装置。

本条规定了外装式应变量测装置对试件和试模的要求。

3.4 试件的养护与存放方式

本条规定了4种养护和存放条件:标准环境、绝湿环境、特定温度环境和其他条件。《水工混凝土试验规程》(DL/T 5150—2017)只规定了恒温绝湿条件,因水工混凝土多为大体积混凝土结构,内部近似于绝湿状态。

(1)抗压试件及收缩试件应随徐变试件一并同条件养护。

本条规定了三种试件应在相同条件下养护,保证试验条件一致。

(2)对于标准环境中的徐变,试件应在成型后不少于24h且不多于48h时拆模,拆模之前应覆盖试件表面。随后应立即将试件送入标准养护室养护到7d龄期(自混凝土搅拌加水开始计时),其中3d加载的徐变试验应养护3d。养护期间试件不应浸泡于水中。试件养护完成后应移入温度为20℃±2℃、相对湿度60%±5%的恒温恒湿室进行徐变试验,直至试验完成。

本条规定了试件的拆模时间及养护龄期确定。对于在3d龄期加载的试件,标准养护时间也为3d;对于在7d以上龄期加载的试件,标准养护时间均为7d,其他时间都放在温度为20℃±2℃、湿度为60%±5%的环境中待测。

(3)对于适用于大体积混凝土内部情况的绝湿徐变,试件在制作或脱模后应密封在保湿外套中(包括橡皮套、金属套筒等),且在整个试件存放和测试期间也应保持密封。

(4)对于需要考虑温度对混凝土弹性和非弹性性质的影响等特定条件下的徐变,应控制好试件存放的试验环境温度,应使其符合希望的温度条件。

(5)对于需要确定在具体使用条件下混凝土徐变值等其他存放条件的,应根据具体情况确定试件的养护及试验制度。

4 试验步骤

4.1 对比或检验混凝土的徐变性能时,试作在28d龄期时加荷。当研究某一混凝土的徐变特性时,应至少制备5组徐变试件并分别在龄期为3d、7d、14d、28d和90d时加荷。

本条规定了测试徐变的龄期，与水工混凝土试验规程有差异，增加了14d龄期。水工混凝土试验加荷龄期，一般为3d、7d、28d、90d、180d、360d，也可根据试验需要确定。

4.2 徐变试验应按下列步骤进行：

（1）测头或测点应在试验前1d粘好，仪表安装好后应仔细检查，不得有任何松动或异常现象。加荷装置、测力计等也应予以检查。

（2）在即将加荷徐变试件前，应测试同条件养护试件的棱柱体抗压强度。

本条规定了加荷徐变应先测试抗压强度，因为施加的徐变应力大小由棱柱体试件的抗压强度决定。

（3）测头和仪表准备好以后，应将徐变试件放在徐变仪的下压板后，使试件、加荷装置、测力计及徐变仪的轴线重合。再次检查变形测量仪表的调零情况，记下初始读数。当采用未密封的徐变试件时，应在将其放在徐变仪上的同时，覆盖参比用收缩试件的端部。

本条规定要求覆盖参比用收缩试件的端部，以防止收缩试件端部失去水分。

（4）试件放好后，应及时开始加荷。当无特殊要求时，取徐变应力为所测得的棱柱体抗压强度的40%。当采用外装仪表或接触法引伸仪时，用千斤顶先加压至徐变应力的20%进行对中。两侧的变形相差应小于其平均值的10%，当超出此值时，应松开千斤顶卸荷，进行重新调整后，再加荷到徐变应力的20%，并再次检查对中的情况。对中完毕后，立即继续加荷直到徐变应力，及时读出两边的变形值，并将此时两边变形的平均值作为在徐变荷载下的初始变形值。从对中完毕到测初始变形值之间的加荷及测量时间不得超过1min。随后拧紧承力丝杆上端的螺母，并松开千斤顶卸荷，且观察两边变形值的变化情况。此时，试件两侧的读数相差不应超过平均值的10%，否则应予以调整，调整应在试件持荷的情况下进行，调整过程中所产生的变形增值应计入徐变变形之中。然后再加荷到徐变应力,并检查两侧变形读数,其总和与加荷前读数相比的误差不应超过2%,否则应予以补足。

本条规定了徐变试验加载过程中的对中操作,这是试验的关键环节,如对中时间长或反复加卸荷载次数多,使得已产生一部分徐变变形无法测得,导致徐变系数偏小。在低压力情况下对中,能将加载过程中产生徐变变形控制在误差范围内。荷载到达徐变应力后,试件两个对侧的变形读数可能有差别,但其读数平均值不会因两边受力不均匀而受影响。

(5)在加荷后的1d、3d、7d、14d、28d、45d、60d、90d、120d、150d、180d、270d和360d测读试件的变形值。

(6)在测读徐变试件变形读数的同时,应测量同条件放置参比用收缩试件的收缩值。

应同时测读收缩试件的变形,因为计算徐变参数时需要用到收缩变形值。

(7)试件加荷后应定期检查荷载的保持情况,在加荷后7d、28d、45d、60d、90d各校核一次,如荷载变化大于2%,应予以补足。在使用弹簧式加载架时,可通过施加正确的荷载并拧紧丝杆上的螺母来进行调整。

本条规定了试验过程中应定期检查荷载情况,荷载损失控制在2%以内。

5 结果计算

5.1 徐变应变,按式(T 0578-1)计算:

$$\varepsilon_{ct} = \frac{\Delta L_t - \Delta L_0}{L_b} - \varepsilon_t \qquad (T\ 0578\text{-}1)$$

式中:ε_{ct}——加荷t(d)后的徐变应变(mm/m),精确至0.001mm/m;

ΔL_t——加荷t(d)后的总变形值(mm),精确至0.001mm;

ΔL_0——加荷时测得的初始变形值(mm),精确至0.001mm;

L_b——测量标距(mm),精确至1mm;

ε_t——同龄期的收缩值(mm/m),精确至0.001mm/m。

5 硬化水泥混凝土性能试验

5.2 徐变度,按式(T 0578-2)计算:

$$C_t = \frac{\varepsilon_{ct}}{\delta} \qquad (\text{T 0578-2})$$

式中:C_t——加荷 $t(\text{d})$ 后的混凝土徐变度(MPa^{-1});

δ——徐变应力(MPa)。

结果计算精确至 $1.0 \times 10^{-6}\text{MPa}^{-1}$。

5.3 徐变系数,按式(T 0578-3)和式(T 0578-4)计算:

$$\varphi_t = \frac{\varepsilon_{ct}}{\varepsilon_0} \qquad (\text{T 0578-3})$$

$$\varepsilon_0 = \frac{\Delta L_0}{L_b} \qquad (\text{T 0578-4})$$

式中:φ_t——加荷 $t(\text{d})$ 后的徐变系数;

ε_0——在加荷时测得的初始应变值(mm/m),精确至 0.001mm/m。

本条规定了徐变试验结果计算及处理方法。徐变试验通常会获得3个测试指标:徐变应变、徐变度和徐变系数。计算时应注意3个指标的数量单位。徐变应变、收缩率和初始应变等均精确到 1.0×10^{-6}。

5.4 以3个试件徐变应变(徐变度或徐变系数)试验结果的算术平均值作为该组混凝土试件徐变应变(徐变度或徐变系数)的测定值。

5.5 作为供对比用的混凝土徐变值,应采用经过标准养护的混凝土试件,在28d龄期时经受0.4倍棱柱体抗压强度恒定荷载持续作用360d的徐变值。可用测得的3年徐变值作为终极徐变值。

6 试验报告

试验报告应包括下列内容:

(1)原材料的品种、规格和产地;

(2)仪器设备的名称、型号及编号;

(3)环境温度和湿度;

(4)徐变应变 ε_{ct};

(5)徐变度 C_t;

(6)徐变系数 φ_t;

(7)要说明的其他内容。

条文说明

本方法参照《普通混凝土长期性能和耐久性能试验方法标准》(GB/T 50082—2009)编制。对杠杆式徐变仪丝杆及弹簧提出的要求是为了使仪器在整个试验过程中有较好的持荷及调整能力,为了减少徐变仪在试验过程中发生应力松弛,要求丝杆的工作应力尽可能低,弹簧的工作压力也规定控制在 2/3 最大工作压力范围内,但也不得选用吨位过大的弹簧。如果加荷时弹簧的压缩变形太小,则在试验过程中试件所产生的变形将会造成很大的应力损失。弹簧过硬其调整能力就较差。变形测量一般以内埋的固定式引伸仪为好。移动式的接触式引伸仪,对仪器本身、测试人员的技术水平及测点的安装等方面要求都较高。对变形测量装置提出的精度要求为 4×10^{-6},这是根据我国目前生产的内埋式应变计的精度要求而定的。

5.4 耐 久 性

本节是水泥混凝土耐久性相关试验方法,试验方法10个,其中新增6个,分别为水泥混凝土抗氯离子渗透试验方法(RCM 法)、水泥混凝土抗氯离子渗透试验方法(电通量法)、水泥混凝土碳化试验方法、水泥混凝土抗硫酸盐侵蚀试验方法、水泥混凝土抗盐冻试验方法(单面法)和水泥混凝土气泡间距系数试验方法(导线法)。

T 0565—2005 水泥混凝土抗冻性试验方法(快冻法)

本方法为原规程内容。本方法测定水泥混凝土试件在水冻水融的条件下,以经手的快速冻融循环次数评定混凝土的抗冻性。在我国的铁路、水工和工民建等行业,本方法已经成为检验混凝土抗冻性最常用的方法。在原规程的混凝土抗冻性评定指标上有修订,提出了"质量变化率"指标,取代了原规程中"质量损失率";提出了冻融循环结束时试件的抗弯拉强度作为备选评定指标。

1 目的、适用范围和引用标准

本方法规定了快冻法测定水泥混凝土抗冻性的试验方法。

本方法适用于以动弹性模量、质量损失率和相对耐久性指数作为评定指标的水泥混凝土抗冻性试验。

引用标准:

水泥混凝土动弹性模量试验方法(共振仪法)(T 0564)

水泥混凝土试件制作与硬化水泥混凝土现场取样方法(T 0551)

2 仪具与材料

2.1 快速冻融试验装置:能使试件固定在水中不动,依靠热交换液体的温度变化而连续、自动进行冻融的装置;满载运行时冻融箱内各点温度的极差不得超过2℃。

本条规定了快速冻融试验装置的技术要求。快速冻融试验装置应符合现行《混凝土抗冻试验设备》(JG/T 243)的规定,应在测温试件中埋设温度传感器,并且应在冻融箱内防冻液中心、中心与任何一个对角线的两端分别设有温度传感器,不同位置的温度传感器极差不得超过2℃。

2.2 试件盒:橡胶盒(也可用不锈钢板制成),净截面尺寸为110mm×110mm,高500mm。

本条规定了试件盒为橡胶盒及橡胶盒尺寸。国内多数试验室采用橡胶盒,橡胶盒具有弹性性质。如采用不锈钢钢制盒,盒内应垫橡胶材料。

2.3 动弹性模量测定仪:共振法频率测量范围100Hz~20kHz,其他指标应符合T 0564的规定。

本条规定了动弹性模量测定仪的技术要求,输出频率可以调节,输出功率应能使试件产生受迫振动。

2.4 台秤:量程不小于20kg,感量不大于10g。

2.5 热电偶电位差计:能测量试件中心温度,测量范围-20~20℃,允许偏差为±0.5℃。

3 试样制备

3.1 试样制备应符合 T 0551 的规定。采用 100mm×100mm×400mm 的棱柱体混凝土试件,每组3根,在试验过程中可连续使用。除制作冻融试件外,尚应制备中心可插入热电偶电位差计测温的同样形状、尺寸的标准试件,其抗冻性能应高于冻融试件。

本条规定了试件采用 100mm×100mm×400mm 的棱柱体,这与美国 ASTM C 666—97 的标准有所区别,ASTM C 666—97 规定的试件也是棱柱体,但其截面和长度允许有一定的变化范围:棱柱体试件的宽、厚或者直径均不小于75mm,且不大于125mm;试件的长度不小于275mm 且不大于405mm。本规程规定的试件尺寸处于 ASTM C 666—97 规定范围内,与日本 JIS A 6204 标准相同。

在相同的冻融循环制度下,不同尺寸的试件升降温速率不一致,影响对混凝土抗冻性的评定结果,因此,我国混凝土抗冻性试验的试件尺寸统一为 100mm×100mm×400mm。

试验前应提前制作用于放置测量中心温度的热电偶电位混凝土试件,可采用高强度等级混凝土制备,竖直方向中间孔埋设预埋件,在混凝土终凝前拔出,中心孔深度应保证能插入热电偶电位差计。

3.2 现场切割的试件,其尺寸也为 100mm×100mm×400mm。

4 试验步骤

4.1 应按 T 0551 的规定进行试件的制作和养护。试验龄期如无特殊要求一般为28d。在规定龄期的前4d,将试件放在20℃±2℃的水中浸泡,水面至少高出试件20mm(对水中养护的试件,到达规定龄期后,可直

5 硬化水泥混凝土性能试验

接用于试验),浸泡4d后进行冻融试验。

本条规定了试件在试验前的预处理工作。试验龄期一般为28d,试验龄期越长,混凝土的抗冻性越好,美国和日本标准的试验龄期为14d,考虑我国混凝土多应用掺合料,试验龄期规定为28d,与其他相关标准一致。试件需提前泡水4d,水温与标准养护条件相同。

4.2 浸泡完毕,取出试件,用湿布擦去表面水分。应按T 0564的要求测量横向基频,并称其质量,作为评定抗冻性的起始值,并作必要的外观描述。

本条规定了试件初始质量和初始动弹性模量的测定,并且对试件外观进行描述,可拍照记录试件外观形貌。

4.3 将试件(含测温试件)放入橡胶试件盒中,加入清水,使其没过试件顶面1~3mm(如采用金属试件盒,则应在试件的侧面与底部垫放适当宽度与厚度的橡胶板或多根直径3mm的电线,用于分离试件和底部)。将装有试件的试件盒放入冻融试验箱的试件架中。

本条规定了测温试件和测试样的冻融介质均为水,这与《普通混凝土长期性能和耐久性能试验方法标准》(GB/T 50082—2009)中规定的不一致(其测试样冻融介质为水,测温试件的冻融介质为防冻液),其原因是防冻液在 −18℃ ±2℃和5℃ ±2℃没有发生相变,缩短了冻融时间。验证试验也证实,防冻液为5℃时,被测样品中温度为0.1~0.5℃,基本没有完全融化。

本条规定了试件放置在橡胶盒中的具体操作。试件应置于橡胶盒中心位置,使得试件周围温度均匀。试件顶部水层厚度为1~3mm,水层不宜过厚,稍微没过即可。若试件顶部的水面过高,在冻结时由于表层水先结冰,限制了表层下水的移动,在冻结时会对试件产生很大的压力,对试件造成破坏。

4.4 按规定进行冻融循环试验,应符合下列要求:

(1)每次冻融循环应在2~5h完成,其中用于融化的时间不得小于整个冻融时间的1/4。

本条规定了一个冻融循环的时间为2~5h,用于融化时间不得少于0.5~1.25h。

(2)在冻结和融化终了时,试件中心温度应分别控制在-18℃±2℃和5℃±2℃。中心温度应以测温标准试件实测温度为准。

本条规定了在冻结和融化时试件的中心温度控制范围,未做修订,与原规程内容一致。控制温度范围与我国《水工混凝土试验规程》(DL/T 5150—2017)、《普通混凝土长期性能和耐久性能试验方法标准》(GB/T 50082—2009)以及美国标准 ASTM C 666—97 的规定一致,这样有利于各行业的试验结果具有可比性。

(3)在试验箱内,各个位置上的每个试件从3℃降至-16℃所用的时间不得少于整个受冻时间的1/2,每个试件从-16℃升至3℃所用的时间也不得少于整个融化时间的1/2,试件内外温差不宜超过28℃。

本条规定了冻结与融化时的温度变化速率和试件内外温差。

(4)冻和融之间的转换时间不应超过10min。

本条规定了冻结和融化之间的转换时间不应超过10min,如时间过长,会影响规定的冻融循环制度,进而影响试验结果。

4.5 通常每隔25次冻融循环对试件进行一次横向基频的测试并称重,也可根据试件抗冻性高低来确定测试的间隔次数。测试时,小心将试件从试件盒中取出,冲洗干净,擦去表面水,进行称重及横向基频的测定,并作必要的外观描述。测试完毕后,将试件调头重新装入试件盒中,注入清水,继续试验。试件在测试过程中,应防止失水,待测试件须用湿布覆盖。

本条规定了试件横向基频的测试时间间隔、基频的测试方法及要求,测试过程中为防止试件失水,应用湿布覆盖。

4.6 如果试验因故中断,应将试件在受冻状态下保存在原试验箱内。如果达不到此要求,试件处在融解状态下的时间不宜超过两个循环。

4.7 冻融试验到达下列两种情况的任何一种时,即可停止试验。

(1)试件的相对动弹性模量下降至60%以下;

(2)试件的质量损失率达5%。

本条规定了冻融循环试验停止试验的两个条件:一是相对动弹性模量下降到初始值的60%以下;二是质量损失率达到5%。满足任何一个条件,则可停止试验。

5 结果计算

5.1 相对动弹性模量,按式(T 0565-1)计算:

$$P = \frac{f_n^2}{f_0^2} \times 100\% \qquad (\text{T } 0565\text{-}1)$$

式中:P——经 n 次冻融循环后试件的相对动弹性模量(%);

f_n——冻融 n 次循环后试件的横向基频(Hz);

f_0——试验前的试件横向基频(Hz)。

以3个试件的算术平均值为试验结果,结果计算精确至0.1%。

本条规定了相对动弹性模量的计算公式。试件的动弹性模量与试件的质量、尺寸和横向基频等参数有关。相对动弹性模量的对象是同一个试件,其质量与尺寸相同,因此,相对动弹性模量计算只与横向基频有关。

5.2 质量变化率,按式(T 0565-2)计算:

$$W_n = \frac{m_0 - m_n}{m_0} \times 100\% \qquad (\text{T } 0565\text{-}2)$$

式中:W_n——经 n 次冻融循环后的试件质量变化率(%);

m_0——试件冻融试验前的试件质量(kg);

m_n——n 次冻融循环后的试件质量(kg)。

以3个试件的平均值为试验结果,结果计算精确至0.1%。

5.3 相对耐久性指数,按式(T 0565-3)计算:

$$K_n = \frac{P \times N}{300} \qquad (\text{T } 0565\text{-}3)$$

式中:K_n——经 n 次冻融循环后的试件相对耐久性指数(%);

N——达到本方法 4.7 规定的冻融循环次数;

P——经 n 次冻融循环后 3 个试件的相对动弹模量平均值(%)。

结果计算精确至 0.1%。

5.4 当 P 大于 60% 或质量损失率达 5% 时的冻融循环次数 n,即为试件的最大抗冻循环次数。

5.5 冻融循环结束时试件的抗弯拉强度:当试件外观完整时,可按 T 0558 的规定进行抗弯拉强度试验。

6 试验报告

试验报告应包括下列内容:

(1)要求检测的项目名称、执行标准;

(2)原材料的品种、规格和产地;

(3)仪器设备的名称、型号及编号;

(4)环境温度和湿度;

(5)试件的质量变化率、最大抗冻循环次数和相对耐久性指数;

(6)冻融循环结束时试件的抗弯拉强度;

(7)要说明的其他内容。

条文说明

本方法参照《普通混凝土长期性能和耐久性能试验方法标准》(GB/T 50082—2009)与 ASTM C 666—97 编制。ASTM C 666—97 中提出两种方法:在水中快冻(A 法)和在空气中快冻(B 法),无论 A 法还是 B 法均要求在水中融化。相对于本方法,ASTM C 671 中提出每两周冻融循环一次的方法,在试验期间测定试件的线性膨胀,直到试件达到临界膨胀点或达到规定循环次数。由于混凝土面板在接缝处水分聚集,所以在使用 10~15 年内会因冻融循环在接缝处产生耐久性裂缝(D 裂缝)。在《普通混凝土长期性能和耐久性能试验方法标准》(GB/T 50082—2009)中还有一个抗冻试验方法,称之为慢冻法,它要求试件在 -20 ~ -15℃条件下保持不小于 4h(试件尺寸为 150mm × 150mm × 150mm 或 100mm × 100mm × 100mm),然后在水中融化不小于 4h。慢冻法定义混凝土同时满足强度损失率不超过25%、质量损失率不超过5%的最大循环次数为混凝土抗冻强度等级,而在快冻法中没有这个概念。

本方法参考美国材料试验协会 ASTM C 666—97 标准,将试件融化终了的中心温度定为 5℃ ± 2℃,同时试件从融到冻、从冻到融所用时间也相应地规定为:从 3℃ 降至 -16℃ 所用时间不得少于整个受冻时间的 1/2,试件从 -16℃ 升到 3℃ 所用的时间不得少于整个融化时间的 1/2。

有时在试验结束后,试件没有明显的剥落现象,但由于多次循环,试件有许多微裂纹,将进一步吸入水分,所以可能导致试件质量增加而非减少。为此,本方法将质量损失率 W_n 改为质量变化率 W'_n。

由于需要对试件进行无损检测,因此引入动弹性模量来评价冻融循环对试件的影响。但现有试验表明,动弹性模量和试件的抗弯拉强度相关性较差,所以本方法提出将冻融循环结束时试件的抗弯拉强度作为备选指标。

T 0567—2005　水泥混凝土耐磨性试验方法

1　目的、适用范围和引用标准

本方法规定了水泥混凝土耐磨性的试验方法。

本方法适用于检验水泥混凝土的耐磨性,按规定的磨损方式磨削,以试件磨损面上单位面积的磨损量作为评定水泥混凝土耐磨性的相对指标。

本条规定了水泥混凝土耐磨性试验的磨损方式及评定混凝土耐磨性指标。

引用标准：
水泥胶砂耐磨性试验方法(T 0510)
水泥混凝土试件制作与硬化水泥混凝土现场取样方法(T 0551)

2 仪具与材料

2.1 混凝土磨耗试验机：应符合附录T 0510 A的规定，并同时符合下列条件：

(1)水平转盘上的卡具,应能卡紧150mm×150mm×150mm立方体试件或直径为φ150mm的钻孔取芯试件,卡紧后试件不上浮和翘起。

本条规定了耐磨试件的形状及尺寸。从其他标准经验上看,采用150mm×150mm×150mm立方体试件操作方便,易成型,通用性好。当现场钻孔取芯的试件直径为150mm时,其高度宜为150mm。

(2)磨头与水平转盘间有效净空为160~180mm。

2.2 磨头花轮刀片：应符合附录T 0510 A中有关花轮刀片的规定。

2.3 试模：模腔有效容积为150mm×150mm×150mm,应符合T 0551的规定。

本条规定了试模尺寸,材质为工程塑料或钢质材料均可。

2.4 烘箱：调温范围为5~200℃,控制温度允许偏差为±5℃。

2.5 电子秤：量程不小于10kg,感量为1g。

3 试件制备

混凝土磨耗试验采用150mm×150mm×150mm立方体标准试件,每组3个试件。试件的成型和养护,应按T 0551的规定进行制备。

4 试验步骤

4.1 试件养护至27d龄期从养护地点取出,擦干表面水分放在室内空气中自然干燥12h,再放入60℃±5℃烘箱中,烘12h至恒重。

本条规定了试件的养护龄期及试件处理方式。耐磨试验前应先将试

5 硬化水泥混凝土性能试验

件干燥处理,烘干至恒重,试件内部相对湿度最低。不同相对湿度对耐磨性有一定的影响,因此,为了保证试验的统一性,试件应做烘干处理。

4.2 试件烘干处理后放至室温,刷净表面浮尘。

本条规定了试件应处理干净,不得有尘土或浆体附着表面,避免影响试验结果。

4.3 将试件放至耐磨试验机的水平转盘上(磨削面应与成型时的顶面垂直),用夹具将其轻轻紧固。

4.4 在200N负荷下磨30转,然后取下试件刷净表面粉尘称重,记下相应质量为m_1,精确至1g,该质量作为试件的初始质量。

本条规定了试件初始质量的确定,应预先粉磨30转后称取试件质量作为初始质量,避免试件表层浮浆影响试验准确性。

4.5 再在200N负荷下磨60转,然后取下试件刷净表面粉尘称重,并记录剩余质量为m_2,精确至1g。

4.6 整个磨损过程应将吸尘器对准试件磨损面,使磨下的粉尘被及时吸走。如果混凝土具有高耐磨性,可再整加旋转次数,并应特别注明。

本条规定了粉磨过程中粉尘收集方法。因混凝土的耐磨性与强度等级相关,当试件为高强混凝土时,可根据试件的磨损程度增加旋转次数,在相同磨损转数条件下,比较试件差异。

4.7 每组花轮刀片只进行一组试件的磨耗试验,进行第二组磨耗试验时,必须更换一组新的花轮刀片。

本条规定了花轮刀片只能用于一组试块粉磨,因花轮刀片在转磨后有一定的损耗,降低了磨损效率,需保证每组试件的粉磨制度一致,才具有可比性。

5 试验结果

5.1 单位面积的磨损量,按式(T 0567-1)计算:

$$G_c = \frac{m_1 - m_2}{A} \quad \quad (T\ 0567\text{-}1)$$

式中：G_c——单位面积的磨损量(kg/m^2)；

m_1——试件的初始质量(kg)；

m_2——试件磨损后的质量(kg)；

A——试件磨损面积(m^2)。

结果计算精确至 $0.001kg/m^2$。

本条规定了单位面积磨损量的计算方法,测试试件的磨损面积可采用游标卡尺,确定磨损面积应准确。

5.2 以 3 块试件磨损量的算术平均值作为试验结果,结果精确至 $0.001kg/m^2$。当其中一块磨损量超过平均值的 15% 时,应予以剔除,取余下两块试件结果的平均值作为试验结果;如两块磨损量均超过平均值的 15%,应重新试验。

6 试验报告

试验报告应包括下列内容：

(1)要求检测的项目名称、执行标准；

(2)原材料的品种、规格和产地；

(3)仪器设备的名称、型号及编号；

(4)环境温度和湿度；

(5)单位面积的磨损量；

(6)要说明的其他内容。

条文说明

本方法和 ASTM C 944 在试验原理上是一致的,均采用旋转磨耗法,以一定时间内试件的质量损失率作为磨损量。然而采用《水泥胶砂耐磨性试验方法》(JC/T 421—2004)规定的磨耗试验机和 ASTM C 944 有所区别,所以在配重和磨耗时间方面有所不同。

美国已制定了混凝土和水泥砂浆耐磨性试验方法。ASTM C 77—89a

包括三种方法,即转盘式、琢毛滚轮式和滚珠式。

中国建筑材料科学研究院对为配合道路水泥国家标准的制定而研制成功的新型耐磨耗试验机和已被批准作为国家专业标准的试验方法已进行大量试验工作;对水泥胶砂耐磨性试验机和已作为国家专业标准的试验方法也已进行了大量的试验工作;对水泥胶砂耐磨性试验已取得比较成熟的经验,为混凝土耐磨性试验创造了重要条件。如果这种新型磨耗试验机能同时检测水泥混凝土和水泥胶砂两者的耐磨性能,则可一机两用,取得事半功倍的效果。

1992年,交通部公路科学研究所用TMS-240型水泥胶砂耐磨试验机(对试件固定部分作了加工改制)进行不同配合比水泥胶砂和混凝土的耐磨性试验。结果表明,二者的磨损量均与强度有很密切的关系(相关系数为0.91~0.94),可以达到一机两用的预期目的。本方法以室内试验为主,用普遍采用的边长为150mm立方体作为混凝土抗磨标准试件,易于进行大量比较试验,通用性较好。

T 0568—2005 水泥混凝土抗渗性试验方法

1 目的、适用范围和引用标准

本方法规定了逐级加压法测定水泥混凝土抗渗性的试验方法。

本方法适用于测定水泥混凝土硬化后的防水性能以及其抗渗等级。

本条规定了本试验方法的适用范围,逐级加压法更适用于抗渗等级较低的混凝土,强度等级不高于C40的混凝土。大量试验表明,逐级加压法在应用于评价抗渗等级较高的高强混凝土时,试验耗时较长,无法快速有效地反映高强混凝土的抗水渗性,指标控制意义较弱。

引用标准:

《混凝土抗渗仪》(JG/T 249)

水泥混凝土试件制作与硬化水泥混凝土现场取样方法(T 0551)

2 仪具与材料

2.1 水泥混凝土渗透仪:应符合现行《混凝土抗渗仪》(JG/T 249)的规定。

本条规定了混凝土抗渗仪的要求,并应能使水压按规定的制度稳定地作用在试件上。抗渗仪施加水压力范围应为 0.1~2.0MPa。

2.2 成型试模:上口直径 175mm、下口直径 185mm、高 150mm 的锥台或上下直径与高度均为 150mm 的圆柱体。

2.3 密封材料:如石蜡,内掺松香约 2%。

本条规定了试件装入抗渗仪时用的密封材料,宜用石蜡加松香或水泥加黄油等材料,也可采用橡胶套等其他有效密封材料。

2.4 螺旋加压器、烘箱、电炉、浅盘、铁锅、钢丝刷等。

3 试件制备

3.1 制备和养护应符合 T 0551 的规定。试块养护期不少于 28d,不超过 90d。

3.2 试件成型后 24h 拆模,用钢丝刷刷净两端面水泥浆膜,标准养护龄期为 28d。

4 试验步骤

4.1 试件到龄期后取出,擦净表面,待表面干燥后,在试件侧面滚涂一层熔化的密封材料,然后立即在螺旋加压器上压入经过烘箱或电炉预热过的试模中,使试件底面和试模底平齐,待试模变冷后,即可解除压力,装在渗透仪上进行试验。

4.2 试验时,水压从 0.1MPa 开始,每隔 8h 增加水压 0.1MPa,并随时注意观察试件端面情况,一直加至 6 个试件中有 3 个试件表面发现渗水,记下此时的水压力,即可停止试验。当加压至设计抗渗等级,再经 8h 后第三个试件仍不渗水,表明混凝土已满足设计要求,即可停止试验。

本条规定了水压力在试验过程中的变化要求。每8h变化一次压力，直到有3个试件渗水为止，或加至规定设计抗渗等级在8h内6个试件中表面渗水试件小于3个时，即可停止试验。

4.3 在试验过程中，如水从试件周边渗出，说明密封不好，应停止试验，重新密封，待密封后可继续加压试验。

5 结果计算

混凝土的抗渗等级以每组6个试件中4个未发现有渗水现象时的最大水压力表示。

抗渗等级，按式(T 0568-1)计算：

$$P = 10H - 1 \quad \text{(T 0568-1)}$$

式中：P——混凝土抗渗等级；

H——6个试件中第三个试件渗水时的水压力(MPa)。

混凝土抗渗等级分为P2、P4、P6、P8、P10、P12，若压力加至1.2MPa，经过8h，第三个试件仍未渗水，则停止试验，试件的抗渗等级以P12表示。

本条规定了抗渗等级的计算公式，可能有三种情况出现：

(1)一次加压后，在8h内6个试件中有2个试件出现渗水(此时的水压力为H)，则此组混凝土抗渗等级为：

$$P = 10H$$

(2)一次加压后，在8h内6个试件中有3个试件出现渗水(此时的水压力为H)，则此组混凝土抗渗等级为：

$$P = 10H - 1$$

(3)加压至规定数字或者设计指标后，在8h内6个试件中表面渗水的试件少于2个(此时的水压力为H)，则此组混凝土抗渗等级为：

$$P > 10H$$

6 试验报告

试验报告应包括下列内容：

(1) 要求检测的项目名称、执行标准；

(2) 原材料的品种、规格和产地；

(3) 仪器设备的名称、型号及编号；

(4) 环境温度和湿度；

(5) 抗渗等级；

(6) 要说明的其他内容。

条文说明

本方法参照《普通混凝土长期性和耐久性能试验方法标准》(GB/T 50082—2009)编制。本方法可用于评价水泥混凝土的抗渗耐久性。

T 0569—2005 水泥混凝土渗水高度试验方法

1 目的、适用范围和引用标准

本方法规定了在给定时间和水压力条件下水泥混凝土渗水高度的试验方法。

本方法适于室内相对比较水泥混凝土的密实性,计算相对渗透系数。也可用于比较水泥混凝土的抗渗性。

本方法适用于抗渗等级较高的混凝土。

引用标准：

《混凝土抗渗仪》(JG/T 249)

水泥混凝土试件制作与硬化水泥混凝土现场取样方法(T 0551)

2 仪具与材料

2.1 水泥混凝土渗透仪：应符合现行《混凝土抗渗仪》(JG/T 249)的规定。

2.2 成型试模：上口直径175mm、下口直径185mm、高150mm的锥台或上下直径与高度均为150mm的圆柱体。

2.3 梯形板:尺寸如图 T 0569-1 所示,画有十条等间距垂直于上下端的直线。亦可采用尺寸约为200mm×200mm的玻璃或其他透明材料,将十条等间距线画在上面。

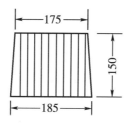

图 T 0569-1 梯形玻璃板(尺寸单位:mm)

2.4 钢尺:分度值为1mm。

2.5 钟表:分度值为1min。

2.6 螺旋加压器、烘箱、电炉、浅盘、铁锅、钢丝刷等辅助工具。

3 试件制备

3.1 试件到龄期后取出,擦干表面,用钢丝刷刷净两端面,待表面干燥后,在试件侧面滚涂一层熔化的石蜡,然后立即在螺旋加压器上压入经过烘箱或电炉预热过的试模中(试模预热温度,以石蜡接触试模即缓慢融化但不流淌为宜),使试件底面和试模底平齐,待试模变冷后才可解除压力。

3.2 当选用水泥加黄油密封时,其用量比为2.5~3.0。试件表面晾干后,用三角刀将密封材料均匀地刮涂在试件侧面上,厚1~2mm。套上试模压入,使试件与试模底齐平。

3.3 将装入试模的试件装在渗透仪上进行试验。

3.4 如在试验过程中,水从试件周边渗出,说明密封不好,要重新密封。

3.5 比较不同水泥品种的混凝土时,试件养护至28d;比较相同水泥品种的混凝土时,试件可养护至14d。

4 试验步骤

4.1 试验时,水压控制恒定为1.2MPa±0.05MPa,同时开始记录时间(精确到1min),24h后停止试验,取出试件。在恒压过程中,如果试件顶端出现渗水,应立即停止试验,并记录下时间,此时该试件的渗水高度即为试件高度。

4.2 将试件放在压力机上,沿纵断面将试件劈裂成两半,待看清水痕后(经过2~3min)用墨汁描出水痕,即为渗水轮廓,笔迹不宜太粗。

4.3 将梯形玻璃板放在试件劈裂面上,用尺测量十条线的渗水高度(精确至1mm)。

5 结果计算

5.1 以10个测点处渗水高度的算术平均值作为该试件的渗水高度;然后再计算6个试件的渗水高度的算术平均值,作为该组试件的平均渗水高度。

如试件的渗水高度均匀(3个试件渗水高度值中最大值与最小值之差不大于3个数的平均值的30%)时,允许6个试件中先取3个试件进行试验,其渗水高度取3个试件的算术平均值。

5.2 相对渗透系数,按式(T 0569-1)计算:

$$S_k = \frac{mD_m^2}{2TH} \quad (\text{T 0569-1})$$

式中:S_k——相对渗透系数(mm/s);

D_m——平均渗水高度(cm);

H——水压力,以水柱高度表示(cm);

T——恒压经历的时间(h);

m——混凝土的吸水率,一般为0.03。

注:1MPa的水压力,以水柱高度表示为10 200cm。

6 试验报告

试验报告应包括下列内容：
(1)要求检测的项目名称、执行标准；
(2)原材料的品种、规格和产地；
(3)仪器设备的名称、型号及编号；
(4)环境温度和湿度；
(5)渗水高度和相对渗透系数；
(6)要说明的其他内容。

T 0579—2020 水泥混凝土抗氯离子渗透试验方法（RCM 法）

本方法为新增。混凝土抗氯离子渗透性是混凝土最重要的耐久性指标之一。RCM 法用于定量评价氯离子在混凝土中的传输能力，是基于试件内部氯离子非稳态电迁移的一种试验方法，通过试验过程测得氯离子渗透深度来计算氯离子的扩散性。

1 目的、适用范围和引用标准

本方法规定了 RCM 法测定硬化水泥混凝土抗氯离子渗透的试验方法。

本方法适用于以测定氯离子在混凝土中非稳态迁移的迁移系数来确定混凝土抗氯离子渗透性能，但不适用于钢纤维混凝土抗氯离子渗透性能测试。

引用标准：
水泥混凝土试件制作与硬化水泥混凝土现场取样方法(T 0551)
《混凝土氯离子扩散系数测定仪》(JG/T 262)

2 仪具与材料

2.1 化学试剂应符合下列规定：

(1)溶剂采用蒸馏水或去离子水。

(2)氢氧化钠、氯化钠、硝酸银、氢氧化钙均为化学纯。

2.2 仪器设备应符合下列规定:

(1)切割试件的设备采用水冷式金刚石锯或碳化硅锯。

(2)真空容器至少能够容纳3个试件。

(3)真空泵能保持容器内的气压处于1~5kPa。

(4)RCM试验装置(图T 0579-1)采用的有机硅橡胶套的内径和外径应分别为100mm和115mm,长度为150mm。夹具应采用不锈钢环箍,其直径范围为105~115mm,宽度为20mm。阴极试验槽可采用尺寸为370mm×270mm×280mm的塑料箱。阴极板应采用厚度为0.5mm±0.1mm、直径不小于100mm的不锈钢板。阳极板采用厚度为0.5mm、直径为98mm±1mm的不锈钢网或由硬塑料板制成的带孔的不锈钢板二支架。处于试件和阴极板之间的支架头高度为15~20mm。RCM试验装置还应符合现行《混凝土氯离子扩散系数测定仪》(JG/T 262)的规定。

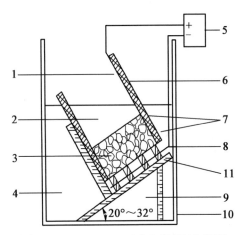

图T 0579-1 RCM试验装置示意图

1-阳极板;2-阳极溶液;3-试件;4-阴极溶液;5-直流稳压电源;6-有机硅橡胶套;7-环箍;8-阴极板;9-支架;10-阴极试验槽;11-支撑头

RCM试验装置在市场上有成熟产品,其技术要求符合行业产品标准即可。

(5)电源能稳定提供 0~60V 的可调直流电,精度为 ±0.1V,电流为 0~10A。

(6)电表的精度为 ±0.1mA。

(7)温度计或热电偶的精度为 ±0.2℃。

(8)喷雾器应适合喷洒硝酸银溶液。

(9)游标卡尺的精度为 ±0.1mm。

(10)尺子的最小刻度为 1mm。

(11)水砂纸的规格为 200~600 号。

(12)细锉刀可为备用工具。

(13)扭矩扳手的扭矩范围为 20~100N·m,测量允许误差为 ±5%。

(14)电吹风的功率为 1 000~2 000W。

(15)黄铜刷可为备用工具。

(16)真空表或压力计的精度为 ±665Pa,量程为 0~13 300Pa。

(17)抽真空设备可由体积在 1 000mL 以上的烧杯、真空干燥器、真空泵、分液装置、真空表等组合而成。

2.3 溶液和指示剂应符合下列规定:

(1)阴极溶液为 10% 质量浓度的 NaCl 溶液,阳极溶液为 0.3mol/L 摩尔浓度的 NaOH 溶液。溶液至少提前 24h 配制,并密封保存在温度为 20~25℃ 的环境中。

本条规定了试验用溶液和指示剂的要求。RCM 试验 NaCl 溶液的质量浓度为 10%,电通量法所用的为 3%,要注意区别。NaOH 溶液为 0.3mol/L 摩尔浓度,与电通量法相同。

(2)显色指示剂为 0.1mol/L 浓度的 $AgNO_3$ 溶液。

本条规定了显色指示剂的溶液类型及浓度,是针对氯离子具有显色反应的溶液。

(3)RCM 试验所处的试验室温度应控制在 20~25℃。

2.4 试件制作应符合下列规定:

(1)试验用试件应采用直径为100mm±1mm、高度为50mm±2mm的圆柱体试件。

(2)在试验室制作试件时,宜使用φ100mm×100mm或φ100mm×200mm试模。集料最大粒径不宜大于25mm。试件成型后应立即用塑料薄膜覆盖并移至标准养护室。试件应在24h±2h内拆模,然后浸没于标准养护室的水池中。

本条规定了制作试件的试模尺寸,可以使用两种试模成型。

(3)试件的养护龄期宜为28d,也可采用试验所需其他养护龄期。

本条规定了试件的养护龄期一般为28d,如混凝土中矿物掺合料多,也可采用养护龄期为56d、84d或者按实际情况采用需要的龄期。

(4)应在抗氯离子渗透试验前7d加上成标准尺寸的试件。当使用φ100mm×100mm试件时,应从试件中部切取高度为50mm±2mm的圆柱体作为试验用试件,并将靠近浇筑面的试件端面作为暴露于氯离子溶液中的测试面。当使用φ100mm×200mm试件时,应先将试件从正中间切成相同尺寸的两部分φ100mm×100mm,然后从两部分中各切取一个高度为50mm±2mm的试件,并将第一次的切口面作为暴露于氯离子溶液中的测试面。

本条规定了试件制作和准备,应注意区分成型面和浇筑面。当使用不同高度的试件制作抗氯离子试验用试件时,其与氯离子的暴露面有所不同。

(5)试件加工后采用水砂纸和细锉刀打磨光滑。

本条规定了试件加工后应打磨光滑,去除表面杂物,使试件表面平整和便于安装。

(6)加工好的试件应继续浸没于水中养护至试验龄期。

3 试验步骤

3.1 RCM法试验应按下列步骤进行:

(1)首先将试件从养护池中取出来,并将试件表面的碎屑刷洗干净。

擦干试件表面多余的水分。然后采用游标卡尺测量试件的直径和高度,精确至0.1mm。将试件在饱和面干状态下置于真空容器中进行真空处理。在5min内将真空容器内的气压减少至1~5kPa,并保持该真空度3h,然后在真空泵仍然运转的情况下,将用蒸馏水配制的饱和氢氧化钙溶液注入容器,溶液高度应保证将试件浸没。在试件浸没1h后恢复常压,并继续浸泡18h±2h。

本条规定了试件准备和安装步骤。首先测量试件尺寸,真空泵应保证几分钟内达到规定的压力。真空容器的密封性要好。

浸泡试件的溶液是饱和氢氧化钙溶液,与电通量法使用蒸馏水或去离子水作为浸泡溶液是不同的,要注意区别。

(2)试件安装在RCM试验装置前应采用电吹风冷风档吹干,表面干净,无油污、灰砂和水珠。

(3)RCM试验装置的试验槽在试验前应用室温凉开水冲洗干净。

(4)试件和RCM试验装置(图T 0579-1)准备好以后,将试件装入橡胶套内的底部,在与试件齐高的橡胶套外侧安装两个不锈钢环箍(图T 0579-2),每个箍高度为20mm,并拧紧环箍上的螺栓至扭矩30N·m±2N·m,使试件的圆柱侧面处于密封状态。当试件的圆柱曲面可能有造成液体渗漏的缺陷时,以密封剂保持其密封性。

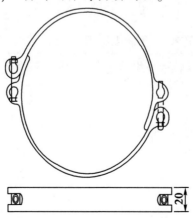

图T 0579-2　不锈钢环箍(尺寸单位:mm)

本条规定了试件安装步骤。紧固试件用的环箍可自行加工,市场上也有专用于RCM试验的环箍,密封性很重要。

(5)将装有试件的橡胶套安装到试验槽中,并安装好阳极板。然后在橡胶套中注入约300mL浓度为0.3mol/L的NaOH溶液,并使阳极板和试件表面均浸没于溶液中。在阴极试验槽中注入12L质量浓度为10%的NaCl溶液,并使其液面与橡胶套中的NaOH溶液的液面齐平。

本条规定了溶液浓度要求。阳极溶液为质量浓度10%的NaCl溶液,可采用100gNaCl和900g蒸馏水配制,接近2mol/L的摩尔浓度。

(6)试件安装完成后,将电源的阳极(又称正极)用导线连至橡胶套中阳极板,并将阴极(又称负极)用导线连至试验槽中的阴极板。

本条规定了电源导线的安装一定要正确,安装后再次确认正确性。

3.2 电迁移试验应按下列步骤进行:

(1)首先打开电源,将电压调整到30V±2V,并记录通过每个试件的初始电流。

本条规定了统一按30V电压为基准。

(2)后续试验施加的电压(表T 0579-1第二列)应根据施加30V电压时测量得到的初始电流值所处的范围(表T 0579-1第一列)决定。根据实际施加的电压,记录新的初始电流。按新的初始电流值所处的范围(表T 0579-1第三列),确定试验持续的时间(表T 0579-1第四列)。

表T 0579-1　初始电流、电压与试验时间的关系

初始电流 I_{30V}（用30V电压）(mA)	施加的电压 U（调整后）(V)	可能的新初始电流 I_0(mA)	试验持续时间 t (h)
$I_0 < 5$	60	$I_0 < 10$	96
$5 \leq I_0 < 10$	60	$10 \leq I_0 < 20$	48
$10 \leq I_0 < 15$	60	$20 \leq I_0 < 30$	24
$15 \leq I_0 < 20$	50	$25 \leq I_0 < 35$	24
$20 \leq I_0 < 30$	40	$25 \leq I_0 < 40$	24
$30 \leq I_0 < 40$	35	$35 \leq I_0 < 50$	24

续表 T 0579-1

初始电流 I_{30V} (用30V电压)(mA)	施加的电压 U (调整后)(V)	可能的新初始电流 I_0(mA)	试验持续时间 t (h)
$40 \leq I_0 < 60$	30	$40 \leq I_0 < 60$	24
$60 \leq I_0 < 90$	25	$50 \leq I_0 < 75$	24
$90 \leq I_0 < 120$	20	$60 \leq I_0 < 80$	24
$120 \leq I_0 < 180$	15	$60 \leq I_0 < 90$	24
$180 \leq I_0 < 360$	10	$60 \leq I_0 < 120$	24
$I_0 \geq 360$	10	$I_0 \geq 120$	6

本条规定了根据初始电流调整电压，按照调整后的电压再记录新的初始电流。根据新初始电流决定试验持续时间。试验的持续时间与通过试件的电流有关。电流大，持续时间短；电流小，持续时间长。

（3）按温度计或电热偶的显示读数，记录每一个试件的阳极溶液的初始温度。

本条规定了应记录阳极电解液中的初始温度，该参数在迁移系数的计算中会使用。

（4）试验结束时，测定阳极溶液的最终温度和最终电流。

（5）试验结束后及时排除试验溶液。用黄铜刷清除试验槽的结垢或沉淀物，并用饮用水和洗涤剂将试验槽和橡胶套冲洗干净，然后用电吹风的冷风档吹干。

3.3 氯离子渗透深度测定应按下列步骤进行：

（1）试验结束后，及时断开电源。

（2）断开电源后，将试件从橡胶套中取出，并立即用自来水将试件表面冲洗干净，然后擦去试件表面多余水分。

（3）试件表面冲洗干净后，在压力试验机上沿轴向将试件劈成两个半圆柱体，并在劈开的试件断面立即喷涂浓度为 0.1mol/L 的 $AgNO_3$ 溶液显色指示剂。

（4）指示剂喷洒约 15min 后，沿试件直径断面将其分成 10 等份，并用防水笔描出渗透轮廓线。

(5)根据观察到的明显的颜色变化,测量显色分界线(图 T 0579-3)离试件底面的距离,精确至0.1mm。

(6)当某测点被集料阻挡时,可将此测点位置移动到最近未被集料阻挡的位置进行测量,当某测点数据不能得到时,只要总测点数多于5个,可忽略此测点。

(7)当某测点位置有1个明显的缺陷,使该点测量值远大于各测点的平均值时,可忽略此测点数据,但应将这种情况在试验记录和报告中注明。

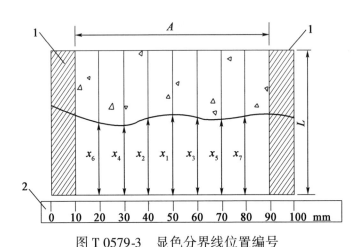

图 T 0579-3　显色分界线位置编号

1-试件边缘部分;2-尺子;A-测量范围;L-试件高度

4　结果计算

4.1　水泥混凝土的非稳态氯离子迁移系数,按式(T 0579-1)计算:

$$D_{RCM} = \frac{0.0239 \times (273 + T)L}{(U-2)t} \left[X_d - 0.0238\sqrt{\frac{(273+T)LX_d}{U-2}} \right]$$

(T 0579-1)

式中:D_{RCM}——水泥混凝土的非稳态氯离子迁移系数(m^2/s);

U——所用电压的绝对值(V);

T——阳极溶液的初始温度和结束温度的平均值(℃);

L——试件厚度(mm),精确到 0.1mm;

X_d——氯离子渗透深度的平均值(mm),精确到 0.1mm;

t——试验持续时间(h)。

结果计算精确至 $1.0 \times 10^{-13} m^2/s$。

4.2 以3个试样的氯离子迁移系数的算术平均值作为该组试件的氯离子迁移系数测定值,结果精确至 $1.0 \times 10^{-13} m^2/s$。当3个试件测量值中的最大值或最小值与中间值之差超过中间值的15%时,应剔除此值,再取其余两值的平均值作为测定值;当最大值和最小值均超过中间值的15%时,重新试验。

5 试验报告

试验报告应包括下列内容:

(1)原材料的品种、规格和产地;

(2)仪器设备的名称、型号及编号;

(3)环境温度和湿度;

(4)水泥混凝土的非稳态氯离子迁移系数 D_{RCM};

(5)所用电压绝对值 U;

(6)阳极溶液的初始温度和结束温度的平均值 T;

(7)试件厚度 L;

(8)氯离子渗透深度的平均值 X_d;

(9)试验持续时间 t;

(10)要说明的其他内容。

条文说明

本方法参照《普通混凝土长期性能和耐久性能试验方法标准》(GB/T 50082—2009)编制。

氯离子扩散系数快速测定的 RCM 法，其依据是瑞典 L. P. Tang（唐路平）在 1998 年提出的氯离子电迁移快速试验方法（CTH 法）及其原理，测定混凝土中氯离子非稳态快速迁移的扩散系数，它简单、快速、可直接可靠地测算混凝土的氯离子扩散系数。北欧标准 Nordtest NT Build 492 和瑞士标准 SIA262/1，也是根据 L. P. Tang（唐路平）的 CTH 法修订的。

这种非稳态迁移方法测量得到的氯离子扩散系数不能直接和用别的方法（如非稳态浸泡试验和稳态迁移试验方法）测量得到的氯离子扩散系数进行比较。

进行抗氯离子渗透试验的龄期一般为 28d。多数矿物掺合料都可以提高混凝土抗氯离子渗透能力，但是，掺矿渣粉或粉煤灰等掺合料时，由于它们的火山灰反应速率远低于硅粉，因此，该类混凝土进行 RCM 法试验时，其标准养护的龄期建议不少于 56d 或设计要求规定的试验龄期。

浸泡试件用的是饱和氢氧化钙溶液，这与电通量法使用蒸馏水或去离子水作为浸泡溶液是不同的，操作时应注意这一点。

T 0580—2020 水泥混凝土抗氯离子渗透试验方法（电通量法）

本方法为新增。电通量法是目前国际上应用较为广泛的混凝土抗氯离子渗透性的试验方法之一。电通量法的基本原理：氯离子在直流电压作用下，能透过混凝土试件向正极方向移动。测量流过混凝土的电荷量，就能反映出透过混凝土的氯离子量。混凝土是离子导电，其电导与电流成正比。因此，测量混凝土试件的电导与测电荷量一样，也能评定混凝土抗氯离子渗透的性能。

1 目的、适用范围和引用标准

本方法规定了电通量法测定水泥混凝土抗氯离子渗透性的试验方法。

本方法适用于测定以通过混凝土试件的电通量为指标来确定混凝土抗氯离子渗透性能,不适用于掺有亚硝酸盐和钢纤维等良导电材料的混凝土抗氯离子渗透试验。

引用标准:

《混凝土氯离子电通量测定仪》(JG/T 261)

水泥混凝土试件制作与硬化水泥混凝土现场取样方法(T 0551)

2 仪具与材料

2.1 电通量试验装置:如图 T 0580-1 所示,应符合现行《混凝土氯离子电通量测定仪》(JG/T 261)的规定。

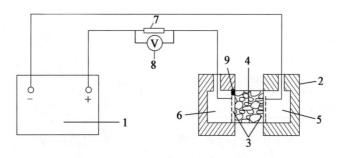

图 T 0580-1 电通量试验装置示意图

1-直流稳压电源;2-试验槽;3-铜电极;4-混凝土试件;5-3.0% NaCl 溶液;6-0.3mol/L NaOH 溶液;7-标准电阻;8-直流数字式电压表;9-试件垫圈(硫化橡胶垫或硅橡胶垫)

本条规定了电通量试验装置的精度满足现行 JG/T 261 的要求和符合本规程的测试原理。宜采用自动测试电通量的装置,以减少人为操作引起的误差。

2.2 仪器设备和化学试剂应符合下列要求:

(1)直流稳压电源的电压范围为 0~80V,电流范围为 0~10A,并能稳定输出 60V 直流电压,精度为 ±0.1V。

本条规定了直流稳压电源电压和电流的范围。直流电源应能够稳定输出 60V 电压,精度达到 ±0.1V 的要求。电流在 0~10A 范围内,可与

RCM法通用电源。

（2）耐热塑料或耐热有机玻璃试验槽（图T 0580-2）的边长为150mm，总厚度不小于51mm。试验槽中心的两个槽的直径分别为89mm和112mm。两个槽的深度分别为41mm和6.4mm。在试验槽的一边开有直径为10mm的注液孔。

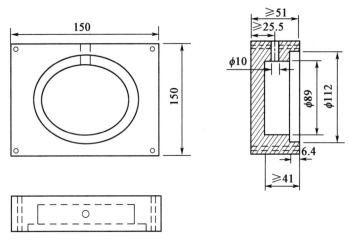

图T 0580-2 试验槽示意图（尺寸单位：mm）

试验槽或者电解槽一般采用耐热有机玻璃制作。由于电通量试验使用的标准试件直径为100mm，试验槽凹陷处最大直径应比试件直径大1/8，即凹陷处最大直径约为112mm合适。

试验槽尺寸与槽内阴阳极溶液量有关，而溶液量的多少代表了试验过程中参与混凝土渗透的氯离子的总量，因此，试验槽尺寸必然与电通量测试结果有关。在选择试验槽时，应采用尺寸和规格符合要求的试验槽。

（3）紫铜垫板宽度为12mm±2mm，厚度为0.50mm±0.05mm；铜网孔径为0.95mm或20目。

本条规定了紫铜板的尺寸、铜网孔径大小。紫铜板用于固定铜网并提高导电性，不能缺少。铜网作为可通过溶液的电极，其孔数和尺寸应保证溶液能够与试件端面完全紧密结合。

(4) 标准电阻精度为 ±0.1%；直流数字电流表量程为 0~20A，精度为 ±0.1%。

标准电阻用于检测通过试件的电流。实际检测的是标准电阻上的电压，由于电阻为 1Ω，所以试件上的电压与通过试件的电流的数值是相同的。

(5) 真空泵和真空表应符合 T 0579 的规定。

(6) 真空容器的内径不小于 250mm，并能至少容纳 3 个试件。

(7) 阴极溶液应用化学纯试剂配制的质量浓度为 3.0% 的 NaCl 溶液。

本条规定了阴极溶液浓度。阴极溶液为 3% NaCl，这与 RCM 法不同。RCM 法阴极溶液为 10% NaCl。温度会影响溶液导电性和测试结果，因此需冷却至室温。

(8) 阳极溶液应采用化学纯试剂配制的摩尔浓度为 0.3mol/L 的 NaOH 溶液。

本条规定了阳极溶液的要求。阳极溶液为 0.3mol/L NaOH，与 RCM 法的阳极溶液相同。配制 0.3mol/L NaOH 溶液时会放热，温度会影响溶液导电性和测试结果，因此需冷却至室温。

(9) 密封材料应采用硅胶或树脂等密封材料。

本条规定了密封材料种类。一般采用硅胶或者树脂，能够达到密封效果。当然也可以采用其他更可靠的耐热耐腐蚀密封材料。

(10) 硫化橡胶垫或硅橡胶垫的外径为 100mm、内径为 75mm、厚度为 6mm。

(11) 切割试件的设备应采用水冷式金刚锯或碳化硅锯。

(12) 抽真空设备可由烧杯(体积在 1 000mL 以上)、真空干燥器、真空泵、分液装置、真空表等组合而成。

(13) 温度计的量程为 0~120℃，精度为 1℃。

(14) 电吹风的功率为 1 000~2 000W。

3 试验步骤

3.1 电通量试验应采用直径为100mm±1mm,高度为50mm±2mm的圆柱体试件,试件的制作、养护应符合T 0579的规定。当试件表面有涂料等附加材料时,预先去除,且试样内不得含有钢筋等良导电材料。在试件移送试验室前,避免冻伤或其他物理伤害。

本条规定了电通量试验试件的尺寸。本规程规定试件直径为99~101mm,厚度为48~52mm。不同尺寸的截面对试件电通量测试结果有影响,制作试件应尽量保持尺寸相同。ASTM C1202规定以通过截面直径为95mm、厚51mm±3mm的混凝土标准试件的电量作为电通量试验的最终结果。现在国内的标准基本统一采用直径为100mm±1mm、高度为50mm±2mm的圆柱体试件。有学者研究了相同配合比的试件尺寸大小对电通量的影响,见表5-3。

表5-3 试件尺寸大小对电通量的影响

编号	试件尺寸(mm)	电通量Q(库仑)
1	圆柱体$\phi 100 \times 50$	1 513
2	圆柱体$\phi 95 \times 50$	1 311
3	棱柱体$100 \times 100 \times 50$	1 944

3.2 电通量试验宜在试件养护到28d龄期进行。对于掺有大量矿物掺合料的混凝土,可在56d龄期进行试验。先将养护到规定龄期的试件暴露于空气中至表面干燥,并以硅胶或树脂密封材料涂刷试件圆柱侧面,填补涂层中的孔洞。

电通量试验一般在28d龄期进行。掺入掺合料较多的混凝土,在28d龄期时掺合料的作用不能得到充分反映,因此允许在56d龄期进行试验。设计有龄期规定时,应按设计要求的龄期进行试验。

3.3 电通量试验前将试件进行真空饱水。先将试件放入真空容器中,然后启动真空泵,并在5min内将真空容器中的绝对压强减少至1~5kPa;保持该真空度3h,然后在真空泵仍然运转的情况下,注入足够的蒸馏水或去离子水,直至淹没试件;在试件浸没1h后恢复常压,并继续浸泡18h±2h。

本条规定了真空饱水的操作步骤。真空饱水处理是为氯离子在混凝土中运动提供溶液通道,保证不同配合比的混凝土试件均处于相同或者基本相同条件的关键步骤。

3.4　真空饱水结束后,从水中取出试件,抹掉多余水分,并保持试件所处环境的相对湿度在95%以上。将试件安装于试验槽内,并采用螺杆将两试验槽和端面装有硫化橡胶垫的试件夹紧。试件安装好以后,采用蒸馏水或其他有效方式检查试件和试验槽之间的密封性能。

3.5　检查试件和试验槽之间的密封性后,将质量浓度为3.0%的NaCl溶液和摩尔浓度为0.3mol/L的NaOH溶液分别注入试件两侧的试验槽中,注入NaOH溶液的试验槽内的铜网应连接电源负极,注入NaOH溶液的试验槽中的铜网应连接电源正极。

本条规定了阴极溶液和阳极溶液分别注入试验槽的方式,应注意区别阴极和阳极,做好标记,防止混淆。

3.6　在正确连接电源线后,应在保持试验槽中充满溶液的情况下接通电源,并对上述两铜网施加60V±0.1V的直流恒电压,且记录电流初始读数I_0。开始时每隔5min记录一次电流值,当电流值变化不大时,可间隔10min记录一次电流值;当电流变化很小时,每隔30min记录一次电流值,直至通电6h。

3.7　当采用自动采集数据的装置时,记录电流的时间间隔可设定为5~10min。电流测量值精确至±0.5mA。试验过程中宜同时监测试验槽中溶液的温度。

3.8　试验结束后,应及时排出试验溶液,并用凉开水和洗涤剂冲洗试验槽60s以上,然后用蒸馏水洗净并用电吹风冷风档吹干。

洗涤试验用具宜用蒸馏水,如无蒸馏水或者现场条件不具备时,也可以采用可饮用水制作的凉开水(冷却到室温)洗刷试验槽和浸泡试件。

3.9 试验在20~25℃的室内进行。

4 结果计算

4.1 试验过程中或试验结束后,绘制电流与时间的关系图。将各点数据以光滑曲线连接起来,对曲线作面积积分,或按梯形法进行面积积分,得到试验6h通过的电通量。

4.2 每个试件的总电通量,按式(T 0580-1)计算:

$$Q = 900(I_0 + 2I_{30} + 2I_{60} + 2I_{90} + \cdots + 2I_{270} + 2I_{300} + 2I_{330} + I_{360})$$

(T 0580-1)

式中:Q——通过试件的总电通量(C);

I_0——初始电流(A),精确到0.001A;

I_t——在t(min)时刻的电流(A),精确到0.001A。

本条规定了总电通量的计算公式。当人工测量电流时,采用本规程规定的简化公式进行计算,其原理就是梯形面积积分。

4.3 计算得到的通过试件的总电通量应换算成直径为95mm试件的电通量值,可按式(T 0580-2)计算:

$$Q_S = Q_x \times \left(\frac{95}{x}\right)^2$$

(T 0580-2)

式中:Q_S——通过直径为95mm的试件的电通量(C);

Q_x——通过直径为x(mm)的试件的电通量(C);

x——试件的实际直径(mm)。

本条规定了总电通量应换算成直径为95mm试件的电通量值计算公式。本试验方法将直径为95mm的试件作为标准试件,因此,所有电通量数据必须换算成直径为95mm的标准试件的电通量数据才能有比较性。换算的依据是通过试件的电通量与其面积成正比。采用自动采集数据的测试装置时,都具备自动进行积分计算电通量值和对试件尺寸进行换算的功能。

4.4 取3个试件电通量的算术平均值作为该组试件的电通量测定值,结果精确至1C。当3个试件电通量中的最大值或最小值与中间值的差值超过中间值的15%时,应取其余两个试件的电通量的算术平均值作为该组试件的试验结果测定值。当最大值和最小值均超过中间值的15%时,应重新试验。

5 试验报告

试验报告应包括下列内容:
(1)原材料的品种、规格和产地;
(2)仪器设备的名称、型号及编号;
(3)环境温度和湿度;
(4)通过试件的总电通量Q;
(5)通过直径为95mm的试件的电通量Q_s;
(6)试件电通量(平均值);
(7)要说明的其他内容。

条文说明

本方法参照《普通混凝土长期性能和耐久性能试验方法标准》(GB/T 50082—2009)编制。本方法根据美国材料试验协会(ASTM)推荐的混凝土抗氯离子渗透性试验方法 ASTM C1202 修改而成,该方法也可称直流电量法(或库仑电量法、导电量法),是目前国际上应用最为广泛的混凝土抗氯离子渗透性的试验方法之一。国内外使用该方法积累了大量的宝贵数据和经验。实践证明,该方法对于大多数普通混凝土是适用的,而且与其他电测法有较好的相关性。在大多情况下,相同混凝土配合比的电通量测试结果与氯离子浸泡试验方法(如 AASHTO T259)的测试结果之间具有很好的相关性。

根据 ASTM C1202 的规定,对于已经利用本方法与长期氯离子浸泡试验方法之间已经建立相关性的各种混凝土,本方法均适用。

本方法用于有表面经过处理的混凝土时,例如采用渗入型密封剂处理的混凝土,应谨慎分析试验结果,因为本方法测试某些该类混凝土时具有较低抗氯离子渗透性能,而采用 90d 氯离子浸泡试验方法测试对比混凝土板时,却表现出较高抗氯离子渗透性能。

养护龄期对试验结果有重要影响,若大多数混凝土养护得当,随着龄期增加,其渗透性能显著降低,因此分析试验结果时应考虑试验龄期的影响。

当混凝土中掺加亚硝酸钙时,本方法可能会导致错误结果。用本方法对掺加亚硝酸钙的混凝土和未掺加亚硝酸钙的对比混凝土进行测试,结果表明掺加亚硝酸钙的混凝土有更高库仑值,即具有更低的抗氯离子渗透性能。然而,长期氯离子浸泡试验表明掺加亚硝酸钙混凝土的抗氯离子渗透性能高于对比混凝土。

影响混凝土抗氯离子渗透性的因素有水灰比、外加剂、龄期、集料种类、水化程度和养护方法等,采用本方法试验结果进行比较时,应注意这些因素的影响。

《普通混凝土长期性能和耐久性能试验方法标准》(GB/T 50082—2009)中,基于电通量的混凝土抗渗透性评价见表 T 0580-1。

表 T 0580-1　混凝土库仑电量评定指标

6h 导电量(C)	氯离子渗透性分类	可采用的典型混凝土种类
>4 000	高	水胶比大于 0.60 的普通混凝土
2 000~4 000	中	中等水胶比(0.50~0.60)普通混凝土
1 000~2 000	低	低水胶比(0.40~0.50)普通混凝土
100~1 000	非常低	低水胶比(<0.38)含矿物微细粉混凝土
<100	可忽略不计	低水胶比(<0.30)含矿物微细粉混凝土

T 0581—2020　水泥混凝土碳化试验方法

本方法为新增。混凝土抗碳化性是混凝土耐久性指标之一,用于评价混凝土的抗碳化能力,表征大气条件下混凝土对钢筋的保护效果(混凝土的护筋性能)。

1　目的、适用范围和引用标准

本方法规定了硬化后水泥混凝土碳化的试验方法。

本方法适用于测定在一定浓度的二氧化碳气体介质中混凝土试件的碳化程度。

引用标准:

《混凝土碳化试验箱》(JG/T 247)

2　仪具与材料

2.1　碳化箱:应符合现行《混凝土碳化试验箱》(JG/T 247)的规定,并采用带有密封盖的密闭容器,容器的容积至少为预定进行试验的试件体积的2倍。碳化箱内应有架空试件的支架、二氧化碳引入口、分析取样用的气体导出口、箱内气体对流循环装置,为保持箱内恒温恒湿所需的设施以及温度、湿度监测装置。宜在碳化箱上设玻璃观察口,以对箱内的温度进行读数。

2.2　气体分析仪:应能分析箱内二氧化碳浓度,并应精确至±1%。

2.3　二氧化碳供气装置:包括气瓶、压力表和流量计。

3　试件制备

3.1　本方法应采用棱柱体混凝土试件,以3块为一组,棱柱体的长宽比不小于3。

本条规定采用棱柱体试件,当碳化试件到一定龄期时,从棱柱体一端劈开测定碳化深度,然后用石蜡密封后继续进行碳化。这样可以在同一个试件上测量不同龄期的碳化深度值,降低因试件差异而导致的误差。

3.2 无棱柱体试件时,也可用立方体试件,其数量应相应增加。

当使用立方体试件时,但只能试验一次,因此数量应按照试验要求增加。

3.3 试件应在28d龄期进行碳化试验,掺有掺合料的混凝土可根据其特性决定碳化前的养护龄期。碳化试验的试件采用标准养护,试件应在试验前2d从标准养护室取出,然后在60℃下烘48h。

本条规定了试件龄期。一般碳化试验的试件龄期为28d,当矿物掺合料较多时,会影响混凝土密实性和强度发展规律,因此,碳化时间宜在较长的养护期后进行。

3.4 经烘干处理后的试件,除应留下一个或相对的两个侧面外,其余表面应采用加热的石蜡予以密封,然后在暴露侧面上沿长度方向用铅笔以10mm间距画出平行线,作为预定碳化深度的测点。

碳化试验后混凝土断面上碳化层的界线是很不规则的,甚至是犬牙交错的,为了防止测量过程中人为因素的影响,本规程规定在试验前即应画线,画线平行于试件长度方向,间距为10mm,以定出测点位置,碳化到规定龄期破型后就按照预定的测点测量碳化深度。

4 试验步骤

4.1 将密封处理的试件放在碳化箱内的支架上,各试件之间的距离不小于50mm。

本条规定了试件放置间距,保证各试件暴露面的碳化条件一致。

4.2 试件放入碳化箱后,将碳化箱密封,密封可采用机械方法或油封,但不得采用水封。开动箱内气体对流装置,徐徐充入二氧化碳,并测定箱内的二氧化碳浓度;逐步调节二氧化碳的流量,使箱内的二氧化碳浓度保持在20%±3%。在整个试验期间应采取去湿措施,使箱内的相对湿度控制在70%±5%,温度控制在20℃±2℃。

本条规定了碳化箱的二氧化碳浓度、相对湿度和温度。碳化试验时,湿度对碳化速度有直接影响。湿度太高,混凝土中部分毛细孔被自由水所充满,二氧化碳不易渗入,因此试验中采用比较低的湿度条件。温度对混凝土碳化速度有很大影响,温度高,碳化速度快。

4.3 碳化试验开始后,每隔一定时间对箱内的二氧化碳浓度、温度及湿度作一次测定。在前2d每隔2h测定一次,以后每隔4h测定一次。试验中应根据所测得的二氧化碳浓度、温度及湿度随时调节这些参数。可用干燥硅胶去湿,也可采用其他更有效的方法去湿。

本条规定了对温度、相对湿度和二氧化碳浓度的检测频次。由于温度、相对湿度和二氧化碳浓度条件对碳化结果影响很大,本规程规定应经常监测这三方面的变化情况。

4.4 应在碳化到了3d、7d、14d和28d时,分别取出试件,破型测定碳化深度。棱柱体试件应通过在压力试验机上的劈裂法或用干锯法从一端开始破型。每次切除的厚度为试件宽度的一半,切后应用石蜡将破型后试件的切断面封好,再放入箱内继续碳化,直到下一个试验期。当采用立方体试件时,应在试件中部劈开,立方体试件只作一次检验,劈开测试碳化深度后不得再重复使用。

本条规定了不同形状试件碳化深度的检查方法,碳化的测试龄期和试件劈开的处理方式。

4.5 将切除所得的试件部分刷去断面上残存的粉末,然后喷上(或滴上)浓度为1%的酚酞酒精溶液(酒精溶液含20%的蒸馏水)。约经30s后,按原先标画的每10mm一个测点用钢板尺测出各点碳化深度。当测点处的碳化分界线上刚好嵌有粗集料颗粒时,可取该颗粒两侧处碳化深度的算术平均值作为该点的深度值,精确至0.1mm。

本条规定了测试碳化深度的指示剂为浓度1%的酚酞酒精溶液。酚酞指示剂与未碳化的混凝土碱性溶液反应变成红色,测量靠近边缘不变色部分的深度即为碳化深度。酚酞指示剂可以测定 pH 值在 8.2～10 的区域,喷 1% 酚酞溶液在劈裂面上,测定变色区域长度。本方法能方便快捷得到近似的碳化深度。

5 结果计算

混凝土在各试验龄期时的平均碳化深度,按式(T 0581-1)计算:

$$\bar{d}_t = \frac{1}{n}\sum_{i=1}^{n} d_i \qquad (T\ 0581\text{-}1)$$

式中:$\bar{d}_t$——试件碳化 $t(d)$ 后的平均碳化深度(mm);

d_i——各测点的碳化深度(mm);

n——测点总数。

以 3 个试件碳化 28d 的碳化深度算术平均值作为该组混凝土试件碳化测定值,结果精确至 0.1mm。

本条规定了碳化深度的计算公式。碳化试验结果常用两个指标表征:平均碳化深度和碳化速度系数。碳化速度系数表示在该试验条件下的碳化速度与时间的平方根关系式中的系数,数量上相当于 1d 的碳化深度,但该系数实际使用价值不高,且计算准确性也差,不如用 28d 碳化深度来表示更直观,因此,本规程只计算碳化深度。

6 试验报告

试验报告应包括下列内容:

(1)原材料的品种、规格和产地;

(2)仪器设备的名称、型号及编号;

(3)环境温度和湿度;

(4)各测点的碳化深度 d_i;

(5)试件碳化 $t(d)$ 后的平均碳化深度 $\bar{d}_t$;

(6)要说明的其他内容。

条文说明

本方法参照《普通混凝土长期性能和耐久性能试验方法标准》(GB/T 50082—2009)编制。混凝土抗碳化能力是耐久性的一个重要指标，尤其在评定大气条件下混凝土对钢筋的保护作用（混凝土的护筋性能）时起着关键作用。

过去用立方体试件进行碳化试验，每个试件只能使用一次。现在不少单位都采用棱柱体试件，棱柱体试件碳化试验到一定龄期时从一段劈开试件测定碳化深度，然后用石蜡封头后还可以继续进行碳化试验。这样，由于在同一个试件上测量得到各龄期的碳化深度值，消除了因试件不同而形成的误差。实际操作时立方体试件使用更为方便，更容易得到，所以本方法规定也容许使用立方体试件，但因为立方体试件只能使用一次，因此其数量应按试验要求予以增加。

碳化试验后，混凝土断面上碳化层的界限是很不规则的，为了防止测量过程中人为因素的影响，标准规定在试验前即应画线，画线平行于时间长度方向，间距为10mm，定出测定位置，碳化到规定龄期破型后就按照预定的测定测量碳化深度。

由于温度、湿度和二氧化碳的浓度对碳化结果影响很大，故本方法规定应经常检测碳化试验设备的温度、湿度和二氧化碳浓度的变化情况。目前的碳化设备可自动调节温度和二氧化碳浓度等条件，但对湿度还应进行人工干预。目前，一般采用硅胶作干燥剂来调控湿度，也可用其他更好的方法来控制湿度。

T 0582—2020　水泥混凝土抗硫酸盐侵蚀试验方法

本方法为新增。抗硫酸盐侵蚀试验是表征水泥混凝土抵抗硫酸盐侵蚀性能的试验方法。某些地下水常含有硫酸盐类物质（如硫酸钠、硫酸钙和硫酸镁等），硫酸盐溶液与水泥混凝土中的水化产物氢氧化钙及水化铝酸钙发生化学反应,生成石膏和钙矾石,产生体积膨胀,使混凝土开裂直至完全破坏。

1 目的、适用范围和引用标准

本方法规定了硬化后水泥混凝土抗硫酸盐侵蚀的试验方法。

本方法适用于测定混凝土试件在干湿交替环境中,以能够经受的最大干湿循环次数来表示的混凝土抗硫酸盐侵蚀性能。

引用标准:

水泥混凝土试件制作与硬化水泥混凝土现场取样方法(T 0551)

2 仪具与材料

干湿循环试验装置宜采用能使试件静止不动,浸泡、烘干及冷却等过程能自动进行的装置。也可采用符合下列规定的设备进行干湿循环试验:

(1)烘箱应能使温度稳定在65℃±5℃;

(2)容器应至少能够装27L溶液,并应带盖,且应由耐盐腐蚀材料制成;

(3)试剂应采用化学纯无水硫酸钠。

本条规定了干湿循环试验装置的要求。目前市场上有自动型硫酸盐侵蚀试验的干湿循环试验设备,质量稳定,试验数据可靠。可以采用人工操作进行干湿循环试验。当不具备自动干湿循环试验设备时,可采用本条规定的方法进行试验。27L溶液一般可供3组试件试验。

3 试件制备

3.1 本方法应采用尺寸为 100mm × 100mm × 100mm 的立方体试件,每组应为3块。

本条规定了试件的尺寸,与非标准抗压强度试件一致,用于测试干湿循环后的抗压强度。

3.2 试件的制作和养护应符合 T 0551 的要求。

3.3 除制作抗硫酸盐侵蚀试验用试件外,同步制作抗压强度对比用试件。试件组数应符合表 T 0582-1 的要求。

表 T 0582-1 抗硫酸盐侵蚀试验所需的试件组数及干湿循环次数

设计抗硫酸盐等级	K_s15	K_s30	K_s60	K_s90	K_s120	K_s150	K_s150 以上
检查强度所需干湿循环次数	15	15 及 30	30 及 60	60 及 90	90 及 120	120 及 150	150 及设计次数
鉴定 28d 强度所需试件组数	1	1	1	1	1	1	1
干湿循环试件组数	1	2	2	2	2	2	2
对比试件组数	1	2	2	2	2	2	2
总计试件组数	3	5	5	5	5	5	5

本条规定了试件的数量应根据设计抗硫酸盐等级来选择。

4 试验步骤

4.1 试件应标准养护至 26d,取出试件,擦干试件表面水分,然后将试件放入烘箱中,并在 65℃ ±5℃ 下烘 48h。烘干结束后,将试件在干燥环境中冷却到室温。对于掺入掺合料比较多的混凝土,也可采用 56d 龄期或设计规定的龄期进行试验,这种情况应在试验报告中说明。

本条规定了试验前试件的准备方法。抗硫酸盐侵蚀试验的龄期规定为 28d,但在标准条件养护中试件内部含水率高,需要提前将试件干燥后再进行抗硫酸盐侵蚀试验。干燥时间为 48h,烘箱温度规定为 60~70℃,烘箱温度以能够去除大部分毛细水分为原则,温度不得太高,否则会造成试件损伤或失去部分结合水。

需要强调一点,本方法中混凝土试件干燥温度为 65℃ ±5℃,这与《普通混凝土长期性能和耐久性能试验方法标准》(GB/T 50082—2009)

中规定的80℃±5℃不一致。其原因是混凝土本身的硫酸盐物质或外部侵入的硫酸钠、硫酸钾等多种硫酸盐都能与水泥石中的Ca(OH)$_2$作用生成二水石膏,二水石膏再与水泥石中的固态水化铝酸钙反应生成三硫型水化硫铝酸钙$C_6AS_3H_{32}$,又称为钙矾石(AFt)。混凝土中钙矾石的稳定性取决于以下两个方面:水泥水化过程中离子成分及浓度,温度。70℃是一个关键温度,AFt大约在70℃时分解。因此,本方法将干湿循环中的干燥温度由《普通混凝土长期性能和耐久性能试验方法标准》(GB/T 50082—2009)中的80℃±5℃修订为65℃±5℃更符合加速试验设计的初衷。

4.2 试件烘干并冷却后,立即将试件放入试件盒中,相邻试件之间保持20mm间距,试件与试件盒侧壁的间距不小于20mm。

本条规定了试件摆放间隔,保证试件各表面都能浸泡到溶液。

4.3 试件放入试件盒后,将配制好的5% Na$_2$SO$_4$溶液放入试件盒,溶液至少超过最上层试件表面20mm,然后开始浸泡。从试件开始放入溶液,到浸泡过程结束的时间为15h±0.5h。注入溶液的时间不超过30min。浸泡龄期从将混凝土试件移入5% Na$_2$SO$_4$溶液中起计时。试验过程中宜定期检查和调整溶液的pH值,可每隔15个循环测试一次溶液pH值,应始终维持溶液的pH值在6~8之间,溶液的温度控制在25~30℃。

本条规定了硫酸盐侵蚀溶液浓度及检查频次。试件浸泡、放入溶液、排出溶液的总时间为16h。试验过程要保持溶液的pH值在6~8之间,避免溶液浓度变化影响试验结果。经过多次干湿循环过程,试件内部物质渗出较多引起溶液中pH值变化,从而影响试验结果。

4.4 浸泡过程结束后,应立即排液,并在30min内将溶液排空,溶液排空后将试件风干30min,从溶液开始排出到试件风干的时间为1h。

4.5 风干过程结束后,立即升温,将试件盒内的温度升到65℃,开始烘干过程。升温过程在30min内完成。温度升到65℃后,将温度维持在65℃±5℃。从升温开始到开始冷却的时间为6h。

4.6 烘干过程结束后,应立即对试件进行冷却,从开始冷却到将试件盒内的试件表面温度冷却到25~30℃的时间为2h。

4.7 每个干湿循环的总时间为24h±2h。然后再次放入溶液,按4.3~4.6的步骤进行下一个干湿循环。

4.8 达到表T 0582-1规定的干湿循环次数后,应及时进行抗压强度试验。同时观察经过干湿循环后混凝土表面的破损情况并进行外观描述。当试件有严重剥落、掉角等缺陷时,应先用高强石膏补平后再进行抗压强度试验。

4.9 当干湿循环试验出现下列三种情况之一时,可停止试验:

(1)抗压强度耐蚀系数达到75%;

(2)干湿循环次数达到150次;

(3)达到设计抗硫酸盐等级相应的干湿循环次数。

本条规定了干湿循环试验的结束条件,三个条件满足其一即可结束试验。大量试验数据结果表明,当抗压强度耐蚀系数小于75%时,混凝土遭受硫酸盐侵蚀损伤比较严重。当干湿循环次数达到150次时,如各种指标均表明混凝土硫酸盐抗侵蚀能力较好,则可以停止试验。

4.10 对比试件应继续保持原有的养护条件,直到完成干湿循环后,与进行干湿循环试验的试件同时进行抗压强度试验。

5 结果计算

5.1 抗压强度耐蚀系数,按式(T 0582-1)计算:

$$K_f = \frac{f_{cn}}{f_{c0}} \times 100 \quad \quad (T\ 0582\text{-}1)$$

式中:K_f——抗压强度耐蚀系数(%);

f_{cn}——N次干湿循环后受硫酸盐腐蚀的一组混凝土试件的抗压强度测定值(MPa),精确至0.1MPa;

f_{c0}——与受硫酸盐腐蚀试件同龄期标准养护的一组对比混凝土试件的抗压强度测定值(MPa),精确至0.1MPa。

5.2 f_{c0}和f_{cn}应以3个试件抗压强度试验结果的算术平均值作为测定值。当最大值或最小值与中间值之差超过中间值的15%时,应剔除此值,并应取其余两值的算术平均值作为测定值。

5.3 抗硫酸盐等级应以混凝土抗压强度耐蚀系数下降到不低于75%时的最大干湿循环次数来确定,并应以符号K_S表示。

6 试验报告

试验报告应包括下列内容:
(1)原材料的品种、规格和产地;
(2)仪器设备的名称、型号及编号;
(3)环境温度和湿度;
(4)抗压强度耐蚀系数K_f;
(5)N次干湿循环后受硫酸盐腐蚀的一组混凝土试件的抗压强度测定值f_{cn};
(6)与受硫酸盐腐蚀试件同龄期标准养护的一组对比混凝土试件的抗压强度测定值f_{c0};
(7)要说明的其他内容。

条文说明

本方法参照《普通混凝土长期性能和耐久性能试验方法标准》(GB/T 50082—2009)编制。混凝土在硫酸盐环境中,同时耦合干湿循环条件的实际环境经常遇到,硫酸盐侵蚀再耦合干湿循环条件对混凝土的损伤速度较快,故规定本方法适用于处于干湿循环环境中遭受硫酸盐侵蚀的混凝土抗硫酸盐侵蚀试验,尤其适用于强度等级较高的混凝土抗硫酸盐侵蚀试验。评价指标为抗硫酸盐等级(最大干湿循环次数),符号采用K_S来表示。

大量试验研究结果表明,当抗压强度耐蚀系数低于75%时,混凝土遭受硫酸盐侵蚀损伤就比较严重了。当干湿循环次数达到150次时,如果各种指标均表明混凝土抗硫酸盐侵蚀能力较好,则可以停止试验。验证试验表明,混凝土在硫酸盐溶液中进行干湿循环试验时,多数情况下试件的质量是增加的,即使质量减少,也很难达到5%的质量损失率要求,因此本标准未采纳其他标准和资料中推荐的质量损失率和质量耐蚀系数指标。

混凝土本身的硫酸盐物质或外部侵入的硫酸钠、硫酸钾等多种硫酸盐都能与水泥石中的$Ca(OH)_2$作用生成二水石膏,二水石膏再与水泥石中的固态水化铝酸钙反应生成三硫型水化硫铝酸钙$C_6AS_3H_{32}$,又称为钙矾石(AFt)。混凝土中钙矾石的稳定性取决于以下两个方面:水泥水化过程中离子成分及浓度;温度。70℃是一个关键温度,AFt大约在70℃时分解。因此本方法将干湿循环中的干燥温度由《普通混凝土长期性能和耐久性能试验方法标准》(GB/T 50082—2009)中的80℃±5℃修订为65℃±5℃。

T 0583—2020 水泥混凝土抗盐冻试验方法(单面法)

本方法为新增。本方法用于评价混凝土抗盐冻能力。我国北方地区冬季使用除冰盐(融雪剂)对道路水泥混凝土进行除冰,导致水泥混凝土道路及构造物遭受干湿交替及盐溶液存在状态下的冻融循环。冬季海港及海水建筑物,水位变动区附近的混凝土遭受相同情形的破坏。针对上述条件下水泥混凝土的抗冻性,抗盐冻试验方法(单面法)更合适。

1 目的、适用范围和引用标准

本方法规定了单面法测定水泥混凝土抗盐冻的试验方法。

本方法适用于测定水泥混凝土成型面与盐接触的条件下,以能够经受的冻融循环次数和表面剥落质量来表示的混凝土抗冻性能。

引用标准:

《混凝土抗冻试验设备》(JG/T 243)

2 仪具与材料

2.1 顶部有盖的试件盒:如图 T 0583-1 所示,由不锈钢制成,试件盒内的长度为 250mm±1mm,宽度为 200mm±1mm,高度为 120mm±1mm。试件盒底部应安置高 5mm±0.1mm、不吸水、浸水不变形且在试验过程中不影响溶液组分的非金属三角垫条或支撑。

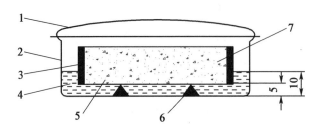

图 T 0583-1 试件盒示意图(尺寸单位:mm)

1-盖子;2-盒体;3-侧向封闭;4-试验液体;5-试件表面;6-垫条;7-试件

本条规定了试验盒的不锈钢材质及尺寸。选择不锈钢材料是为了避免试验用的冻融介质为 3% 的 NaCl 溶液对试验盒造成腐蚀。采用非金属材料,传热又太慢。

2.2 液面调整装置:如图 T 0583-2 所示,由一支吸水管和使液面与试件盒底部间的距离保持在一定范围内的液面自动定位控制装置组成。使用时,液面调整装置应使液面高度保持在 10mm±1mm。

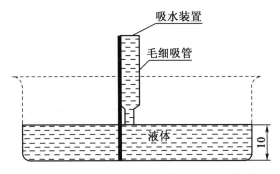

图 T 0583-2 液面调整装置示意图(尺寸单位:mm)

2.3 单面冻融试验箱:如图 T 0583-3 所示,应符合现行《混凝土抗冻试验设备》(JG/T 243)的规定,试件盒固定在单面冻融试验箱内,并自动按规定的冻融循环制度进行冻融循环。冻融循环制度(图 T 0583-4)的温度从20℃开始,并以10℃/h ±1℃/h 的速度均匀地降至 -20℃ ±1℃,且维持 3h;然后从 -20℃ 开始,以 10℃/h ±1℃/h 的速度均匀地升至10℃,且应维持 1h。

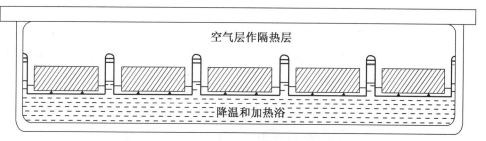

图 T 0583-3　单面冻融试验箱示意图

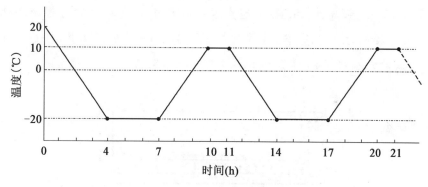

图 T 0583-4　冻融循环制度

本条规定了单面冻融试验箱应满足的技术条件。应注意区别单面冻融试验箱与快冻、慢冻的试验设备不同,其结构形式、尺寸和温度制度都不一样。本规程冻融循环试验温度从 20℃ 开始,但温度范围在 -20 ~ 10℃ 之间循环反复。《普通混凝土长期性能和耐久性能试验方法标准》(GB/T 50082—2009)中规定的循环制度为"冻融循环制度的温度应从20℃开始,并应以(10 ±1)℃/h 的速度均匀地降至(-20 ±1)℃,且应维持3h;然后应从-20℃开始,并应以(10±1)℃/h的速度均匀地升至(20±1)℃,且应维持1h。"本规程编制组认为融化温度达到10℃时,试件已经全部处于融化情况,同时提高了试验效率。不同标准规定的冻融制度差异,与其规定的混凝土试件尺寸不同也有关,需根据实际试验情况选择。不同标准冻融制度有差异,请读者做试验时注意区别。

2.4 试件盒的底部浸入冷冻液中的深度为15mm±2mm。单面冻融试验箱内应装有可将冷冻液和试件盒上部空间隔开的装置和固定的温度传感器,温度传感器装在50mm×6mm×6mm的长方体容器内。温度传感器在0℃时的测量精度不低于±0.05℃,在冷冻液中测温的时间间隔为6.3s±0.8s。单面冻融试验箱内温度控制精度为±0.5℃,当满载运转时,单面冻融试验箱内各点之间的最大温差不得超过1℃。单面冻融试验箱连续工作时间不应少于28d。

2.5 超声浴槽中超声发生器:功率为250W,双半波运行下高频峰值功率为450W,频率为35kHz。超声浴槽的尺寸应使试件盒与超声浴槽之间无机械接触地置于其中,试件盒在超声浴槽中的位置如图T 0583-5所示,且试件盒和超声浴槽底部的距离不小于15mm。

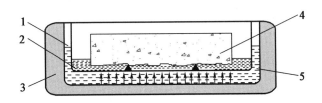

图T 0583-5 试件盒在超声浴槽中的位置示意图
1-试件盒;2-试验液体;3-超声浴槽;4-试件;5-水

2.6 不锈钢盘(或称剥落物收集器):由厚1mm、面积不小于200mm×200mm、边缘翘起为10mm±2mm的不锈钢制成的带把手钢盘。

本条规定了剥落物收集器的材质及尺寸。为防止锈蚀采用不锈钢材料,应配置把手便于操作。

2.7 试验溶液:质量比为97%蒸馏水和3%NaCl配制而成的盐

溶液。

本条规定了试验用溶液浓度。质量浓度为3%的NaCl溶液,可采用30gNaCl与970g蒸馏水配制而成,NaCl为化学纯试剂。

2.8 烘箱:温度可控制在105~115℃。

2.9 天平:量程分别为10kg和5kg、感量分别为0.1g和0.01g,各一台。

2.10 游标卡尺:量程不小于300mm,分度值为±0.1mm。

2.11 试件模具:应采用ϕ200mm×80mm的圆柱体试模(由4mm厚、直径为200mm的PVC管加工而成),并附加尺寸为220mm×220mm×2mm的钢板。

2.12 密封材料:涂异丁橡胶的铝箔或环氧树脂。密封材料应采用在-20℃和盐侵蚀条件下仍保持原有性能,且在达到最低温度时不表现为脆性的材料。

2.13 果木抹子。

3 试件要求

3.1 在制作试件时,应采用ϕ200mm×80mm的圆柱体PVC试模,放置在钢板上,然后加入混凝土,同时,用橡皮锤均匀轻轻敲打PVC试模外侧,直至混凝土出浆为止,再移至混凝土振动台,振动10~15s,并用果木抹子抹面(严禁用光滑的不锈钢抹子),应将混凝土成型面作为测试面。

本条规定了试验试件的尺寸及成型工艺。本规程规定单面冻融试验试件为ϕ200mm×80mm的圆柱体,与其他标准中规定的边长为150mm的立方体不同。通常采用取芯方式得到公路路面的水泥混凝土,为便于本方法在公路工程中使用,所以采用圆柱体试件进行单面冻融试验。

3.2 试件成型后带模养护24h±2h,然后将带模试件置于标准养护间养护至22d取出干燥,干燥后进行密封处理,之后第24天将试件测试面进行饱水处理,第28天进行试件的盐冻试验。

本条规定了带模养护试件养护方式。考虑公路工程水泥混凝土的早期强度不高,过早脱模容易导致试件破损,本条规定试件一直带模养护22d。注意与其他标准有区别。

3.3 每组试件的数量不少于3个,且总的测试面积不得少于0.08m²。

4 试验步骤

4.1 在试件饱水前进行干燥处理。除测试面和与测试面相平行的顶面外,其他PVC管与混凝土接触的缝隙应采用环氧树脂或其他满足2.12要求的密封材料进行密封,密封前应对试件与PVC管之间的缝隙进行清洁处理。密封过程中,试件应保持清洁和干燥,并测量和记录试件密封前后的质量w_0和w_1,精确至0.1g。

本条规定了试件的密封处理方法。试件的密封非常重要,试件侧面应密封不渗水。保证试件测试面单面吸水状态,否则在冻融过程中会因侧面的剥蚀而对试验结果产生影响。

4.2 密封好的试件应放置在试件盒中,并使测试面向下接触垫条,试件与试件盒侧壁之间的空隙为20mm±2mm。向试件盒中加入试验液体并不得溅湿试件顶面。试验液体的液面高度由液面调整装置调整为10mm±1mm。加入试验液体后,应盖上试件盒的盖子,并记录加入试验液体的时间。试件预吸水时间持续4d,试验温度保持为20℃±2℃。预吸水期间应定期检查试验液体高度,并始终保持试验液体高度满足10mm±1mm的要求。试件预吸水过程中应每2~3d测量试件的质量,精确至0.1g。

本条规定了试件预吸水时间持续4d,与《普通混凝土长期性能和耐久性能试验方法标准》(GB/T 50082—2009)中规定的试件预吸水时间应持续7d不同。本规程采用的试件厚度只有80mm,4d吸水能达到饱状态。

4.3 在进行单面冻融试验时,应去掉试件盒的盖子。冻融循环过程宜连续不断地进行,当冻融循环过程被打断时,应将试件保存在试件盒中,并保持试验液体的高度。

4.4 每 5 个冻融循环应对试件的剥落物和吸水率进行一次测量。上述参数测量应在 20℃ ±2℃ 的恒温室中进行。当测量过程被打断时,应将试件保存在盛有试验液体的试验容器中。

本条规定了每 5 个冻融循环对试件进行一次测量,测量内容为试件剥落物量和吸水率。

4.5 试件的剥落物和吸水率的测量应按下列步骤进行:

(1)先将试件盒从单面冻融试验箱中取出,并放置到超声浴槽中,使试件的测试面朝下,并对浸泡在试验液体中的试件进行 3min 超声浴。

(2)用超声浴方法处理完试件剥落物后,立即将试件从试件盒中拿起,并垂直放置在一吸水物表面上。待测试面液体流尽后,将试件放置在不锈钢盘中,且使测试面向下。用干毛巾将试件侧面和上表面的水擦干净后,将试件从不锈钢盘中拿开,并将不锈钢盘放置在天平上归零,再将试件放回到不锈钢盘中进行称量,记录此时试件的质量 w_n,精确至 0.1g,然后在 110℃ ±5℃ 的烘箱中烘干 24h,并在温度为 20℃ ±2℃、相对湿度为 60% ±5% 的试验室中冷却 60min ±5min。冷却后应称量烘干后剥落物的总质量 μ_s,精确至 0.01g。

4.6 当冻融循环出现下列情况之一时,可停止试验,并应以经受的冻融循环次数或单位表面积剥落物总质量来表示混凝土抗冻性能:

(1)达到 30 次冻融循环时;

(2)单位面积剥落量大于 1 000g/m²。

本条规定了单面冻融循环试验的结束条件,两个条件满足其一即可结束试验。

5 结果计算

5.1 n 次冻融循环后,试件单位面积剥落量,应按式(T 0583-1)进行计算:

$$m_n = \frac{\sum \mu_s}{A} \times 10^6 \qquad (\text{T 0583-1})$$

式中:m_n——n 次冻融循环后,试件单位面积剥落量(g/m^2);

μ_s——每次测试间隙得到的试件剥落物质量(g),精确至 0.01g;

A——单个试件测试的表面积(mm^2)。

以 3 个试件单位测试表面积剥落物总质量计算值的算术平均值作为该组试件单位测试表面积剥落物质量测定值。

5.2 经 n 次冻融循环后试件的质量增长率,应按式(T 0583-2)计算:

$$\Delta w_n = (w_n - w_1 + \sum \mu_s)/w_0 \times 100 \qquad (\text{T 0583-2})$$

式中:Δw_n——经 n 次冻融循环后试件质量增长率(%);

w_0——试件密封前干燥状态的净质量(不包括侧面密封物的质量)(g),精确至 0.1g;

w_n——经 n 次冻融循环后,试件的质量(包括侧面密封物的质量)(g),精确至 0.1g;

w_1——密封后饱水之前试件的质量(包括侧面密封物的质量)(g),精确至 0.1g。

以 3 个试件质量增长率的算术平均值作为该组试件的质量增长率测定值。

6 试验报告

试验报告应包括下列内容:

(1)原材料的品种、规格和产地;

(2)仪器设备的名称、型号及编号;

(3)环境温度和湿度;

(4)试件表面剥落物的质量μ_s;

(5)n次冻融循环后单个试件单位测试表面积剥落物总质量m_n;

(6)试件密封前干燥状态的净质量(不包括侧面密封物的质量)w_0;

(7)经n次冻融循环后,试件的质量(包括侧面密封物的质量)w_n;

(8)密封后饱水之前试件的质量(包括侧面密封物的质量)w_1;

(9)经n次冻融循环后,每个试件的质量增长率Δw_n;

(10)要说明的其他内容。

条文说明

本方法参照ASTM C672编制。在我国北方地区,冬季大量使用除冰盐对道路进行除冰,此时的混凝土道路及构造物遭受的冻融往往不是饱水状态下水的冻融循环,而是干湿交替及盐溶液存在状态下的冻融循环。对于上述情况下混凝土的抗冻性,用原有的混凝土抗冻性试验方法可能无法进行准确评估。为此,特制定用于评价混凝土抗盐冻能力的试验方法。

值得注意是,应将成型面作为试验面。因此,不同抹子抹平的成型面对试验结果影响较大。大量试验发现,光滑(铁、铝等)抹子抹平并不能代表路面结构表观构造,由于路面结构需要一定的抗滑特性,因此果木抹子抹平的成型面具有代表性。

T 0584—2020 水泥混凝土气泡间距系数试验方法（导线法）

本方法为新增。本方法原理是在硬化混凝土中取任意直线,某一组分在此直线上所截取的线段长度总和与此直线全长的值,即为该组分在水泥混凝土中的体积含量。通过测试硬化混凝土中气泡的数量、体积含量,计算混凝土的气泡比表面积、含气量和气泡间距系数等气泡参数。

1 目的、适用范围和引用标准

本方法规定了导线法测定水泥混凝土气泡间距系数的试验方法。

本方法适用于测定硬化水泥混凝土中气泡的数量、大小和间距,用来计算混凝土的含气量、气泡比表面积和间距系数等气泡参数,以研究混凝土的抗冻性能和鉴定外加剂的引气性能等。

引用标准:

水泥混凝土试件制作与硬化水泥混凝土现场取样方法(T 0551)

2 仪具与材料

2.1 测量显微镜:放大 80~128 倍,具有目镜测微尺和物镜测微尺(非固定附件,用以率定目镜测微尺),目镜测微尺最小读数为 $10\mu m$;载物台能纵、横向移动,移动范围分别不小于 50mm 和 100mm。

2.2 显微镜照明灯:聚光型灯。

2.3 其他:切片机、磨片机、抛光机等。

3 试验步骤

3.1 每组至少 3 个试件。每组试件的观测总面积和导线总长度,应符合表 T 0584-1 的规定。

表 T 0584-1 最小观测总面积及最小导线总长度

集料最大粒径(mm)	最小观测总面积(mm^2)	最小导线总长度(mm)
80	50 000	3 000
40	17 000	2 600
30	11 000	2 500
20	7 000	2 300
10	6 000	1 900

注:若混凝土内集料或大孔隙分布很不均匀,应适当增大观测面积。当在一个混凝土试件中取几个观测面时,两个观测面的间距应大于集料最大粒径的1/2。

3.2 从硬化混凝土试样上锯下试件后,洗刷干净,将观测面分别采用400号和800号金刚砂仔细打磨。每次打磨完后应洗刷干净,再进行下次打磨。最后在抛光机转盘的呢料上涂刷氧化铬,进行抛光,再洗刷干净,在105℃±5℃的烘箱中烘干,然后置于显微镜下试测。当强光低入射角照射在观测面上,观测到表面除了气泡截面和集料孔隙外,基本是平的,气泡边缘清晰,并能测出尺寸为10μm的气泡截面时,即可认为该观测截面已加工合格。

3.3 试件的观测面应与浇筑面相垂直。观测前用物镜测微尺校准目镜测微尺刻度,在观测面两端附贴导线间距标志,使选定的导线长度均匀地分布在观测面范围内。调整观测面的位置,使十字丝的横丝与导线重合,然后用目镜测微尺进行定量测量。从第一条导线起点开始观察,分别测量并记录视域中气泡个数及测微尺所截取的每个气泡的弦长刻度值。根据试验需要,也可增测气泡截面直径。第1条导线测试完后再按顺序进入第2、3、4……条导线,直至测完规定的导线长度。

通过调节焦距,观测凹陷或凸起,凹陷为气泡,凸起为砂。观测必然存在一定主观判断,为此要求每组至少观测3个有代表的试件。

4 结果计算

试验结果处理应按下列规定执行,计算结果取3位有效数字。

(1)气泡平均弦长,按式(T 0584-1)计算:

$$\bar{l} = \frac{\sum l}{N} \qquad (\text{T 0584-1})$$

(2)气泡比表面积,按式(T 0584-2)计算:

$$\alpha = \frac{4}{\bar{l}} \qquad (\text{T 0584-2})$$

(3)气泡平均半径,按式(T 0584-3)计算:

$$r = \frac{3}{4}\bar{l} \qquad (\text{T 0584-3})$$

(4) 硬化混凝土中的空气含量,按式(T 0584-4)计算:

$$A = \frac{\sum l}{T} \quad (T\ 0584\text{-}4)$$

(5) 1 000mm³ 混凝土的气泡个数,按式(T 0584-5)计算:

$$n_v = 1\ 000 \times \frac{3A}{4\pi r^3} \quad (T\ 0584\text{-}5)$$

(6) 每1mm 导线切割的气泡个数,按式(T 0584-6)计算:

$$n_i = \frac{N}{T} \quad (T\ 0584\text{-}6)$$

(7) 气泡间距系数,按式(T 0584-7)和式(T 0584-8)计算:

当混凝土中浆气比 P/A 大于或等于 4.342 时:

$$\bar{L} = \frac{3A}{4n_i}\left[1.4\left(\frac{P}{A}+1\right)^{1/3}-1\right] \quad (T\ 0584\text{-}7)$$

当混凝土中浆气比 P/A 小于 4.342 时:

$$\bar{L} = \frac{P}{4n_i} \quad (T\ 0584\text{-}8)$$

式中:$\bar{l}$——气泡平均弦长(mm);

$\sum l$——全导线所切割的气泡弦长总和(mm);

N——全导线所切割的气泡总个数;

α——气泡比表面积(mm²/mm³);

r——气泡平均半径(mm);

n_v——1 000mm³ 混凝土中的气泡个数;

A——硬化混凝土中的空气含量,体积比;

P——硬化混凝土的水泥净浆含量,体积比,不包括空气含量;

T——导线总长(mm);

n_i——平均每1mm 导线切割的气泡个数;

$\bar{L}$——气泡间距系数(mm)。

了解"临界浆气比值4.342"的由来,以及式(T 0584-7)和式(T 0584-8)

的推导过程有利于读者更为深刻理解本方法。

下面根据各气泡参数的几何意义,推导了基于直线导线法的混凝土气泡分布密度与气泡间距系数计算公式,在各项气泡参数中,气泡间距系数最为重要。在已知单位体积混凝土中的浆体体积 P 与气体体积 A(即含浆量与含气量)、平均气泡半径 r、气泡比表面积 α、单位体积混凝土中气泡个数 n_v 等参数的条件下,即可根据混凝土中浆气比 P/A 的大小,计算气泡间距系数 $\overline{L}$。

在一般的混凝土中(浆气比 P/A 较大),将含气水泥净浆 $P+A$ 看成是 n_v 个正六面体的集合,每个正六面体中心是理想化的气泡(半径 r、比表面积 α),则气泡间距系数 $\overline{L}$ 为该正六面体的 1/2 体对角线长与气泡半径 r 的差值,即式(5-1):

$$\overline{L} = \frac{\sqrt{3}}{2}\left(\frac{P+A}{n_v}\right)^{1/3} - r \tag{5-1}$$

考虑到: $n_v = \frac{3A}{4\pi r^3}$ 且 $r = \frac{3}{a}$,则气泡间距系数 $\overline{L}$ 可写成浆气比 P/A 与比表面积 α 的函数,即式(5-2):

$$\overline{L} = \frac{3}{\alpha}\left[1.4\left(\frac{P}{A}+1\right)^{1/3} - 1\right] \tag{5-2}$$

在含气量特别大的混凝土(浆气比 P/A 较小)中,不含气的水泥净浆的体积不足以呈正六面体地包裹每个理想气泡(半径 r、比表面积 α)。于是,可近似地认为在单位体积混凝土中,不含气的水泥净浆(P)以均匀的厚度包裹着每一个理想气泡($\alpha \cdot A$),该厚度即为气泡间距系数 $\overline{L}$,见式(5-3):

$$\overline{L} = \frac{P}{\alpha \cdot A} \tag{5-3}$$

令式(5-2)等于式(5-3),得临界浆气比 $P/A = 4.342$。因此,在浆气比 $P/A > 4.342$ 时,应选择式(5-2)计算气泡间距系数 $\overline{L}$;而在浆气比 $P/A \leqslant 4.342$ 时,应选择式(5-3)计算气泡间距系数 $\overline{L}$。

由式(T 0584-1)、式(T 0584-2)、式(T 0584-4)和式(T 0584-6)关系,

可以得到式(5-4)和式(5-5)。

$$\bar{L} = \frac{3}{\alpha}\left[1.4\left(\frac{P}{A}+1\right)^{1/3}-1\right] = \frac{3A}{4n_i}\left[1.4\left(\frac{P}{A}+1\right)^{1/3}-1\right] \quad (5-4)$$

$$\bar{L} = \frac{P}{\alpha \cdot A} = \frac{P}{4n_i} \quad (5-5)$$

在我国现行标准规范中,涉及气泡间距系数计算的标准规范主要有:《铁路混凝土结构耐久性设计规范》(TB 10005—2010),《公路水泥混凝土路面施工技术细则》(JTG/T F30—2014),《水运工程混凝土试验检测技术规范》(JTS/T 236—2019),《发电工程混凝土试验规程》(DL/T 1448—2015),《水工混凝土试验规程》(DL/T 5150—2017),《水工混凝土试验规程》(SL/T 352—2020),《混凝土结构耐久性设计标准》(GB/T 50476—2019)等。相较 Determination of air void characteristics in hardened concrete BS EN 480-11—2005,我国现行规范在关于混凝土气泡空间分布密度和气泡间距系数等参数计算的规定上都有所不同,见表5-4,其中有些规定甚至会严重影响混凝土气泡参数评价结果的真实性与有效性。

表5-4 我国与国外现行标准规范中涉及气泡间距系数主要参数列举

项目	BS EN 480-11—2005	ASTM C 457—2006	JTG/T F30—2014 与 JTS/T 236—2019	JTG 3420—2020	DL/T 5150—2017	TB 10005—2010	GB/T 50476—2019
临界浆气比	4.342	4.342	4.33	4.342	4.34	4.33	4.34
气泡间距	$\bar{L}=\frac{3}{\alpha}\left[1.4\left(\frac{P}{A}+1\right)^{1/3}-1\right]$ $\bar{L}=\frac{P \cdot T_{tot}}{400N}$		$\bar{L}=\frac{3\alpha}{n_i}\left[1.49\left(\frac{P}{\alpha}+1\right)^{1/3}-1\right]$ $\bar{L}=\frac{P}{\alpha \cdot A}$		$\bar{L}=\frac{3A}{4n_i}\left[1.4\left(\frac{P}{A}+1\right)^{1/3}-1\right]$		
气泡频率	1mm	1mm	10mm	1mm	10mm	1cm	10mm
结果与欧美相比	1	1	1/10	1	1/10	1	1/10

5 试验报告

试验报告应包括下列内容：
(1) 原材料的品种、规格和产地；
(2) 仪器设备的名称、型号及编号；
(3) 环境温度和湿度；
(4) 硬化混凝土的空气含量 A；
(5) 气泡比表面积 α；
(6) 气泡间距系数 $\bar{L}$；
(7) 要说明的其他内容。

条文说明

本方法参照 *Determination of air void characteristics in hardened concrete* BS EN 480-11—2005 编制。

5.5 其 他

T 0586—2020 水泥混凝土透水系数试验方法

本方法为新增。随着海绵城市建设的发展，越来越多透水混凝土应用于公路工程中。

本方法用于评价多孔混凝土试件的透水性。室内测试多孔材料透水系数的仪器按照渗透试验原理的不同，分为常水头渗透仪和变水头渗透仪两种。国内外现有成果多集中于土的渗透试验。常水头渗透仪主要有70 型渗透仪及南55 型常水头渗透仪，并已形成标准。相对于常水头渗透仪，变水头渗透仪种类繁多，且装置复杂，在公路工程方面，多孔隙材料渗透系数测定试验应该采用常水头形式。

1 目的、适用范围和引用标准

本方法规定了水泥混凝土透水系数的试验方法。

本方法适用于测定多孔混凝土试件在层流条件下的透水系数。

2 仪具与材料

2.1 渗透仪:主要由水箱、试件套筒、套筒盖、橡胶密封圈、微差压计、秒表、多孔板、软气囊、真空泵、阀门、温度计、天平、连接管组成(图 T 0586-1)。

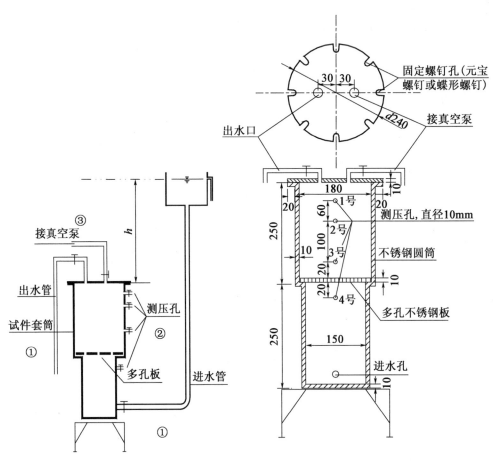

图 T 0586-1　渗透仪(尺寸单位:mm)

2.2 水箱:由有机玻璃制成,有利于观察水面高度,便于控制。

2.3 试件套筒:采用砂模铸铁整体铸造而成,套筒内径为180mm。

2.4 多孔板:支撑试件和减少进水水流。

2.5 软气囊:由软橡胶制成的长筒空心气囊,充气后内径为150mm,外径为182mm,长度为150mm。气囊充气后内部可利用充气产生的压力来密封试件壁和试件套筒之间的空隙,防止水通过。

2.6 真空泵:在向试件套筒内进放水之前要对其抽真空,减少孔隙中的封闭气泡影响。

2.7 温度计:分度值为1℃。

2.8 量筒:分度值为0.1mL。

2.9 秒表:分度值为1s。

2.10 连接管:连接管①用来连接水箱和试件套筒,采用管径为20mm有机玻璃管;连接管②用来连接试件套筒和微差压计,采用内径为10mm透明塑料管;连接管③用来连接试件套筒和真空泵,采用内径为10mm抽真空专用管。

3 试验步骤

3.1 试验前对试件两端进行切割,使试件直径为150mm,高度不小于150mm。

3.2 检查各种元件和仪器是否连接好,保证整个系统的密闭性。

3.3 水箱注水到恒定位置并保持常水头。

水温与水的塑性黏度有关,黏度影响了水流速率和透水系数,因此温度测量十分关键。

3.4 把软气囊固定在试件套筒内,放入试件,给软气囊充气到一定气压,使软气囊与试件套筒壁紧密填充,然后把套筒盖固定密封。

在一般多孔混凝土透水系数测定仪中试件和套筒壁之间没有有效地密封,大多采用蜡、乳胶和油泥等进行密封,水流总是沿着最大流量的方向流动。由于混凝土试件的外表面粗糙不平,与渗透仪的侧壁无法充分接触,导致水流从侧缝中流过而严重影响所得数据的真实性。为了解决这一问题,采用软橡胶制作的充气气囊来代替膨胀胶、密封胶或各种胶带来填充侧壁和试件之间的孔隙,经过大量的验证试验发现,当给软气囊充气到 15~20kPa 时,软气囊与试件套筒壁达到紧密填充状态,其中软气囊与试件套筒的实物见图 5-1。

图 5-1　软气囊与试件套筒的实物

3.5　关闭其他所有阀门,打开真空泵抽气阀门,开动真空泵对套筒内抽真空,抽真空至 90kPa±1kPa,并保持 30min。

3.6　在保持抽真空的同时,打开进水阀门,试样处在透水状态,待试样被水全部浸泡,且水位高出试样 5mm 时,关闭抽气阀门,停止抽真空。

3.7　抽真空完毕后,打开出水阀门,等待几分钟,待水流稳定后,调节进水阀门,读取并记录微差压计读数。

试验发现,用玻璃管或 U 形管测量压力差时,测量读数只能精确到 1mm 水柱,1mm 水柱对应的就是约 10Pa 的压力差,精度低,误差大,不利于判断水流是否稳定。使用差压变送器,将压力差转换为数字信号,精度约为 0.1mm、1Pa。大量水流层流径向压力数据表明,当压力差小于 5Pa 时,水流为层流,则满足多孔混凝土试件在层流条件下的透水系数的测试要求。

3.8　用量筒从出水口接水,记录 t 时间内流出水量的体积 Q,精确至

0.1mL。

需要注意是接水时间不宜小于30s,接水量越小,透水系数误差越大。

3.9 重复3.7、3.8步骤共4次,读取并记录试验数据。

3.10 一组试验完毕,取出试件,换上新的试件进行下一轮试验。

4 结果计算

透水系数,按式(T 0586-1)计算:

$$K_T = \frac{Q \cdot L}{A \cdot h \cdot t} \qquad (T\ 0586\text{-}1)$$

式中:K_T——水温T℃时的透水系数(cm/s);
  Q——时间t内的渗出水量(mL);
  L——测压孔距(cm);
  A——试件的横截面积(cm);
  h——平均水头差(cm);
  t——透水时间(s)。

用式(T 0586-2)将K_T换算成K_{20}。

$$K_{20} = \frac{K_T \cdot \eta_T}{\eta_{20}} \qquad (T\ 0586\text{-}2)$$

式中:K_{20}——水温20℃时的透水系数(cm/s);
  η_T——水温T℃时水的动力黏滞系数(kPa·s);
  η_{20}——水温20℃时水的动力黏滞系数(kPa·s)。

η_T及η_T/η_{20}的常数值,可参见现行《土工试验方法标准》(GB/T 50123)。

5 试验报告

试验报告应包括下列内容:

(1)要求检测的项目名称、执行标准;

(2)原材料的品种、规格和产地;

(3) 试验日期及时间；
(4) 仪器设备的名称、型号及编号；
(5) 环境温度和湿度；
(6) 透水系数；
(7) 要说明的其他内容。

条文说明

一般渗透仪其试件和套筒壁之间没有有效的密封，大多采用蜡、乳胶和油泥等进行密封，水流总是沿着最大流量的方向流动，由于混凝土试件的外表面粗糙不平，与渗透仪的侧壁无法充分接触，导致水流从侧缝中流过而严重影响所得数据的真实性。本方法采用软橡胶制作的充气软气囊来代替膨胀胶、密封胶或各种胶带来填充侧壁和试件之间的空隙。用充气软气囊裹住试件，再放入渗透仪，然后充气，软气囊不但会填充侧壁的孔隙，还会嵌入试件外壁的孔隙，解决侧漏问题。

测压管的横截面积大小直接影响渗透仪内部水流的分布情况和测量精度。如果横截面积过大，会使试件内部的水流形成涡流，影响流体场分布；横截面积过小，会使测压管产生毛细管效应，影响试验结果。经反复试验，表明测压管横截面直径以 1cm 为宜。尽量采用透明的软管，以便直接观察测压管内部有无气泡。

微差压计一般为倾斜的玻璃管，有时水头差仅有 1~3mm，此时很难用眼睛准确读数。因此可以使用差压变送器，将压差转换为数字信号。一般选用的差压计的精度约为 0.1mm。

6 水泥砂浆性能试验

本规程新增第6章内容,水泥砂浆性能试验单独成章,方便查阅。原规程涉及水泥砂浆性能试验方法1项,本规程第6章有试验方法11项,其中增加试验方法10项,分别为:水泥砂浆拌和及稠度试验方法、水泥砂浆分层度试验方法、水泥砂浆泌水率试验方法、水泥砂浆体积密度及含气量试验方法、水泥砂浆保水性试验方法、水泥砂浆凝结时间试验方法、水泥砂浆劈裂抗拉强度试验方法、水泥砂浆拉伸黏结强度试验方法、水泥砂浆不透水性系数试验方法、水泥砂浆抗冻性试验方法。

6.1 水泥砂浆拌合物性能试验

T 0587—2020 水泥砂浆拌和及稠度试验方法

本方法为新增。水泥砂浆稠度是指水泥砂浆在自重力或外力作用下是否易于流动的性能。稠度值是水泥砂浆稠度测定仪的圆锥体沉入砂浆深度的毫米数,圆锥体沉入的深度越大,稠度越大,流动性越好。

1 目的、适用范围和引用标准

本方法规定了水泥砂浆拌和及稠度的试验方法。

本方法适用于水泥砂浆及指定采用本方法的其他材料,稠度试验适用于稠度小于120mm的砂浆。

引用标准:

《公路工程集料试验规程》(JTG E42)

《试验用砂浆搅拌机》(JG/T 3033)

2 仪具与材料

2.1 砂浆搅拌机:应符合现行《试验用砂浆搅拌机》(JG/T 3033)的规定。

2.2 砂浆稠度仪:由试锥、圆锥筒和支座三部分组成,如图 T 0587-1 所示。试锥高度为 145mm、锥底直径为 75mm,试锥连同滑杆的质量应为 $300g \pm 2g$;圆锥筒为由钢板制成的密闭圆锥,筒高为 180mm,锥筒上口内径为 150mm,体积约为 1 060mL;支座分底座、支架及刻度盘三个部分,由铸铁、钢及其他金属制成。

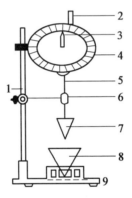

图 T 0587-1 砂浆稠度仪示意图

1-支架;2-齿条测杆;3-指针;4-刻度盘;5-滑杆;6-固定螺钉;7-试锥;8-圆锥筒;9-底座

本条规定了砂浆稠度仪的规格尺寸要求。

2.3 钢制捣棒:直径为 10mm、长为 350mm,端部为半球形。

2.4 秒表等辅助工具。

3 试验准备

3.1 试验室内温度应控制在 $20℃ \pm 5℃$,相对湿度不小于 50%。砂浆拌和用原材料应放置于试验室内至少 24h。

3.2 砂应过 9.5mm 的方孔筛,4.75mm 筛上分计筛余不超过 10%,且砂料应翻拌均匀;水泥及掺合料不允许有结块,使用前应过 0.9mm 方孔筛。

3.3 砂料应为干燥状态,含水率不超过0.2%,含水率按现行《公路工程集料试验规程》(JTG E42)的规定进行测定。

本条规定了砂料的状态为干燥状态,应注意与其他标准的区别。

3.4 材料用量以质量计。称量精度:水泥及掺合料、水和外加剂为±0.5%;砂为±1%。

4 砂浆拌和

4.1 将砂浆搅拌锅清洗干净,并保持锅内润湿;按照配合比,先拌制不少于30%容量同配比砂浆,使搅拌机内壁挂浆,将剩余料卸出。

4.2 将称好的砂料、水、水泥及外掺料等依次倒入搅拌锅内,立即开动搅拌机,搅拌时间不应少于120s。掺有掺合料和外加剂的砂浆,其搅拌时间不应少于180s。一次拌和量不宜少于搅拌机容量的30%,不宜大于搅拌锅容量的70%。

本条规定了加料顺序与搅拌时间。

5 试验步骤

5.1 应按本方法4制备砂浆。

5.2 将圆锥筒和试锥表面用湿布擦干净,并用少量润滑油轻擦滑杆,然后将滑杆上多余的油用吸油纸擦净,使滑杆能自由滑动。

本条规定了试验设备操作准备。涂刷润滑油是为了减小滑杆的摩擦力,使滑杆下落时接近自由落体运动。

5.3 将砂浆拌合物一次装入圆锥筒,使砂浆表面低于圆锥筒口10mm左右,用捣棒自圆锥筒中心向边缘插捣25次,然后用木锤在圆锥筒周围距离大致相等的4个不同部位轻轻敲击5~6次,使砂浆表面平整,随后将圆锥筒置于砂浆稠度仪的底座上。

5.4 调节试锥滑杆的固定螺钉,缓慢向下移动滑杆。当试锥尖端与砂浆表面刚接触时,拧紧固定螺钉,使齿条测杆下端刚接触滑杆上端,读出

刻度盘上的读数 H_0（精确至 1mm）。

5.5 拧开固定螺钉，同时计时，10s 后立即拧紧固定螺钉，将齿条测杆下端接触滑杆上端，从刻度盘上读数 H_1，H_0 与 H_1 的差值，即为砂浆的稠度值，精确至 1mm。

5.6 圆锥筒内的砂浆只允许测定一次稠度，重复测定时，应重新取样。

6 结果处理

以两次平行试验测值的算术平均值作为试验结果，精确至 1mm；如两次测值之差大于 10mm，则重新试验。

7 试验报告

试验报告应包括下列内容：
(1) 要求检测的项目名称；
(2) 原材料的品种、规格和产地；
(3) 试验日期及时间；
(4) 仪器设备的名称、型号及编号；
(5) 环境温度和湿度；
(6) 执行标准；
(7) 砂浆配合比、砂浆稠度；
(8) 要说明的其他内容。

条文说明

本方法参照《建筑砂浆基本性能试验方法标准》(JGJ 70—2009)（以下简称"参考标准"）编制，因砂浆在公路工程挡墙、边坡等工程部位应用较多，故增加了砂浆稠度试验方法。与参考标准不同在于，拌和用砂选用干燥状态，并对干燥状态做了限定：含水率≤0.2%。参考标准用砂为饱和面干，饱和面干砂受砂的含量影响较大，且不容易操作，出于上述原因，砂浆用砂及混凝土原材料均将拌和用砂状态调整为干燥状态。

T 0588—2020 水泥砂浆分层度试验方法

本方法为新增。分层度用于表征水泥砂浆的保水性。分层度试验方法是将水泥砂浆装入规定的容器中,测出沉入度;静置30min后,再取容器下部1/3部分的水泥砂浆,测其稠度。前后两次稠度之差为分层度。分层度越大,表明水泥砂浆保水性越差。

1 目的、适用范围和引用标准

本方法规定了水泥砂浆分层度的试验方法。

本方法适用于测定水泥砂浆及指定采用本方法测定的其他材料。

引用标准:

水泥砂浆拌和及稠度试验方法(T 0587)

《混凝土试验用振动台》(JG/T 245)

2 仪具与材料

2.1 砂浆分层度筒:内径为150mm±1mm,上节净高为200mm,下节带底净高为100mm,用金属板制成,上、下层连接处需加宽到3~5mm,并设有密封橡胶热圈(图 T 0588-1)。

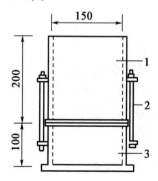

图 T 0588-1 砂浆分层度筒(尺寸单位:mm)

1-无底圆筒;2-连接螺栓;3-有底圆筒

2.2 振动台:应符合现行《混凝土试验用振动台》(JG/T 245)的规定。

2.3 砂浆稠度仪、木锤等工具。

3 试验步骤

3.1 应按 T 0587 的规定进行砂浆制备和稠度测定,砂浆稠度记为 S_1,精确至 1mm。

3.2 将砂浆拌合物一次装入分层度筒内,待装满后,用木锤在容器周围距离大致相等的 4 个不同部位轻轻敲击 1~2 下,如砂浆沉落到低于筒口,则应随时添加,然后刮去多余的砂浆并用抹刀抹平,并开始计时。

3.3 静置 30min 后,用上节 200mm 砂浆放入砂浆搅拌机内搅拌 1min 刮浆后废掉,随即将剩余的 100mm 砂浆倒出放在拌和锅内拌和 2min,再按 T 0587 的规定,搅拌砂浆并测试稠度,记为 S_2,精确至 1mm。

4 结果计算

砂浆的分层度值,按式(T 0588-1)计算:

$$S_0 = S_1 - S_2 \qquad (\text{T 0588-1})$$

以两次平行试验测值的算术平均值作为试验结果;若两次试验值之差大于 10mm,则重新试验。

5 试验报告

试验报告应包括下列内容:
(1)要求检测的项目名称;
(2)原材料的品种、规格和产地;
(3)试验日期及时间;
(4)仪器设备的名称、型号及编号;
(5)环境温度和湿度;
(6)执行标准;

（7）材料配合比；

（8）砂浆的分层度值；

（9）要说明的其他内容。

条文说明

本方法参照《建筑砂浆基本性能试验方法标准》(JGJ/T 70—2009)编制，本方法选用了标准法测试分层度。为了避免刮浆对稠度的影响，增加了采用上节200mm砂浆（废掉）的搅拌，用于搅拌锅、叶片的刮浆，避免了因黏附砂浆造成的稠度测试误差。

T 0589—2020 水泥砂浆泌水率试验方法

本方法为新增。泌水率是评价水泥砂浆和易性的重要指标之一。

1 目的、适用范围和引用标准

本方法规定了水泥砂浆泌水率的试验方法。

本方法适用于测定水泥砂浆及指定采用本方法测定的其他材料。

引用标准：

水泥砂浆拌和及稠度试验方法（T 0587）

《混凝土试验用振动台》(JG/T 245)

《试验用砂浆搅拌机》(JG/T 3033)

2 仪具与材料

2.1 容量筒：容积2L（直径与高宜相等），带盖；如无盖，可用玻璃板。

2.2 振动台：应符合现行《混凝土试验用振动台》(JG/T 245)的规定。

2.3 跳桌：符合T 0507附录的具体要求。

2.4 量筒:100mL 的带塞量筒。

2.5 钢制捣棒:直径为 10mm、长为 350mm,端部为半球形。

2.6 天平:量程为 200g,感量为 0.1g;量程为 2 000g,感量为 1g。

2.7 吸液管等辅助工具。

3 试验步骤

3.1 应按 T 0587 的规定进行砂浆制备和稠度测定,记录砂浆拌和的总用水量 W,用于测试稠度的砂浆,不能再用于测试泌水率。

本条规定了砂浆制备方法。水泥砂浆试样只能用于一个技术指标,不能多次试验。

3.2 将容量筒内壁润湿(不应出现明水),并称其质量 m_1,精确至 1g。

3.3 将拌制好的砂浆试样分别装入两个容量筒内,当砂浆的稠度不大于 50mm 时,一次装料,采用机械振捣法,即将装有砂浆的容量筒放在振动台上振 15s 或在跳桌上跳 120 次;当砂浆稠度大于 50mm 时,采用人工插捣法。此时,砂浆分两层装入容量筒,每层采用捣棒均匀插捣 25 下。捣实后的砂浆表面离筒口约 10mm,并称量容量筒和砂浆试样的总质量 m_2,精确至 1g。

本条规定了不同稠度水泥砂浆的振实方式,应注意区别。

3.4 将容量筒加盖,并静置。

3.5 自静置时起 30min 内,每隔 15min 用吸液管吸出泌水,以后每 30min 吸一次泌水,直到连续 3 次吸不出水为止,称取泌水的总质量 W_b。

3.6 吸取泌水时将容量筒一侧垫高,使泌水集中,用吸管吸出泌水注入带塞量筒内,记录每次泌水的累计量。每次吸完水后,再把容量筒轻轻放平,不得扰动砂浆。

4 结果计算

泌水率,按式(T 0589-1)计算:

6 水泥砂浆性能试验

$$B_\mathrm{m} = \frac{W_\mathrm{b}}{\left(\dfrac{W}{G}\right)(m_2 - m_1)} \times 100 \qquad (\text{T 0589-1})$$

式中：B_m——泌水率(%)；

W_b——泌水的总质量(g)；

$\dfrac{W}{G}$——拌和砂浆用水与砂浆总质量的比值；

m_1——容量筒质量(g)；

m_2——容量筒和试样的总质量(g)。

结果计算精确至0.1%。

两次试验的结果中，最大值与最小值不超过其平均值的15%，并以两次测值的算术平均值作为试验结果，结果精确至0.1%，否则重新试验。

5 试验报告

试验报告应包括下列内容：

(1)要求检测的项目名称；

(2)原材料的品种、规格和产地；

(3)试样编号；

(4)试验日期及时间；

(5)仪器设备的名称、型号及编号；

(6)环境温度和湿度；

(7)执行标准；

(8)砂浆配合比、泌水率；

(9)要说明的其他内容。

条文说明

本方法是衡量水泥砂浆和易性的指标之一。本方法中对不同稠度的成型方法做了规定，针对两种盛样方法，测试比较了其对试验结果的影响，发现试验结果离散性很小。为了排除人为取料导致的差异，规定了搅拌量不少于4.5L，主要考虑到砂浆搅拌机搅拌锅容积15L，最佳搅拌试样容量为3~12L，测试稠度需要消耗1.5L的新拌砂浆。明确了试验结果的离散度不超过平均值的15%。

T 0590—2020　水泥砂浆体积密度及含气量试验方法

本方法为新增，用于测定水泥砂浆体积密度及含气量，从而计算每立方米砂浆的材料用量和控制引气剂掺量等。

1　目的、适用范围和引用标准

本方法规定了砂浆拌合物体积密度及含气量的试验方法。

本方法适用于水泥砂浆及指定采用本方法测定的其他材料。

引用标准：

水泥砂浆拌和及稠度试验方法（T 0587）

《混凝土试验用振动台》（JG/T 245）

2　仪具与材料

2.1　砂浆容量筒：容积为1L，直径为108mm、高为109mm、壁厚为2mm。

2.2　天平：量程为5kg，感量为1g。

2.3　砂浆稠度仪：应符合T 0587的要求。

2.4　振动台：应符合现行《混凝土试验用振动台》（JG/T 245）的要求。

2.5　跳桌：应符合T 0507附录的具体要求。

2.6　钢制捣棒：直径10mm，长350mm，端部为半球形。

3 试验步骤

3.1 应按 T 0587 的规定制备砂浆,并测定其稠度。

3.2 称取容量筒质量 m_1,精确至 1g。将拌和好的砂浆装入容量筒内并稍有富余。当砂浆的稠度不大于 50mm 时,一次装料,采用机械振捣法,即将装有砂浆的容量筒放在振动台上振 15s 或在跳桌上跳 120 次;当砂浆的稠度大于 50mm 时,采用人工插捣法。此时,砂浆分两层装入容量筒,每层用捣棒均匀插捣 25 下。

3.3 捣实后刮去多余砂浆,抹净筒壁,称出筒及砂浆总质量 m_2,精确至 1g。

3.4 砂浆含气量的测试方法,应按 T 0526 的规定进行测定。

4 结果计算

4.1 砂浆体积密度,按式(T 0590-1)计算:

$$\rho = \frac{m_2 - m_1}{V} \times 1\,000 \qquad (\text{T 0590-1})$$

式中:ρ——砂浆体积密度(kg/m^3);

m_1——容量筒质量(kg);

m_2——容量筒及砂浆总质量(kg);

V——容量筒的容积(L)。

结果计算精确至 $10kg/m^3$。

以两次测值的平均值作为试验结果,两次试验结果的差值不超过 $30kg/m^3$,否则重新试验。

4.2 砂浆含气量,按式(T 0590-2)计算:

$$A = A_1 - C \qquad (\text{T 0590-2})$$

式中:A——砂浆含气量(%);

A_1——仪器测定含气量(%);

C——砂含气量(%)。

5 试验报告

试验报告应包括下列内容：
(1)要求检测的项目名称；
(2)原材料的品种、规格和产地；
(3)试验日期及时间；
(4)仪器设备的名称、型号及编号；
(5)环境温度和湿度；
(6)执行标准；
(7)砂浆密度和含气量；
(8)要说明的其他内容。

T 0591—2020 水泥砂浆保水性试验方法

本方法为新增。目前市场上水泥砂浆品种很多,有些水泥砂浆产品用分层度试验无法准确反映水泥砂浆内各组分的稳定性或保持水分的能力,因此,水泥砂浆保水性用于评价砂浆的保水性能。

1 目的、适用范围和引用标准

本方法规定了水泥砂浆保水性的试验方法。
本方法适用于测定水泥砂浆及指定采用本方法测定的其他材料。
引用标准：
《化学分析滤纸》(GB/T 1914)
水泥砂浆拌和及稠度试验方法(T 0587)

2 仪具与材料

2.1 金属或硬塑料圆环试模：内径100mm、内部高度25mm。
2.2 可密封的取样容器：应清洁、干燥。

2.3 2kg 的重物。

2.4 金属滤网:网格尺寸 45μm,圆形,直径为 100mm±1mm。

2.5 医用棉纱:尺寸为 110mm×110mm,宜选用纱线稀疏、厚度较薄的棉纱。

2.6 超白滤纸:应符合现行《化学分析滤纸》(GB/T 1914)中速定性滤纸的要求,直径 110mm,密度 200g/m²。

2.7 两片金属或玻璃的方形或圆形不透水片,边长或直径应大于 110mm。

2.8 天平:量程为 200g,感量为 0.1g;量程为 2 000g,感量为 1g。

2.9 烘箱。

3 试验步骤

3.1 砂浆含水率试验步骤:

称取 100g±10g 砂浆拌合物试样,记为 m_1,置于一干燥并已称重的盘中,在 105℃±5℃ 的烘箱中烘干至恒重,称取质量 m_2。

3.2 砂浆保水率试验步骤:

(1)称量底部不透水片与干燥试模质量 m_3 和 15 片中速定性滤纸质量 m_4。

本条规定了滤纸数量,但数量可根据水泥砂浆的保水性能好坏进行调整,当水泥砂浆保水性较好时,数量可以适当减少,但要以最上面一张滤纸不被水浸湿为原则。

(2)将砂浆拌合物一次性装入试模,并用抹刀插捣数次,当填充砂浆略高于试模边缘时,用抹刀以 45°角一次性将试模表面多余的砂浆刮去,然后再用抹刀以较平的角度在试模表面反方向将砂浆刮平。

(3)抹掉试模边的砂浆,称量试模、底部不透水片与砂浆总质量 m_5。

(4)用两片医用棉纱覆盖在砂浆表面,再在棉纱表面放上 15 片滤纸,用底部不透水片盖在滤纸表面,以 2kg 的重物把不透水片压着。

(5)静止2min后移走重物及不透水片,取出滤纸(不包括棉纱),迅速称量滤纸质量 m_6。

4 结果计算

4.1 砂浆保水率,按式(T 0591-1)计算:

$$W = \left[1 - \frac{m_6 - m_4}{\alpha \times (m_5 - m_3)}\right] \times 100 \quad (T\ 0591\text{-}1)$$

式中:W——保水率(%);

m_3——底部不透水片与干燥试模质量(g);

m_4——15片滤纸吸水前的质量(g);

m_5——试模、底部不透水片与砂浆的总质量(g);

m_6——15片滤纸吸水后的质量(g);

α——砂浆含水率(%)。

结果计算精确至0.1%。

4.2 砂浆含水率,按式(T 0591-2)计算:

$$\alpha = \frac{m_1 - m_2}{m_1} \times 100 \quad (T\ 0591\text{-}2)$$

式中:α——砂浆含水率(%);

m_1——砂浆拌合物试样的总质量(g);

m_2——烘干砂浆拌合物试样的总质量(g)。

结果计算精确至0.1%。

以两次平行试验结果的算术平均值作为试验结果,若两次试验结果中有一个超出平均值的5%,则重新试验。

5 试验报告

试验报告应包括下列内容:

(1)要求检测的项目名称、执行标准;

(2)原材料的品种、规格和产地;

(3)仪器设备的名称、型号及编号；

(4)环境温度和湿度；

(5)保水率；

(6)要说明的其他内容。

条文说明

本方法参照《建筑砂浆基本性能试验方法标准》(JGJ/T 70—2009)编制，砂浆保水性用以判定砂浆拌合物在运输及停放时内部组分的稳定性。

T 0592—2020 水泥砂浆凝结时间试验方法

本方法为新增。水泥砂浆凝结时间是重要的技术指标，会影响施工操作过程和砂浆强度发展规律。

1 目的、适用范围和引用标准

本方法规定了水泥砂浆凝结时间的试验方法。

本方法适用于用贯入阻力法确定砂浆拌合物的凝结时间。

引用标准：

水泥砂浆拌和及稠度试验方法(T 0587)

2 仪具与材料

2.1 砂浆凝结时间测定仪，如图 T 0592-1 所示，由试针、容器、台秤和支座四部分组成，并应符合下列规定：

(1)试针：不锈钢制成，截面积为 30mm^2。

(2)盛砂浆容器：由钢制成，内径为 140mm，高为 75mm。

(3)压力表：称量精度为 0.5N。

(4)支座：分底座、支架及操作杆三部分，由铸铁或钢制成。

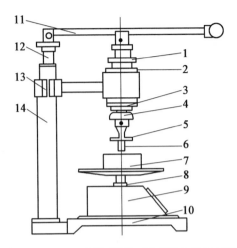

图 T 0592-1 砂浆凝结时间测定仪示意图

1-调节套;2、3、8-调节螺母;4-夹头;5-垫片;6-试针;7-试模;9-压力表座;10-底座;11-操作杆;12-调节杆;13-立架;14-立柱

3 试验步骤

3.1 将制备好的砂浆拌合物装入砂浆容器内,并低于容器上口10mm,轻轻敲击容器,并抹平,盖上盖子,放在20℃±2℃的试验条件下保存。

3.2 砂浆表面的泌水不清除,将容器放到压力表圆盘上,然后通过下列步骤来调节测定:

(1)旋动调节螺母3,使贯入试针与砂浆表面接触。

(2)松开调节螺母2,再旋动调节螺母3,以确定压入砂浆内部的深度为25mm后再拧紧调节螺母2。

(3)旋动调节螺母8,使压力表指针调到零位。

3.3 测定贯入阻力值,用截面为30mm^{2}的贯入试针与砂浆表面接触,在10s内缓慢而均匀地垂直压入砂浆内部25mm,每次贯入时记录仪表读数N_p,贯入杆离开容器边缘或已贯入部位至少12mm。

3.4 在20℃±2℃的试验条件下,普通混凝土贯入阻力值在成型后

2h开始测定,最初每隔30min时测定一次;当贯入阻力值达到0.3MPa后,改为每15min测定一次,直至贯入阻力值达到0.7MPa为止。

本条规定了测试时间间隔,时间间隔也可根据实际情况确定。

4 结果计算

4.1 砂浆贯入阻力值,按式(T 0592-1)计算:

$$f_p = \frac{N_p}{A_p} \qquad (T\ 0592\text{-}1)$$

式中:f_p——贯入阻力值(MPa);

N_p——贯入深度至25mm时的静压力(N);

A_p——贯入试针的截面积,取30mm^2。

结果计算精确至0.01MPa。

4.2 由测得的贯入阻力值,可按下列方法确定砂浆的凝结时间:

(1)分别记录时间和相应的贯入阻力值,根据试验所得各阶段的贯入阻力与时间的关系绘图,由图求出贯入阻力值达到0.5MPa时所需的时间t_s(min),此时t_s值即为砂浆的凝结时间测定值。

本条规定了插值法确定凝结时间的方法,开始时间为加水搅拌时间。

(2)砂浆凝结时间测定,应在一盘内取两个试样,以两个试验结果的平均值作为该砂浆的凝结时间,两次试验结果的误差不应大于30min,否则重新试验。

5 试验报告

试验报告应包括下列内容:

(1)要求检测的项目名称、执行标准;

(2)原材料的品种、规格和产地;

(3)试验日期及时间;

(4)仪器设备的名称、型号及编号;

(5)环境温度和湿度;

(6)材料配合比;

(7)砂浆凝结时间;

(8)要说明的其他内容。

条文说明

本方法参照《建筑砂浆基本性能试验方法标准》(JGJ/T 70—2009)编制。

6.2 水泥砂浆硬化性能试验

T 0570—2005 水泥砂浆立方体抗压强度试验方法

1 目的、适用范围和引用标准

本方法规定了测定水泥砂浆抗压强度的试验方法。

本方法适用于各类水泥砂浆的 70.7mm×70.7mm×70.7mm 立方体试件。

引用标准:

《液压式万能试验机》(GB/T 3159)

《混凝土试模》(JG 237)

水泥混凝土立方体劈裂抗拉强度试验方法(T 0560)

2 仪具与材料

2.1 试模:70.7mm×70.7mm×70.7mm 立方体(有底试模),具有足够的刚度并拆装方便;试模的内表面应机械加工,其不平度为每100mm不超过0.05mm,组装后各相邻面的不垂直度不超过±0.5°。

本条规定了砂浆试模的尺寸。目前市场上有塑料材质的试模也可以使用,但要保证刚度。

2.2 钢制捣棒:直径为10mm、长为350mm,端部为半球形。

2.3 压力试验机:应符合现行《液压式万能试验机》(GB/T 3159)的规定。

2.4 垫板:试验机上、下压板及试件之间可垫以钢垫板,垫板的尺寸应大于试件的承压面,其不平度为每100mm不超过0.02mm。

2.5 钢尺:量程为500mm,分度值为1mm。

3 试件制备及养护

3.1 制作砌筑砂浆试件时,试模内壁事先涂刷薄层机油或脱模剂。

3.2 向试模内一次注满砂浆,用捣棒均匀由外向里按螺旋方向插捣25次,为了防止低稠度砂浆插捣后可能留下孔洞,允许用油灰刀沿模壁插数次,使砂浆高出试模顶面6~8mm。

3.3 当砂浆表面开始出现麻斑状态时(约经过15~30min),将高出部分的砂浆沿试模顶面削去抹平。

3.4 试件制作后应在温度为20℃±5℃、湿度大于50%的环境下,停置一昼夜(24h±2h);当气温较低时,可适当延长时间,但不应超过两昼夜。应对试件进行编号并拆模。试件拆模后,应在标准养护条件下继续养护至28d,然后进行试压。

3.5 标准养护的条件:

(1)水泥混合砂浆:标准养护的条件为温度20℃±2℃、相对湿度60%~80%。

(2)水泥砂浆和微沫砂浆:标准养护的条件为温度20℃±2℃、相对湿度90%以上。

(3)养护期间,试件彼此间隔10mm以上。

4 试验步骤

4.1 试件从养护地点取出后,应尽快进行试验,以免试件内部的温度、湿度发生显著变化。先将试件擦拭干净,检查其外观,并测量尺寸,精确至1mm。如果实测尺寸与公称尺寸之差不超过1mm,按公称尺寸进行计算。

4.2 将试件安放在试验机的下压板正中间,试件的承压面应与成型时的顶面垂直,试件中心应与试验机下压板(或下垫板)中心对准。

4.3 开动试验机,当上压板与试件(或下垫板)接近时,如有明显偏斜,应调整球座,使接触面均衡受压。

4.4 承压试验应连续而均匀加荷,加荷速度为0.3~0.5MPa/s(砂浆强度不大于5MPa时,取下限为宜)。当试件接近破坏而开始迅速变形时,停止调整试验机油门,直至试件破坏,然后记录破坏荷载。

5 结果计算

5.1 砂浆立方体抗压强度,按式(T 0570-1)计算:

$$f_{m,cu} = \frac{F_u}{A} \qquad (T\ 0570\text{-}1)$$

式中:$f_{m,cu}$——砂浆立方体抗压强度(MPa);

F_u——破坏荷载(N);

A——试件承压面积(mm^2)。

结果计算精确至0.1MPa。

5.2 以3个试件的算术平均值作为该组试件的抗压强度,结果精确至0.1MPa。当3个试件的最大值或最小值与中间值的差超过中间值的15%时,以中间值为该组试件的抗压强度。当两个测值与中间值的差值均超过中间值的15%时,该组试验结果无效。

6 试验报告

试验报告应包括下列内容:

(1)要求检测的项目名称、执行标准;

(2)原材料的品种、规格和产地;

(3)仪器设备的名称、型号及编号;

(4)环境温度和湿度；

(5)砂浆立方体抗压强度；

(6)要说明的其他内容。

条文说明

本方法参照《水工混凝土试验规程》(DL/T 5150—2017)编制。

值得注意的是《建筑砂浆基本性能试验方法标准》(JGJ/T 70—2009)中,砂浆立方体抗压强度需乘以换算系数1.35,这是由于采用无底试模时,普通黏土砖的吸水对砂浆抗压强度值产生影响。本方法采用的是有底试模,无须对结果进行修正,否则会降低强度指标要求。此外,对于孔道压浆料、快速修补料等,除采用本方法进行立方体抗压强度试验外,亦可采用40mm×40mm×160mm的长条试件,参照T 0506进行抗压强度试验。

T 0593—2020 水泥砂浆劈裂抗拉强度试验方法

本方法为新增。

1 目的、适用范围和引用标准

本方法规定了水泥砂浆劈裂抗拉强度的试验方法。

本方法适用于水泥砂浆及指定采用本方法测定的其他材料。

引用标准：

《液压式万能试验机》(GB/T 3159)

《混凝土试模》(JG 237)

水泥混凝土立方体劈裂抗拉强度试验方法(T 0560)

2 仪具与材料

2.1 压力机：应符合现行《液压式万能试验机》(GB/T 3159)的

规定。

2.2 试模：应符合现行《混凝土试模》(JG 237)的规定，尺寸为 70.7mm×70.7mm×70.7mm。

2.3 钢垫条：直径为4mm，长为75mm。

3 试件制备及养护

3.1 制作砂浆试件时，试模内壁事先涂刷薄层机油或脱模剂。

3.2 向试模内一次注满砂浆，用捣棒均匀由外向里按螺旋方向插捣25次，为了防止低稠度砂浆插捣后可能留下孔洞，宜用油灰刀沿模壁插数次，使砂浆高出试模顶面6~8mm。

本条规定了水泥砂浆装入与插捣方式。

3.3 当砂浆表面开始出现麻斑状态时（约经过15~30min），将高出部分的砂浆沿试模顶面削去抹平。

3.4 试件制作后应在20℃±5℃温度环境下停置一昼夜(24h±2h)，当气温较低时，可适当延长时间，但不应超过两昼夜。应对试件进行编号并拆模。试件拆模后，应在标准养护条件下继续养护至28d，养护条件与T 0570相同。

4 试验步骤

4.1 到达试验龄期时，试件从养护地点取出后，应尽快进行试验，以免试件内部的温度、湿度发生显著变化。先将试件擦拭干净，检查其外观，并测量尺寸，精确至1mm。如果实测尺寸与公称尺寸之差不超过1mm，按公称尺寸进行计算。

4.2 试验时，试件与垫条的位置应符合T 0560的规定。开动试验机，以0.08MPa/s的速度连续而均匀地加荷载（不得冲击）。当试件接近破坏时应保持挡位或加荷速度不变，直至试件破坏，记录破坏荷载。

5 结果计算

5.1 劈裂抗拉强度，按式(T 0593-1)计算：

$$f_{ts} = \frac{2P}{\pi A} = 0.637 \frac{P}{A} \qquad (\text{T } 0593\text{-}1)$$

式中：f_{ts}——劈裂抗拉强度(MPa)；

P——破坏荷载(N)；

A——试件劈裂面面积(mm^2)。

结果计算精确至0.01MPa。

5.2 以3个试件测值的平均值作为该组试件劈裂抗拉强度的试验结果，结果精确至0.01MPa。当最大值或最小值与中间值之差超过中间值的15%时，取中间值。当最大值和最小值与中间值之差均超过中间值的15%时，则该试验结果无效。

6 试验报告

试验报告应包括下列内容：

(1)要求检测的项目名称、执行标准；

(2)原材料的品种、规格和产地；

(3)仪器设备的名称、型号及编号；

(4)环境温度和湿度；

(5)劈裂抗拉强度；

(6)要说明的其他内容。

条文说明

本方法删除了《建筑砂浆基本性能试验方法标准》(JGJ/T 70—2009)中砂浆成型的方法，主要考虑到用大于10%吸水率的砖作为试模，试验结果值变异性很大，不易操作。

T 0594—2020 水泥砂浆拉伸黏结强度试验方法

拉伸黏结强度是砂浆一个非常重要的性能指标。水泥砂浆具有一定的黏结力,才能与基层实现有效黏结,并长期保持这种稳定性,否则会出现空鼓、开裂和脱落等质量问题。

1 目的、适用范围和引用标准

本方法规定了水泥砂浆拉伸黏结强度的试验方法。

本方法适用于水泥砂浆及指定采用本方法测定的其他材料。

引用标准:

《通用硅酸盐水泥》(GB 175)

《普通混凝土用砂、石质量及检验方法标准》(JGJ 52)

《混凝土用水标准》(JGJ 63)

2 仪具与材料

2.1 拉力试验机:破坏荷载应在其量程的20%~80%范围内,精度1%,最小示值1N。

2.2 成型框:外框尺寸为70mm×70mm,内框尺寸为40mm×40mm,厚度为6mm,材料为硬聚氯乙烯或金属。

本条规定了成型框的尺寸和厚度。抹灰砂浆的厚度一般为20mm,分三次施工,每层厚度为6~7mm,且砂最大粒径为5mm,因此,本试验规定厚度为6mm。

2.3 钢制垫板:外框尺寸为70mm×70mm,内框尺寸为43mm×43mm,厚度为3mm。

2.4 试模:尺寸为70mm×70mm×20mm的带底试模,硬聚乙烯材质或金属材质。

3 试件制备

3.1 基底水泥砂浆试件的制备

(1)原材料:水泥应符合现行《通用硅酸盐水泥》(GB 175)的42.5级水泥;砂应符合现行《普通混凝土用砂、石质量及检验方法标准》(JGJ 52)

的中砂；水应符合现行《混凝土用水标准》（JGJ 63）的用水标准。

（2）配合比为水泥：砂：水 = 1：3：0.5（质量比）。

（3）成型：将按上述配合比制成的水泥砂浆倒入 70mm×70mm×20mm 的硬聚氯乙烯或金属模具中，振动成型或人工成型，试模内壁事先宜涂刷水性脱模剂，待干、备用。

（4）成型 24h 后脱模，放入 20℃±2℃ 水中养护 6d，再在试验条件下放置 21d 以上。试验前用 200 号砂纸或磨石将水泥砂浆试件的成型面磨平，备用。

本条规定了基底砂浆的原材料、配合比、成型方法和养护条件。基底砂浆应具有足够强度，试验时不能被破坏，以保证试验的成功率。

3.2 砂浆料浆的制备

（1）干混砂浆的制备：

①待检样品应在试验条件下放置 24h 以上。

②称取不少于 10kg 的待检样品，按产品制造商提供比例进行水的称量，若给出一个值域范围，则采用平均值。

③将待检样品放入砂浆搅拌机中，启动机器，徐徐加入规定量的水，搅拌 3~5min。搅拌好的料应在 2h 内用完。

（2）湿拌砂浆料浆的制备：

①待检样品应在试验条件下放置 24h 以上。

②按产品制造商提供比例进行物料的称量，干物料总质量不少于 10kg。

③将称好的物料放入砂浆搅拌机中，启动机器，徐徐加入规定量的水，搅拌 3~5min。搅拌好的料应在规定时间内用完。

（3）现拌砂浆料浆的制备：

①待检样品应在试验条件下放置 24h 以上。

②按设计要求的配合比进行物料的称量，干物料总质量不少于 10kg。

③将称好的物料放入砂浆搅拌机中，启动机器，徐徐加入规定量的

水,搅拌 3~5min。搅拌好的料应在 2h 内用完。

3.3 拉伸黏结强度试件的制备

将成型框放在上述方法制备好的水泥砂浆试块的成型面上,将制备好的干混砂浆料浆或直接从现场取来的湿拌砂浆向试模内一次注满砂浆,用捣棒均匀由外向里按螺旋方向插捣 25 次。为了防止低稠度砂浆插捣后可能留下孔洞,宜用油灰刀沿模壁插数次,使砂浆高出试模顶面 6~8mm。当砂浆表面开始出现麻斑状态时(约经过 15~30min),将高出部分的砂浆沿试模顶面削去抹平。试件制作后应在 20℃±5℃温度环境下停置一昼夜(24h±2h),当气温较低时,可适当延长时间,但不应超过两昼夜。

试件脱模后,在温度 20℃±2℃、相对湿度大于 90% 的环境中养护至规定龄期。每一砂浆试样至少制备 10 个试件。

本条规定了拉伸黏结强度试件的制备方法。使用的基底砂浆试件应提前 24h 浸泡于水中吸水饱和,试验前 5~10min 从水中取出,将基底砂浆的表面擦干。

4 试验步骤

4.1 将试件在标准试验条件下养护 13d,再在试件表面涂上环氧树脂等高强度黏合剂,然后将上夹具与试件表面黏合剂正中相贴,并确保上夹具不歪斜,继续养护 24h。

4.2 测定拉伸黏结强度,其专用夹具示意图如图 T 0594-1 和图 T 0594-2 所示。

4.3 将钢制垫板套入基底砂浆块上,将拉伸黏结强度夹具安装到试验机上,试件置于拉伸夹具中,夹具与试验机的连接宜采用球铰活动连接,以 5mm/min±1mm/min 速度加荷至试件破坏。试验时破坏面若在检验砂浆内部,则认为该值有效,并记录试件破坏时的荷载值。若破坏形式为拉伸夹具与黏合剂破坏,则试验结果无效。

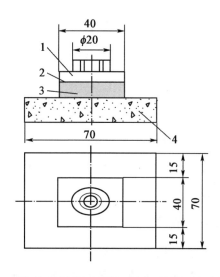

图 T 0594-1 拉伸黏结强度用钢制上夹具(尺寸单位:mm)

1-拉伸用钢制上夹具;2-黏合剂;3-检验砂浆;4-水泥砂浆块

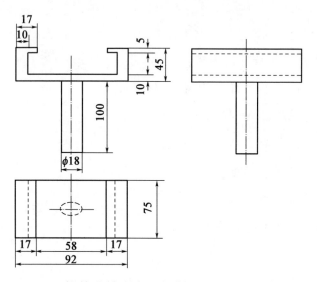

图 T 0594-2 拉伸黏结强度用钢制下夹具(尺寸单位:mm)

5 结果计算

5.1 砂浆的拉伸黏结强度,按式(T 0594-1)计算:

$$f_{at} = \frac{F}{A_z} \qquad (T\ 0594\text{-}1)$$

式中：f_{at}——砂浆的拉伸黏结强度（MPa）；

F——试件破坏时的荷载（N）；

A_z——黏结面积（mm²）。

结果计算精确至 0.01 MPa。

5.2 单个试件的拉伸黏结强度值应精确至 0.001 MPa，计算10个试件的平均值，如单个试件的强度值与平均值之差大于 20%，则逐次舍弃偏差最大的试验值，直至各试验值与平均值之差不超过 20%，当10个试件中有效数据不少于6个时，取剩余数据的平均值作为试验结果，结果精确至 0.01 MPa。当10个试件中有效数据不足6个时，则此组试验结果无效，应重新制备试件进行试验。

6 试验报告

试验报告应包括下列内容：

(1) 要求检测的项目名称、执行标准；

(2) 原材料的品种、规格和产地；

(3) 仪器设备的名称、型号及编号；

(4) 环境温度和湿度；

(5) 拉伸黏结强度；

(6) 要说明的其他内容。

条文说明

本方法参照《建筑砂浆基本性能试验方法标准》（JGJ/T 70—2009）编制，并与其等效。有特殊条件要求的拉伸黏结强度，按照要求条件处理后，可按本方法试验。

6 水泥砂浆性能试验

T 0595—2020 水泥砂浆不透水性系数试验方法

本方法为新增,也称为水泥砂浆抗渗试验方法。不透水性用于表征水泥砂浆的防水性能。

1 目的、适用范围和引用标准

本方法规定了水泥砂浆不透水性系数的试验方法。

本方法适用于水泥砂浆及指定采用本方法测定的其他材料。

引用标准:

水泥砂浆拌和及稠度试验方法(T 0587)

水泥砂浆立方体抗压强度试验方法(T 0570)

2 仪具与材料

2.1 砂浆渗透试验仪。

2.2 截头圆锥金属试模:上口直径为70mm,下口直径为80mm,高为30mm。

2.3 钢制捣棒:直径为10mm、长为350mm,端部为半球形。

3 试件制备及养护

3.1 试件制备:应按 T 0587 进行砂浆的拌和。试模内壁事先涂刷薄层机油或脱模剂。向试模内一次注满砂浆,用捣棒均匀由外向里按螺旋方向插捣25次,为了防止低稠度砂浆插捣后可能留下孔洞,宜用油灰刀沿模壁插数次,使砂浆高出试模顶面6~8mm。当砂浆表面开始出现麻斑状态时(约经过15~30min),将高出部分的砂浆沿试模顶面削去抹平。

本条规定了水泥砂浆的装入及插捣方式。为了保证试验准确性,将砂浆表面高出部分抹去。

3.2 试件制作后应在20℃±5℃温度环境下静置一昼夜(24h±

2h),当气温较低时,可适当延长时间,但不应超过两昼夜,然后对试件进行编号并拆模。

3.3 试件养护:试件脱模后放入温度为20℃±2℃,相对湿度大于90%的养护室养护至规定龄期。

4 试验步骤

4.1 试件养护到规定龄期后取出3个试件,擦干表面,或取出待表面干燥后,在试体侧面和试验模内表面涂一层密封材料(如有机硅橡胶),把试件压入试验模使两底面齐平。静置24h后装入渗透仪中,进行透水试验。

本条规定了水泥砂浆试件在试模内的密封方式,应保证试验试件的密封性,防止水分从试件与试模之间的缝隙渗出。

4.2 水压从0.2MPa开始,保持2h,增至0.3MPa,以后每隔1h增加水压0.1MPa,直至所有试件顶面均渗水为止,记录每个试件各压力段的水压力和相应的恒压时间 $t(h)$。试验过程中,如发现水从试件周边渗出,则应停止试验,重新密封,密封后继续试验,直至所有试件顶面均渗水为止。

5 结果计算

砂浆试件不透水性系数,按式(T 0595-1)计算:

$$I = \sum P_i t_i \qquad (T\ 0595\text{-}1)$$

式中:I——砂浆试件不透水性系数(MPa·h);

P_i——试件在每一压力阶段所受水压(MPa);

t_i——相应压力阶段的恒压时间(h)。

以3个试件测值的平均值作为该组试件不透水性系数的试验结果,结果计算精确至0.1MPa·h。

6 试验报告

试验报告应包括下列内容:

(1)要求检测的项目名称、执行标准；
(2)原材料的品种、规格和产地；
(3)仪器设备的名称、型号及编号；
(4)环境温度和湿度；
(5)砂浆不透水性系数；
(6)要说明的其他内容。

条文说明

本方法参照《水工混凝土试验规程》(DL/T 5150—2017)编制。

T 0596—2020 水泥砂浆抗冻性试验方法

1 目的、适用范围和引用标准

本方法规定了水泥砂浆抗冻性的试验方法。

本方法适用于水泥砂浆及指定采用本方法测定的其他材料。

引用标准：

水泥混凝土抗冻性试验方法(快冻法)(T 0565)

水泥砂浆拌和及稠度试验方法(T 0587)

2 仪具及材料

2.1 冻融试验箱：应满足试件中心温度 $-18℃ ±2℃ \sim 5℃ ±2℃$，冻融液温度 $-25 \sim 20℃$，冻融循环一次历时不超过4h(融化时间不少于整个冻融历时的25%)的要求。

2.2 试件盒：大试件盒应符合 T 0565 的要求；小试件盒尺寸如图 T 0596-1 所示。

2.3 架盘天平：量程不小于1kg，感量为1g；量程不小于10kg，感量为1g。

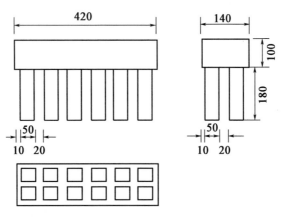

图 T 0596-1 小试件盒(尺寸单位:mm)

2.4 橡皮板:厚宜为 3mm。

2.5 测温设备:当采用热电偶测量冻融过程中试件中心温度的变化时,精度能达到 0.3℃;当采用其他测温器时,应以电热偶测温法为准,进行率定。

2.6 共振法混凝土动弹性模量测定仪,可输出的频率范围应为 100Hz~20kHz,输出频率可调范围为 100Hz~20kHz,输出功率应能激励试件产生受迫振动,以便能用共振原理测定试件的基频振动频率。在无专用仪器的情况下,可将各类仪器组合进行试验。

3 试件制备

3.1 试件成型:应按 T 0587 的规定进行砂浆拌和,并按 T 0570 的规定成型 3 个 40mm×40mm×160mm 或 3 个 100mm×100mm×400mm 棱柱体试件;制备中心可插入热电偶电位差计测温;同样形状尺寸的标准试件,其抗冻性能应高于冻融试件;标准养护条件下养护至规定龄期。

3.2 也可现场取样,现场取芯的要求:标准芯样的直径为 100mm,长度为 280~400mm;需要制备同样形状尺寸的试件,其抗冻性能应高于冻融试件。

4 试验步骤

4.1 在规定龄期的前4d,将试件放在20℃±2℃的水中浸泡,水面至少高出试件20mm(对水中养护的试件,到达规定龄期时,即可直接用于试验),浸泡4d后进行冻融试验。

4.2 浸泡完毕,取出试件,用湿布擦去表面水分。应按 T 0564 规定的方法测横向基频,并称其质量,作为评定抗冻性的起始值,并作必要的外观描述。

4.3 将试件放入橡胶试件盒中,加入清水,使其没过试件顶面1~3mm(如采用金属试件盒,则应在试件的侧面与底部垫放适当宽度与厚度的橡胶板或多根直径3mm的电线,用于分离试件和底部)。将装有试件的试件盒放入冻融试验箱的试件架中。

4.4 按规定进行冻融循环试验,应符合下列要求:

(1)每次冻融循环应在4h完成,其中用于融化的时间不得小于整个冻融时间的1/4。

(2)在冻结和融化终了时,试件中心温度应分别控制在-18℃±2℃和5℃±2℃。中心温度应以测温标准试件实测温度为准。

(3)在试验箱内,各个位置上的每个试件从3℃降至-16℃所用的时间,不得少于整个受冻时间的1/2,每个试件从-16℃升至3℃所用的时间也不得少于整个融化时间的1/2,试件内外温差不宜超过28℃。

(4)冻和融之间的转换时间不应超过10min。

4.5 通常每隔5次冻融循环对试件进行一次横向基频的测试并称重,也可根据试件抗冻性高低来确定测试的间隔次数。测试时,小心将试件从试件盒中取出,冲洗干净,擦去表面水,进行称重及横向基频的测定,并做必要的外观描述。测试完毕后,将试件调头重新装入试件盒中,注入清水,继续试验。试件在测试过程中,应防止失水,待测试件须用湿布覆盖。

4.6 如果试验因故中断,应将试件在受冻状态下保存在原试验箱内。如果达不到这个要求,试件处在融解状态下的时间不宜超过两个循环。

4.7 冻融试验出现下列三种情况之一,即可停止:

(1) 冻融至预定的循环次数;

(2) 相对动弹模量下降至初始值的60%;

(3) 质量损失率超过5%。

5 结果计算

5.1 相对动弹性模量,按式(T 0596-1)计算:

$$P_n = \frac{f_n^2}{f_0^2} \times 100 \qquad (\text{T 0596-1})$$

式中:P_n——经 n 次冻融循环后试件的相对动弹性模量(%);

f_n——冻融 n 次循环后试件的横向基频(Hz);

f_0——试验前的试件横向基频(Hz)。

以3个试件的平均值作为试验结果,结果计算精确至0.1%。

5.2 质量变化率,按式(T 0596-2)计算:

$$W_n = \frac{m_0 - m_n}{m_0} \times 100 \qquad (\text{T 0596-2})$$

式中:W_n——n 次冻融循环后的试件质量变化率(%);

m_0——试件冻融试验前的试件质量(kg);

m_n——n 次冻融循环后的试件质量(kg)。

以3个试件的平均值作为试验结果,结果计算精确至0.1%。

5.3 当 P_n 小于或等于60%或质量损失率达5%时的冻融循环次数 n,即为试件的最大抗冻循环次数,并以 F 表示抗冻等级,如F100。

6 试验报告

试验报告应包括下列内容:

6 水泥砂浆性能试验

(1) 要求检测的项目名称、执行标准；
(2) 原材料的品种、规格和产地；
(3) 仪器设备的名称、型号及编号；
(4) 环境温度和湿度；
(5) 试件的质量变化率、最大抗冻循环次数和质量损失率；
(6) 要说明的其他内容。